그림으로 배우는
StatQuest
머신러닝 강의

머리에 쏙쏙 들어오는 머신러닝 그림책

조시 스타머 지음

김태헌 옮김

Jpub 제이펍

그림으로 배우는 **StatQuest 머신러닝 강의**

1쇄 발행 2023년 2월 16일

지은이 조시 스타머
옮긴이 김태헌
펴낸이 장성두
펴낸곳 주식회사 제이펍

출판신고 2009년 11월 10일 제406-2009-000087호
주소 경기도 파주시 회동길 159 3층 / **전화** 070-8201-9010 / **팩스** 02-6280-0405
홈페이지 www.jpub.kr / **원고투고** submit@jpub.kr / **독자문의** help@jpub.kr / **교재문의** textbook@jpub.kr

소통기획부 김정준, 이상복, 송영화, 권유라, 송찬수, 박재인, 배인혜
소통지원부 민지환, 이승환, 김정미, 서세원 / **디자인부** 이민숙, 최병찬

진행 권유라 / **교정·교열** 윤모린 / **내지디자인 및 편집** 성은경 / **표지 디자인** 이민숙
용지 타라유통 / **인쇄** 한길프린테크 / **제본** 일진제책사

ISBN 979-11-92469-80-5 (93000)
값 27,000원

제이펍은 독자 여러분의 아이디어와 원고 투고를 기다리고 있습니다. 책으로 펴내고자 하는 아이디어나 원고가 있는 분께서는 책의 간단한 개요와 차례, 구성과 지은이/옮긴이 약력 등을 메일(submit@jpub.kr)로 보내 주세요.

지은이 · 옮긴이 소개

지은이

조시 스타머 Josh Starmer

세상에서 가장 인기 있는 머신러닝 유튜브 채널 'StatQuest with Josh Starmer'를 운영 중이다. 2016년부터 통계, 데이터 과학, 머신러닝 개념, 알고리즘을 사람들이 이해하고 기억하기 쉽도록 독특한 시각적 그림을 통해 설명하는 StatQuest는 전 세계의 사람들이 데이터 과학 대회에서 우승하고, 시험을 통과하고, 학교를 졸업하고, 직업을 얻고 승진하는 데 도움을 주고 있다.

옮긴이

김태헌 afterglow1204@gmail.com

외국계 IT 기업, 국내 금융사 AI 연구소, 외국계 소비재 기업 등에서 다양한 AI 프로젝트 경험을 쌓고 현재는 이커머스 기업의 핀테크 조직에서 시니어 데이터 과학자이자 머신러닝 알고리즘 엔지니어로 일하고 있다. 베이징 대학 졸업 후 캘리포니아 대학교 샌디에이고(UCSD)에서 국제경제 석사 학위를 받았다. 저서로는 2022 세종도서 교양부문으로 선정된 《AI 소사이어티》(미래의 창, 2022)와 《퀀트 전략을 위한 인공지능 트레이딩》(한빛미디어, 2020)이 있으며, 역서로는 《단단한 머신러닝》, 《데이터 과학자와 데이터 엔지니어를 위한 인터뷰 문답집》(이상 제이펍, 2020) 등이 있다.

옮긴이 머리말

이 책은 통계/머신러닝/딥러닝 개념을 **세상에서 가장 쉽고 재미있게** 알려주는 책입니다.

어려운 통계 개념을 이해하는 똑똑한 사람들은 많지만, 이 어려운 개념을 쉽게 설명할 수 있는 사람은 많지 않습니다. 조시 스타머 교수님은 어려운 통계 개념을 쉽게 설명할 수 있는 능력과 유머러스함을 함께 갖춘 흔치 않은 분입니다. 이미 86만이 넘는 글로벌 유저들이 그의 채널을 구독하고 있는데, 통계와 머신러닝을 다루는 채널에서 이렇게 많은 구독자를 보유하고 있다는 것은 그의 강의 퀄리티를 증명하는 데이터가 아닌가 싶습니다.

이 책은 통계/머신러닝/딥러닝을 처음 접하는 초보 학습자뿐만 아니라, 개념을 어렴풋이 이해하지만 막상 설명하려고 하면 말문이 막히는 고등학생 및 대학생, 관련 업계 종사자, 그리고 교사분들께도 유익한 내용을 담고 있습니다. "말로 쉽게 설명할 수 없으면, 제대로 이해하지는 못한 것이다If you can't explain it simply, you don't understand it well enough."라는 아인슈타인의 명언처럼 통계/머신러닝/딥러닝 기초 개념을 제대로 이해할 수 있도록 '세상에서 가장 쉬운 머신러닝 수업'인 조시 스타머 교수님의 StatQuest 강의와 함께 많이 도움받으시길 바랍니다.

마지막으로 교수님의 강의를 책으로 만들어 한국 독자분들께 소개하고 싶다는 제 요청을 귀 기울여 들어주시고 계약까지 진행해 번역할 기회를 주신 제이펍 장성두 대표님께 특별히 감사하다고 말씀드리고 싶습니다.

부디 더 많은 분이 머신러닝을 쉽게 접하고 이해할 수 있도록 이 책과 StatQuest 강의를 널리 알려주세요.

김태헌

베타리더 후기

🦋 강찬석(LG전자)

코드 없이 이론적인 내용을 재미있게 풀어나가 지루하지 않습니다. 특히 이론적으로 복잡하게 설명될 내용을 노말사우르스와 스탯스코치가 예시와 함께 대화하면서 설명하는 부분은 해당 전문 지식이 없는 사람도 쉽게 내용을 이해할 수 있을 것 같습니다.

🦋 공민서

처음에는 그림으로 친숙함을 도모하지만 내용은 딱딱한 책일 것이라 생각했는데, 굉장히 친절한 책입니다. 머신러닝 이론을 공부할 시기에 수식 하나하나의 의미나 변환이 궁금하여 수 시간을 고민했었는데, 이 책에서는 한 단계씩 차근차근 친절하게 설명해주고 그에 따라 가벼운 예시로 그림을 그려주니 이해하기가 매우 수월했습니다. 베타리딩을 할 때 어떤 지적사항을 기록해야 할지 마음에 두면서 비판적으로 바라보고는 하는데, 이 책은 어느 순간 제가 공부했던 내용을 되새기면서 '이거 뭐였더라... 맞아, 이거였지. 이런 거였구나.' 하면서 책 내용에 빠지다 보니 어느덧 책 마지막 장이었습니다. 기본기를 다시 되새길 현업 개발자분들도, ML 이론을 처음 공부하시는 분들도 모두 좋다고 생각해 추천합니다.

🦋 김용회(씨에스피아이)

정말이지 놀라운 책을 제가 이번 베타리딩을 통해 접하게 된 것 같아 어린 시절 보물찾기 게임에서 예상치 못한 보물쪽지를 발견한 것 같은 느낌이 들었습니다. 그간 종종 새로운 것을 해야 할 때 '헤드 퍼스트' 시리즈 책을 입문서로 선택했는데, 이 책은 방식이 비슷하면서도 더 간결하고 직관적으로 그 어려운 현대적 인공지능 분야에 대한 이야기를 풀어나가고 있습니다. 머신러닝과 딥러닝으로 대표되는 인공지능에 관한 기초 개념과 이를 공부할 때 필수적으로 살펴봐야 하는 수학적 요소들을 코드 하나 없이 풍부한 그림과 도식을 통해 매우 쉽고 간결하게 설명하는 책이어서, 입문서로서 과연 이만한 책이 있을까 싶을 정도로 감탄하게 됩니다. 관련 업무를 하는 사람으로서도 잘 쓰지 않아 매번 헷갈렸던 기초적인 지식도 이번 리딩을 통해 다시 한번 깔끔하게 정리할 수 있어서 베타리딩 이상의 성과를 얻은 듯합니다. 현대적 인공지능 기술에 입문하고자 하는 분들이라면 두껍고 어려운 책 보기 전에 이 책을 꼭 읽어볼 것을 권장합니다.

베타리더 후기

🔖 성민석(고려대학교 AI 대학원)

이미 머신러닝이나 딥러닝을 조금 공부해보신 분들보단 입문을 망설이는 분들에게 추천합니다. 구체적인 예시와 직관적인 그림을 통한 설명과 더불어 저자의 유튜브 영상을 통해서 기초를 단단하게 다질 수 있습니다.

🔖 안선환(프리랜서 강사)

BAM!!! 이렇게 쉬운 머신러닝 책이라니... 너무×100 강추합니다. 머신러닝을 처음 배울 때, 알 수 없는 기호와 수식 유도로 포기했던 기억이 납니다. 그런데 이 책은 어린이 동화책 같은 구성, 저자의 유머, 실제 예시를 이용한 그래프 속에 머신러닝의 원리가 잘 녹아들어 있습니다. 이 책을 읽으면서 그동안 대략적으로만 알고 있던 개념, 혼란스러웠던 용어 정리까지 명확하게 이해되었습니다. 이렇게 좋은 책을 먼저 접할 수 있어 좋았고, 앞으로 이 책을 모르는 사람이 없었으면 좋겠습니다.

🔖 이석곤(아이알컴퍼니)

통계 및 머신러닝 전공자가 아닌 사람이 처음 시작할 때 가장 어려운 부분이 바로 개념 이해와 용어입니다. StatQuest는 비전공자를 위해 만들어진 콘텐츠입니다. 아주 기초적인 내용부터 신경망 같은 고급 주제까지 다루고, 전문용어를 없애고 그림으로 개념을 전달해 더 쉽게 이해할 수 있도록 합니다. 단순 지식 전달로 끝내는 것이 아니라 주요 개념에 대해서 생각하고 이해하는 데도 도움이 될 것입니다.

🔖 이현수(글래스돔코리아)

이 책에는 프로그래밍 코드가 들어있지 않습니다. 대신 머신러닝에 관해 아무것도 모르는 사람도 고등학교 수준의 대수, 확률과 통계, 미분과 적분을 기억하고 있다면 머신러닝이 무엇인지, 그리고 어떤 방법을 사용해서 분류하고 추론하는지를 알 수 있도록 그림과 수식을 통해서 시각적·수학적으로 쉽게 설명해줍니다. 어려운 전문용어도 그냥 지나치지 않고 일반인이 이해할 수 있도록 풀어서 설명해주기 때문에 입문서로 추천합니다.

베타리더 후기

🦋 정태일(삼성SDS)

글자로 가득하고 두꺼운 책으로 통계, 머신러닝 개념을 처음 공부했을 때 쉽지 않았던 기억이 있는데, 신기하게도 이 책에 등장하는 두 캐릭터 노말사우르스와 스탯스코치를 따라 하나하나 개념을 익히고 BAM!!!을 외치다 보면 어느새 개념에 익숙해졌다고 느끼게 됩니다. 그림이 많고 장난스러운 문체로 쓰였지만, 핵심 개념을 정확하고 쉽게 전달하는 신기한 책입니다. ADsP(데이터분석 준전문가) 자격을 공부할 때 설명이 장황하고 이해가 어려운 부분이 있었는데, 이 책의 그림들로 개념을 이해했다면 더 편하게 공부했을 거란 생각이 듭니다. 좋은 책을 가장 처음 읽을 기회를 주심에 감사드리며, 쉽고 빠르게 통계와 머신러닝 주요 개념을 배우고 싶은 분들께 추천합니다.

🦋 정현준(원티드랩)

AI의 바탕에는 통계가 있습니다만, 저처럼 통계에 약해도 이 책과 함께라면 조금씩 개념을 알 수 있습니다. 그림을 통해 하나씩 설명해주기 때문에 알아들을 수 없는 설명 때문에 포기할까 봐 겁을 먹지 않아도 됩니다. 노말사우르스와 스탯스코치와 함께 인공지능을 시작해보세요.

저는 **조시 스타머**Josh Starmer입니다.
《**그림으로 배우는 StatQuest 머신러닝 강의**》에 오신 것을
환영합니다. 이 책은 **아주 기초적인 내용에서부터**
신경망 같은 고급 주제들까지 다루고 있습니다.
저와 함께 하나씩 차근차근 살펴보도록 하죠!

차례

01 머신러닝 기초 개념!!!	10
02 교차검증!!!	23
03 통계 기초 개념!!!	32
04 선형회귀!!!	77
05 경사 하강법!!!	85
06 로지스틱 회귀!!!	110
07 나이브 베이즈!!!	122
08 모델 성능 평가하기!!!	138
09 정규화로 과적합 방지하기!!!	166
10 의사결정 트리!!!	185
11 서포트 벡터 분류기와 서포트 벡터 머신(SVM)!!!	220
12 신경망!!!	236
부록(학교에서 배웠겠지만 아마도 지금은 잊어버렸을 내용)!!!	273

감사의 말 **304** / 찾아보기 **306**

이 책을 읽는 방법

① **NOTE**: 시작하기에 앞서 샘플 페이지를 통해 이 책의 활용법을 설명하겠습니다.

② 각 페이지는 설명하고자 하는 개념을 담고 있는 제목으로 시작합니다.

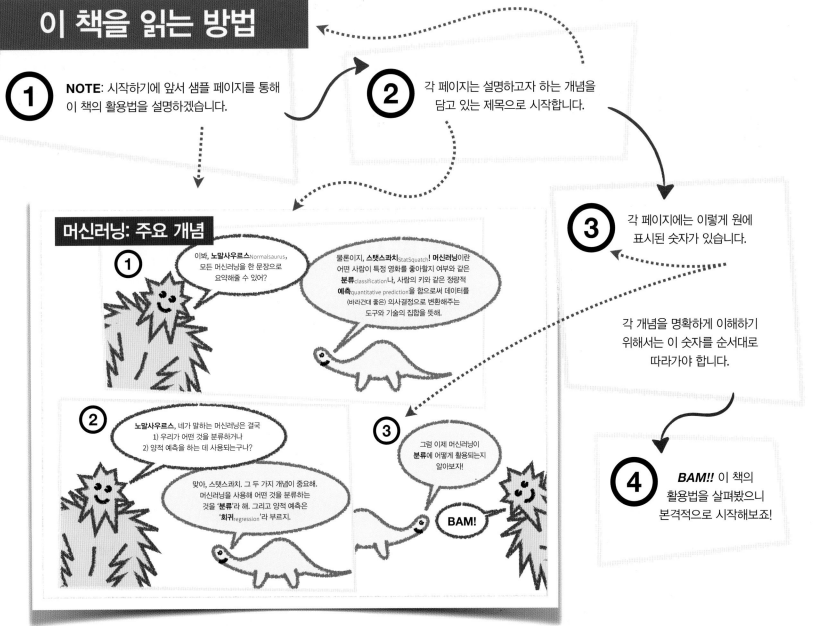

머신러닝: 주요 개념

① 이봐, **노말사우르스**Normalsaurus, 모든 머신러닝을 한 문장으로 요약해줄 수 있어?

물론이지, **스탯스콰치**StatSquatch! **머신러닝**이란 어떤 사람이 특정 영화를 좋아할지 여부와 같은 **분류**classification나, 사람의 키와 같은 정량적 **예측**quantitative prediction을 함으로써 데이터를 (바라건대 좋은) 의사결정으로 변환해주는 도구와 기술의 집합을 뜻해.

② 노말사우르스, 네가 말하는 머신러닝은 결국 1) 우리가 어떤 것을 분류하거나 2) 양적 예측을 하는 데 사용되는구나?

맞아, 스탯스콰치. 그 두 가지 개념이 중요해. 머신러닝을 사용해 어떤 것을 분류하는 것을 '**분류**'라 해. 그리고 양적 예측은 '**회귀**regression'라 부르지.

③ 그럼 이제 머신러닝이 **분류**에 어떻게 활용되는지 알아보자!

BAM!

③ 각 페이지에는 이렇게 원에 표시된 숫자가 있습니다.

각 개념을 명확하게 이해하기 위해서는 이 숫자를 순서대로 따라가야 합니다.

④ **BAM!!** 이 책의 활용법을 살펴봤으니 본격적으로 시작해보죠!

Chapter 01

머신러닝 기초 개념!!!

①

이봐, **노말사우르스**Normalsaurus, 모든 머신러닝을 한 문장으로 요약해줄 수 있어?

물론이지, **스탯스콰치**StatSquatch! **머신러닝**이란 어떤 사람이 특정 영화를 좋아할지 여부와 같은 **분류**classification나, 사람의 키와 같은 정량적 **예측**quantitative prediction을 함으로써 데이터를 (바라건대 좋은) 의사결정으로 변환해주는 도구와 기술의 집합을 뜻해.

②

노말사우르스, 네가 말하는 머신러닝은 결국
1) 우리가 어떤 것을 분류하거나
2) 양적 예측을 하는 데 사용되는구나?

맞아, 스탯스콰치. 그 두 가지 개념이 중요해. 머신러닝을 사용해 어떤 것을 분류하는 것을 '**분류**'라 해. 그리고 양적 예측은 '**회귀**regression'라 부르지.

③

그럼 이제 머신러닝이 **분류**에 어떻게 활용되는지 알아보자!

BAM!

11

① **문제**: 우리 주변에는 많은 데이터가 존재하며, 이 데이터를 사용해 분류를 하고자 합니다.

예를 들어, 우리가 여기 이 사람을 만났다고 했을 때 이 사람이 **StatQuest**를 좋아하는 사람인지 아닌지를 **분류**해야 합니다.

② **해답**: 어떤 사람이 **StatQuest**를 좋아하는지 여부를 분류하기 위해 데이터를 사용해 **분류 트리**classification tree(자세한 내용은 **10장**을 참조)를 만들 수 있습니다.

ⓐ 분류 트리가 만들어지면, 가장 먼저 "당신은 머신러닝에 관심이 있나요?"라는 질문으로 시작해 계속해서 분류를 진행할 수 있습니다.

ⓑ 만약 머신러닝에 관심이 없다면 **오른쪽**으로 갑니다.

ⓖ BAM!!!

이제 **회귀**regression에서 머신러닝이 어떻게 사용되는지 알아봅시다.

ⓒ ...그리고 "당신은 **엉뚱한 노래**를 좋아하나요?"라는 질문을 합니다.

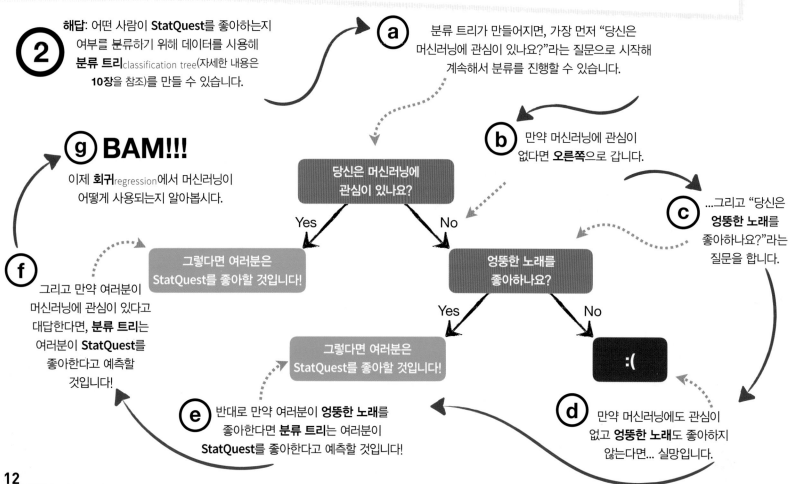

당신은 머신러닝에 관심이 있나요?

Yes — No

엉뚱한 노래를 좋아하나요?

그렇다면 여러분은 StatQuest를 좋아할 것입니다!

ⓕ 그리고 만약 여러분이 머신러닝에 관심이 있다고 대답한다면, **분류 트리**는 여러분이 StatQuest를 좋아한다고 예측할 것입니다!

Yes — No

그렇다면 여러분은 StatQuest를 좋아할 것입니다!

:(

ⓔ 반대로 만약 여러분이 **엉뚱한 노래**를 좋아한다면 **분류 트리**는 여러분이 StatQuest를 좋아한다고 예측할 것입니다!

ⓓ 만약 머신러닝에도 관심이 없고 **엉뚱한 노래**도 좋아하지 않는다면... 실망입니다.

머신러닝 회귀: 주요 개념

① **문제**: 여기 또 다른 데이터가 있습니다. 우리는 이 데이터를 사용해 **정량 예측**quantitative prediction을 하고자 합니다. 이는 머신러닝을 사용해 **회귀**를 한다는 것과 동일한 의미입니다.

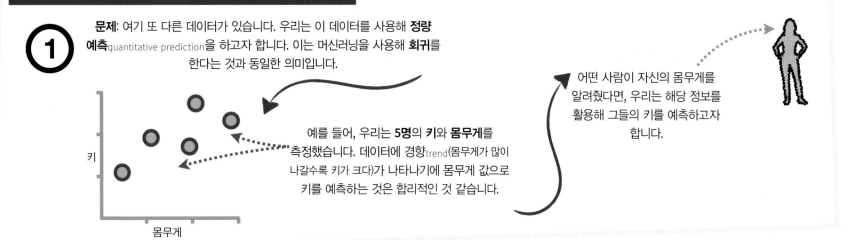

예를 들어, 우리는 **5명**의 **키**와 **몸무게**를 측정했습니다. 데이터에 경향trend(몸무게가 많이 나갈수록 키가 크다)가 나타나기에 몸무게 값으로 키를 예측하는 것은 합리적인 것 같습니다.

어떤 사람이 자신의 몸무게를 알려줬다면, 우리는 해당 정보를 활용해 그들의 키를 예측하고자 합니다.

② **해답**: **선형회귀**(자세한 내용은 **4장**을 참조)라는 방법을 사용하면 우리가 수집한 원본 데이터에 **선**을 **피팅**fitting할 수 있고, 이 선을 사용해 정량 예측을 할 수 있습니다.

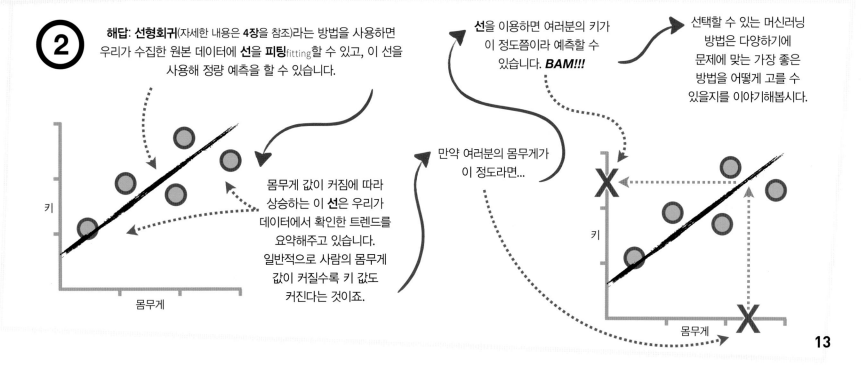

몸무게 값이 커짐에 따라 상승하는 이 **선**은 우리가 데이터에서 확인한 트렌드를 요약해주고 있습니다. 일반적으로 사람의 몸무게 값이 커질수록 키 값도 커진다는 것이죠.

만약 여러분의 몸무게가 이 정도라면...

선을 이용하면 여러분의 키가 이 정도쯤이라 예측할 수 있습니다. *BAM!!!*

선택할 수 있는 머신러닝 방법은 다양하기에 문제에 맞는 가장 좋은 방법을 어떻게 고를 수 있을지를 이야기해봅시다.

머신러닝 방법 비교하기: 주요 개념

① 문제: 뒤에서 배울 내용이지만 머신러닝에는 **분류** 혹은 **정량 예측**을 하기 위한 다양한 방법이 존재합니다. 그렇다면 어떤 방법을 사용할지 어떻게 선택할 수 있을까요?

혹은 이 **구불구불한 초록색 곡선**green squiggle으로 몸무게를 기반으로 키를 예측한다고 해봅시다.

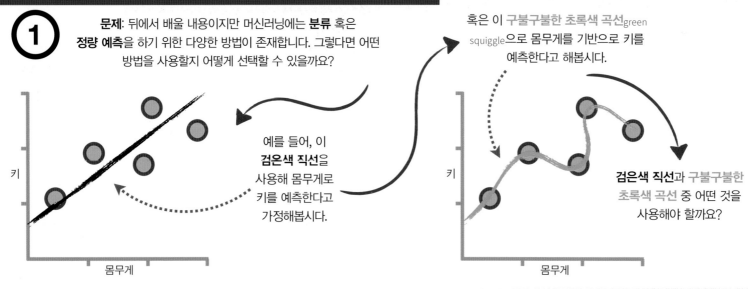

예를 들어, 이 **검은색 직선**을 사용해 몸무게로 키를 예측한다고 가정해봅시다.

검은색 직선과 **구불구불한 초록색 곡선** 중 어떤 것을 사용해야 할까요?

② 해답: 머신러닝에서 어떤 방법을 사용할지를 결정한다는 것의 의미는 일반적으로 해당 방법을 시도해보고 성능을 확인한다는 뜻입니다.

검은색 직선은 이 사람의 키가 이 정도라고 예측할 것입니다.

이와 반대로, **구불구불한 초록색 곡선**은 이 사람의 키가 조금 더 클 것이라 예측하네요.

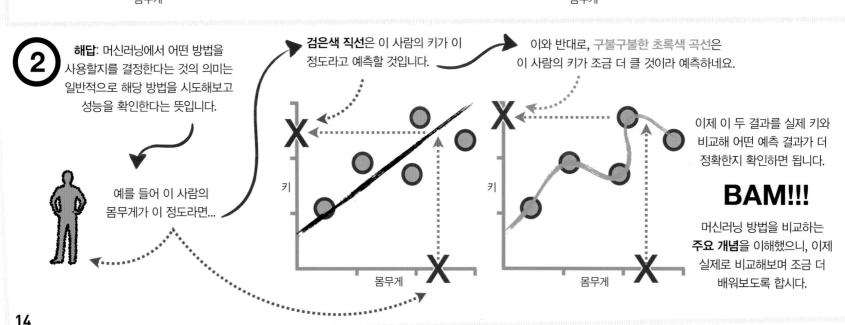

예를 들어 이 사람의 몸무게가 이 정도라면...

이제 이 두 결과를 실제 키와 비교해 어떤 예측 결과가 더 정확한지 확인하면 됩니다.

BAM!!!

머신러닝 방법을 비교하는 **주요 개념**을 이해했으니, 이제 실제로 비교해보며 조금 더 배워보도록 합시다.

① 트렌드를 파악하고 **선**에 **피팅**하기 위한 데이터를 **훈련 데이터**training data라 부릅니다.

다시 말하면 **검은색 직선**을 훈련 데이터에 **피팅**한다고 할 수 있습니다.

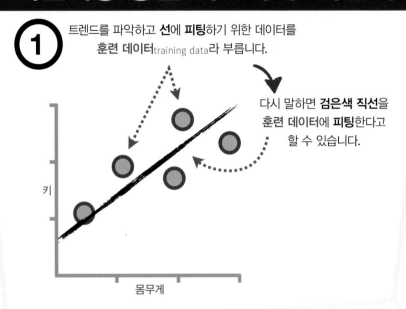

키

몸무게

② 혹은 초록색 곡선을 훈련 데이터에 피팅할 수도 있을 것입니다.

초록색 곡선이 **검은색 직선**보다 **훈련 데이터**에 잘 피팅되었습니다. 하지만 우리의 목표가 **예측**이라는 사실을 잊어서는 안 됩니다. 따라서 우리는 **검은색 직선**과 **초록색 곡선** 중 어떤 선이 더 예측을 잘하는지 확인하는 방법이 필요합니다.

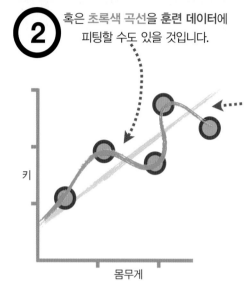

키

몸무게

③ 따라서 테스트 데이터testing data라 부르는 데이터를 더 수집해서...

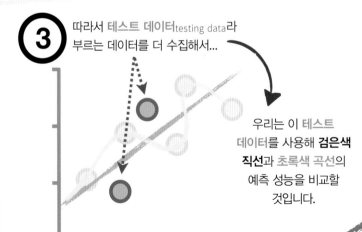

우리는 이 테스트 데이터를 사용해 **검은색 직선**과 초록색 곡선의 예측 성능을 비교할 것입니다.

이봐, **노말사우르스**, 훈련 데이터나 테스트 데이터처럼 새로운 전문용어가 나왔을 때 경고 메시지를 받으면 좋지 않을까?

그럼 좋지, **스탯스콰치**. 이제부터 아주 무시무시한 **전문용어 주의**terminology alert를 기대해봐.

④ 이제 파란색 점들이 테스트 데이터라고 한다면...

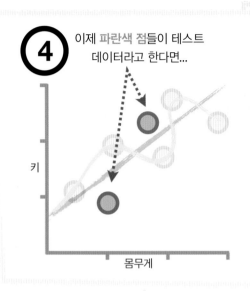

⑤ 관측된observed 키와, 검은색 직선과 초록색 곡선으로 예측한predicted 키를 각각 비교해볼 수 있을 것입니다.

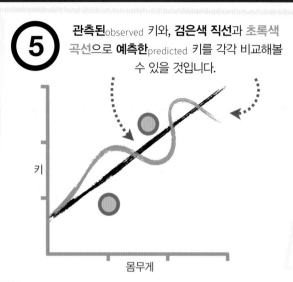

⑥ 첫 번째 테스트 데이터에서 사람의 몸무게는 이 정도고... 키는 이쯤 될 것입니다.

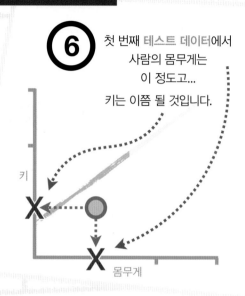

⑦ 그러나 검은색 직선이 예측한 키 값은 더 큽니다.

그리고 우리는 관측값과 예측값 사이의 거리 혹은 오차를 측정할 수 있습니다.

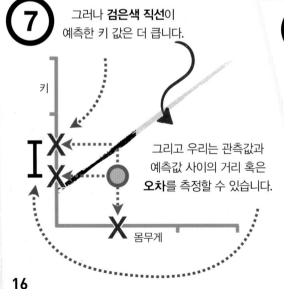

⑧ 이와 마찬가지로, 두 번째 사람의 테스트 데이터의 관측값과 예측값의 오차를 측정합니다.

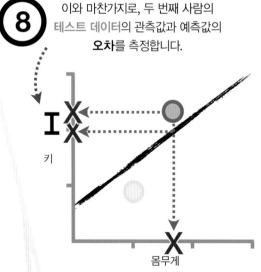

⑨ 두 오차를 합치면 검은색 직선을 바탕으로 한, 두 번의 예측이 실제 관측값에 얼마나 가까운지 확인할 수 있습니다.

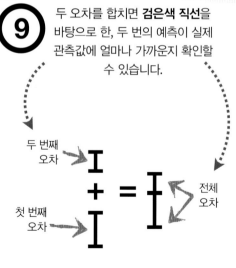

두 번째 오차

첫 번째 오차

전체 오차

⑩ 이와 똑같은 방법으로, 우리는 초록색 곡선을 바탕으로 한, 키의 예측값과 실젯값 사이의 거리 혹은 **오차**를 측정할 수 있습니다.

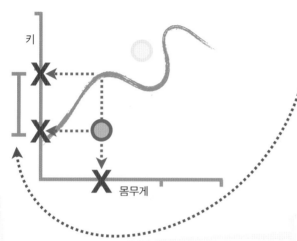

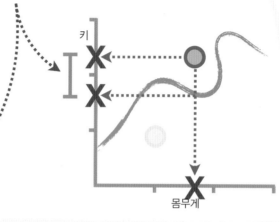

⑪ 두 오차를 합치면 초록색 곡선을 바탕으로 한, 두 번의 예측이 실제 관측값과 얼마나 가까운지 확인할 수 있습니다.

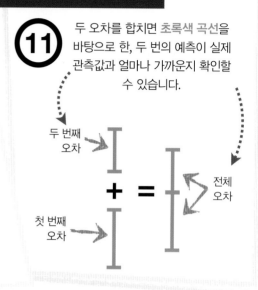

두 번째 오차

첫 번째 오차

전체 오차

⑫ 이제 우리는 **오차**의 합계를 비교해 **검은색 직선**이 만든 예측과 초록색 곡선이 만든 예측을 비교할 수 있습니다.

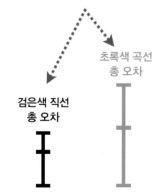

검은색 직선 총 오차

초록색 곡선 총 오차

검은색 직선의 총 **오차**가 조금 더 짧습니다. 즉, 예측을 더 잘했다는 뜻입니다.

⑬ 바꿔 말하면, 구불구불한 초록색 곡선이 **검은색 직선**보다 훈련 데이터에 더 잘 피팅되었지만...

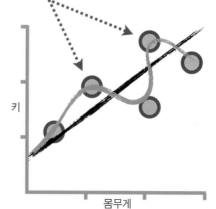

키

몸무게

⑭ **검은색 직선**은 테스트 데이터에서 **키**를 예측하는 작업을 더 잘 수행했습니다.

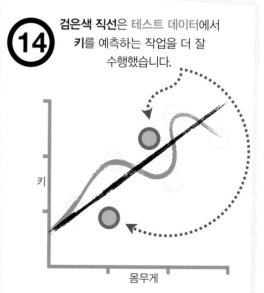

키

몸무게

15 따라서 예측을 위해 **검은색 직선**과 초록색 곡선 중 하나를 골라야 한다면...

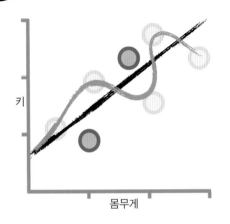

키

몸무게

16 예측을 더 잘하는 **검은색 직선**을 선택하는 편이 좋겠습니다.

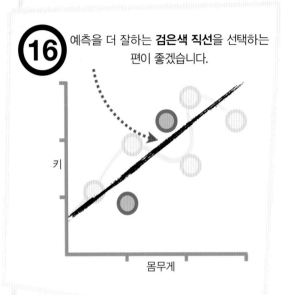

키

몸무게

BAM!!!

우리가 방금 살펴본 예시에선 머신러닝의 **두 가지 주요 개념**을 설명하고 있어.

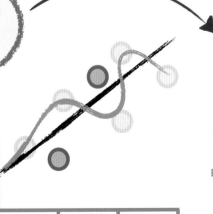

첫째, 테스트 데이터를 사용해 머신러닝 방법을 평가한다.

둘째, 어떤 머신러닝 방법이 훈련 데이터에 잘 피팅되었다고 해서 테스트 데이터에서도 반드시 좋은 성능을 내는 것은 아니다.

전문용어 주의!!!

어떤 머신러닝 방법이 **훈련 데이터**에 잘 피팅되었지만 예측 시에는 좋은 성능을 보여주지 못하는 것을 훈련 데이터에 **과적합**overfitting되었다고 말합니다.

과적합된 머신러닝 방법은 **편향-분산 트레이드오프**와 관련이 있는데, 관련 내용은 뒤에서 다시 살펴보겠습니다.

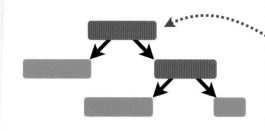

아마 여러분은 첫 장을 어째서 **딥러닝 합성곱 신경망** 혹은 **다른 멋진 최신 머신러닝 방법**이 아닌 아주 간단한 의사결정 트리와...

단순해 보이는 **검은색 직선**과 **구불구불한 초록색 곡선**으로 시작했는지 궁금해할 수도 있습니다.

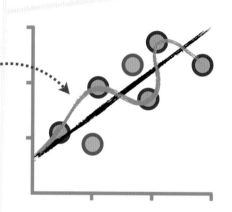

멋진 머신러닝 방법이 많이 있습니다. 이 책에서 우리는 그중 다음 방법들을 배울 것입니다.

회귀
로지스틱 회귀
나이브 베이즈
분류 트리
회귀 트리
서포트 벡터 머신
신경망

딥러닝 합성곱 신경망처럼 멋있어 보이는 머신러닝 방법은 매우 많습니다. 그리고 매년 새롭고 흥미로운 방법들이 많이 쏟아지고 있습니다. 하지만 어떤 방법을 사용하든 가장 중요한 점은 **테스트 데이터**에서 좋은 성능을 내야 한다는 점입니다.

BAM!!!

이제 머신러닝에 대한 주요 개념을 몇 가지 살펴보았으니 멋져 보이는 머신러닝 용어 몇 가지를 알아봅시다. 잘 기억해두면 여러분이 댄스 파티에 참석했을 때 똑똑해 보일 수 있을 거예요.

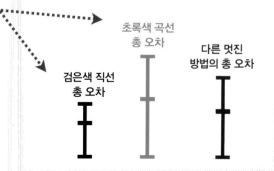

전문용어 주의!!! 독립 변수와 종속 변수

① 지금까지 우리는 키를 예측했습니다...

바로 몸무게 측정 데이터를 사용해서 말이죠...

모든 데이터를 보기 좋은 그래프로 나타냈습니다. 하지만 데이터를 보기 좋은 테이블로 만들 수도 있습니다.

우리가 데이터를 그래프 형태로 보든 테이블로 보든 몸무게가 사람에 따라 다르다는 걸(변한다는 걸) 알 수 있습니다. 따라서 몸무게는 **변수**variable라 부릅니다.

마찬가지로 키도 사람에 따라 다릅니다(변합니다). 따라서 키도 **변수**입니다.

몸무게	키
0.4	1.1
1.2	1.9
1.9	1.7
2.0	2.8
2.8	2.3

② 그렇긴 하지만 우리는 키와 몸무게가 각각 나타내는 **변수**의 종류를 조금 더 자세히 구분할 수 있습니다.

키 예측은 측정된 몸무게에 의존depend on하기에 **키를 종속 변수**dependent variable라 부릅니다.

이와 반대로 우리가 몸무게를 예측하는 것은 아니기 때문에 몸무게는 키에 종속적이지 않습니다. 따라서 몸무게를 **독립 변수**independent variable라 부릅니다. 여기서 몸무게는 **특징**feature이라 부르기도 합니다.

③ 예제에서는 몸무게라는 하나의 **독립 변수** 혹은 **특징**만을 사용해 키를 예측했습니다. 하지만 여러 개의 **독립 변수** 혹은 **특징**을 예측에 사용해도 됩니다. 예를 들어 몸무게, 신발 사이즈, 가장 좋아하는 색상으로 키를 예측할 수 있을 것입니다.

몸무게	신발 사이즈	좋아하는 색상	키
0.4	3	Blue	1.1
1.2	3.5	Green	1.9
1.9	4	Green	1.7
2.0	4	Pink	2.8
2.8	4.5	Blue	2.3

Bam.

우리는 이 테이블에서 몸무게라는 **수치형 측정값**과 가장 좋아하는 색상이라는 **이산형 카테고리**discrete category를 확인할 수 있습니다. 즉, 우리는 다른 종류의 데이터를 갖게 되었습니다. 이 두 종류의 데이터에 대해 더 자세히 알아볼까 합니다.

① **이산형 데이터**discrete data…

…는 **셀 수 있으며**countable 특정 값을 가집니다.

② 예를 들어 초록색을 좋아하는 사람과 파란색을 좋아하는 사람 수를 센다고 해봅시다.

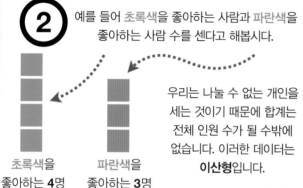

우리는 나눌 수 없는 개인을 세는 것이기 때문에 합계는 전체 인원 수가 될 수밖에 없습니다. 이러한 데이터는 **이산형**입니다.

초록색을 좋아하는 **4**명

파란색을 좋아하는 **3**명

③ 미국의 신발 사이즈도 **이산형**입니다. 왜냐하면 **8 1/2**처럼 분수가 포함되어 있지만 **8 7/36**이나 **9 5/18**은 없기 때문입니다.

④ 순위나 다른 순서도 **이산형**입니다. 예를 들어, 아쉽지만 **1.68**등에게 주어지는 상은 없습니다!

⑤ **연속형 데이터**continuous data는

…**측정할 수 있으며**measurable 범위 내의 어떤 수치 값numeric value이든 가질 수 있습니다.

⑥ 예를 들면, 키는 **연속형** 데이터입니다.

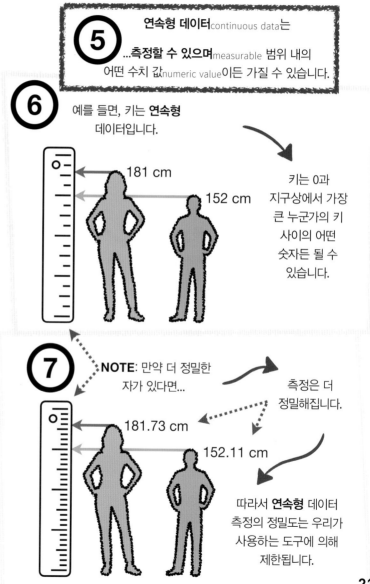

181 cm

152 cm

키는 0과 지구상에서 가장 큰 누군가의 키 사이의 어떤 숫자든 될 수 있습니다.

⑦ **NOTE**: 만약 더 정밀한 자가 있다면…

측정은 더 정밀해집니다.

181.73 cm

152.11 cm

따라서 **연속형** 데이터 측정의 정밀도는 우리가 사용하는 도구에 의해 제한됩니다.

Chapter 02

교차검증!!!

교차검증: 주요 개념

① **문제**: 지금까지는 어떤 데이터 포인트가 훈련 데이터고...

...어떤 것이 테스트 데이터인지 말해주었죠.

하지만 보통은 어떤 것이 훈련 데이터이고 어떤 것이 테스트 데이터인지 아무도 말해주지 않습니다.

그렇다면 최적의 훈련 데이터 포인트와 테스트 데이터 포인트를 선택하려면 어떻게 해야 할까요?

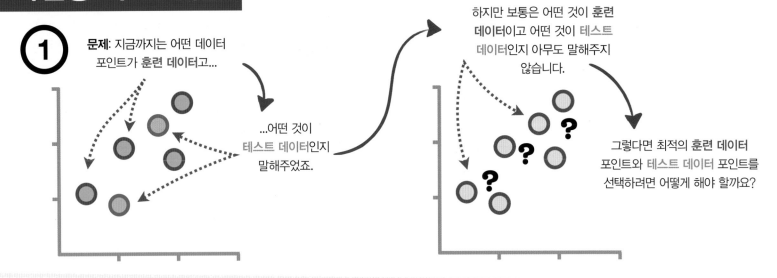

② **해답**: 어떤 데이터를 훈련에 써야 하며 어떤 데이터를 테스트에 써야 할지 알려주지 않는다면, **교차검증**cross validation을 통해 편향bias이 없는 방법을 찾아낼 수 있습니다.

어떤 데이터 포인트를 훈련에, 어떤 데이터 포인트를 테스트에 써야 좋을지 걱정할 필요 없이, **교차검증**은 모든 데이터 포인트를 훈련과 테스트에 모두 반복 적용해 봅니다. 즉, 훈련과 테스트에 단계별로 다른 데이터 포인트를 사용합니다.

BAM!!!

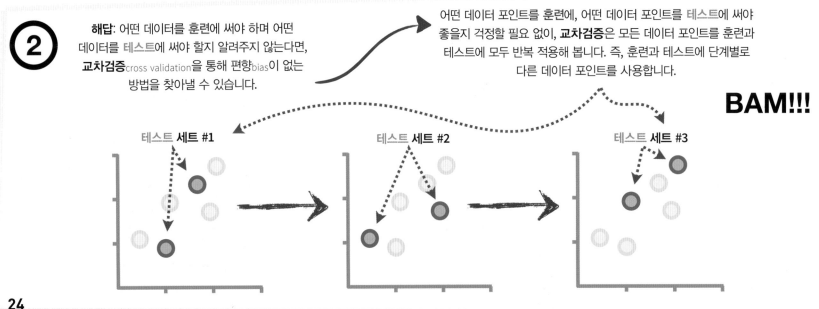

테스트 세트 #1   테스트 세트 #2   테스트 세트 #3

① 몸무게와 키 측정값 데이터 **6쌍**을 모았다고 가정해 봅시다.

데이터를 통해 몸무게가 많이 나가는 사람일수록 키가 크다는 추세를 확인할 수 있기에 우리는 몸무게로 키를 예측하고자 합니다.

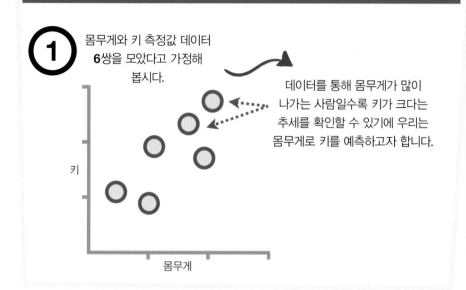

② 이제 **선형회귀**(자세한 내용은 **4장**을 참조)라는 방법을 사용해 **선**을 데이터에 피팅해봅시다. 하지만 어떤 데이터 포인트를 훈련 혹은 테스트로 사용해야 할지 모르는 상황이죠.

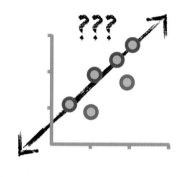
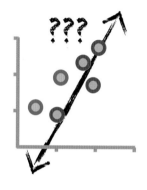

③ 좋지 않은 아이디어는 **모든** 데이터를 훈련에 사용하고...

완전히 동일한 데이터를 테스트 데이터로 재사용하는 것입니다.

왜냐하면 사용한 머신러닝 방법이 **훈련 데이터**에 **과적합**되었는지 알 수 있는 유일한 방법은 이전에 보지 못한 새로운 데이터셋에 적용해봐야 알 수 있기 때문입니다.

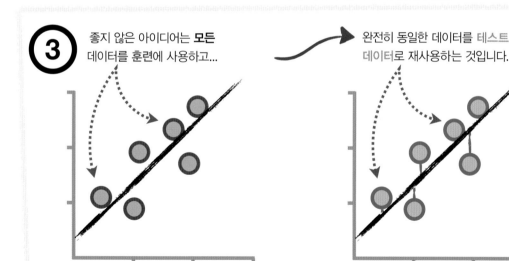

전문용어 주의!!!

훈련에 사용한 데이터를 테스트에 재사용하는 것을 **데이터 누수**data leakage라 부릅니다. 이 경우 **과적합**되었기 때문에 사용한 머신러닝 방법을 과대평가하게 됩니다. 즉, 실제 성능보다 더 뛰어나다고 판단하게 됩니다.

④ 이보다 조금 더 나은 방법은 테스트에서만 사용할 데이터를 랜덤으로 추출하고 나머지를 훈련에 사용하는 것입니다.

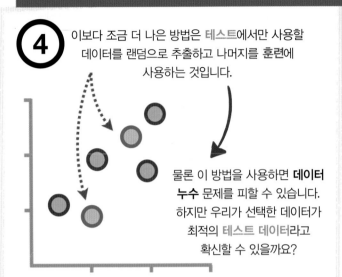

물론 이 방법을 사용하면 **데이터 누수** 문제를 피할 수 있습니다. 하지만 우리가 선택한 데이터가 최적의 테스트 데이터라고 확신할 수 있을까요?

⑤ 교차검증이란 어떤 데이터를 테스트에 사용해야 가장 적합한지 판단하기 힘든 문제를 **모든 데이터를 반복적으로** 사용하여 해결합니다. 첫 번째 단계는 데이터를 임의로 서로 다른 그룹으로 나눕니다. 예제에서는 데이터를 **2개씩 세 그룹**으로 나누겠습니다.

그룹1   그룹2   그룹3

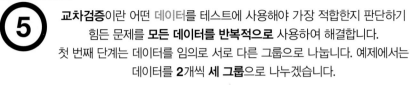

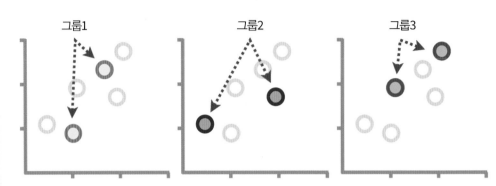

⑥ **교차검증**의 첫 번째 반복iteration에서, 우리는 **그룹1**과 **그룹2** 데이터를 훈련에 사용하고...

...**그룹3** 데이터는 테스트에 사용합니다.

⑦ 그리고 앞에서 했듯, 테스트 데이터에서 각 데이터 포인트의 오차를 측정합니다.

반복 #1:
검은 선 오차

그렇지만 앞에서 했던 것과는 달리 할 일이 더 남았습니다. **그룹1** 데이터와 **그룹2** 데이터를 테스트에 사용할 수 있도록 계속해서 반복 작업을 진행합니다.

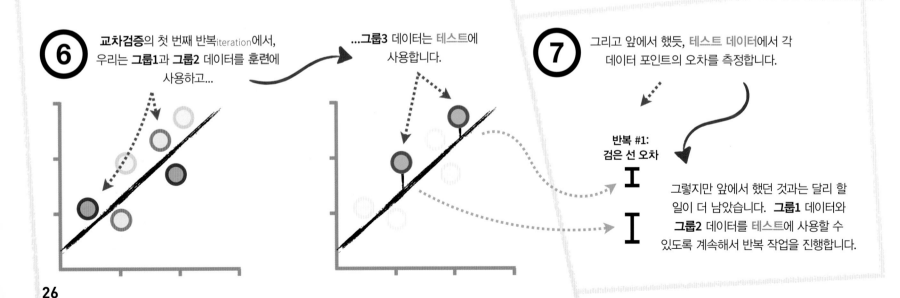

교차검증: 자세히 살펴보기 Part 3

⑧ 우리는 **세 그룹**의 데이터 포인트를 가지고 있기에 모든 데이터 그룹이 **테스트**에 사용되도록 **3번**의 반복을 진행할 수 있습니다. 여기서 반복 시행 횟수를 **폴드**fold라 부릅니다. 따라서 이번 예제에서 사용하는 방법은 **3-폴드**(혹은 겹) **교차검증**입니다.

리마인드
기존에 나눴던 **3개**의 데이터 그룹은 다음 그림과 같습니다.

그룹 1

그룹 2

그룹 3

⑨ 따라서 반복 **훈련**을 3번 진행하고...

NOTE: 각 반복 **훈련**에서 서로 다른 데이터 조합을 사용하므로 결과로 나타나는 피팅된 **선**의 모양은 조금씩 다릅니다.

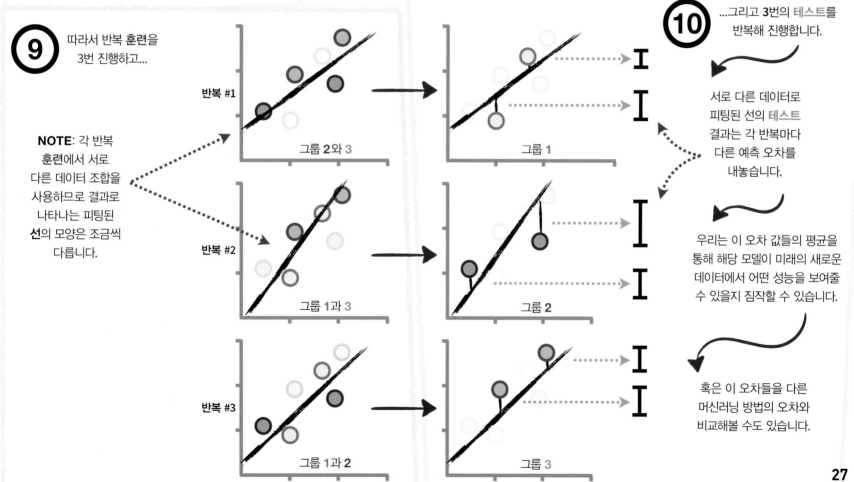

반복 #1

그룹 2와 3

그룹 1

반복 #2

그룹 1과 3

그룹 2

반복 #3

그룹 1과 2

그룹 3

⑩ ...그리고 **3번**의 **테스트**를 반복해 진행합니다.

서로 다른 데이터로 피팅된 선의 **테스트** 결과는 각 반복마다 다른 예측 오차를 내놓습니다.

우리는 이 오차 값들의 평균을 통해 해당 모델이 미래의 새로운 데이터에서 어떤 성능을 보여줄 수 있을지 짐작할 수 있습니다.

혹은 이 오차들을 다른 머신러닝 방법의 오차와 비교해볼 수도 있습니다.

⑪ 예를 들어 3-폴드 교차검증을 사용해 **검은색 직선**의 오차와 **초록색 곡선**의 오차를 비교할 수 있습니다.

리마인드
기존에 나눴던 3개의 데이터 그룹은 다음 그림과 같습니다.

그룹 1

그룹 2

그룹 3

⑫ **훈련**

⑬ **테스트**

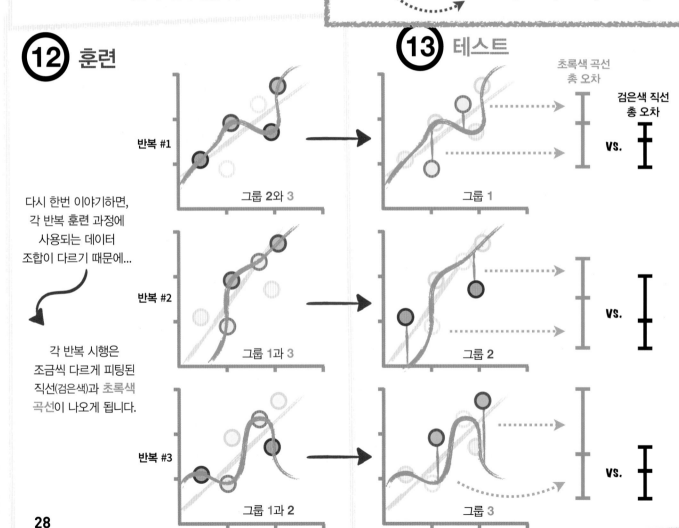

반복 #1
그룹 2와 3
그룹 1

다시 한번 이야기하면, 각 반복 훈련 과정에 사용되는 데이터 조합이 다르기 때문에...

반복 #2
그룹 1과 3
그룹 2

각 반복 시행은 조금씩 다르게 피팅된 직선(검은색)과 초록색 곡선이 나오게 됩니다.

반복 #3
그룹 1과 2
그룹 3

초록색 곡선 총 오차

검은색 직선 총 오차

VS.

이번 예제에서, 3-폴드 **교차검증**으로 실행한 3번의 반복을 통해 **검은색 직선**이 **초록색 곡선**보다 더 예측을 잘했다는 사실을 확인할 수 있습니다.

교차검증을 사용하면 우리가 선택한 훈련 데이터와 **테스트** 데이터가 최적의 데이터인지 걱정할 필요 없이, **검은색 직선**이 새로운 데이터를 더 잘 예측할 것이라 더욱 확신할 수 있습니다.

BAM!!!

NOTE: 이번 예제에서 **검은색 직선**이 **초록색 곡선**보다 일관되게 조금 더 나은 성능을 보여줬습니다. 그러나 항상 그런 것은 아닙니다. 이에 대해서는 뒤에서 더 자세히 설명하겠습니다.

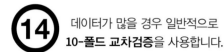

(14) 데이터가 많을 경우 일반적으로
10-폴드 교차검증을 사용합니다.

이 회색 열이 많은 행의
데이터를 나타낸다고
가정해봅시다.

10-폴드 교차검증을
실행하려면 먼저 데이터
순서를 임의로 섞고,
데이터를 **10**개의 동일한
사이즈 블록으로 랜덤하게
나누어 줍니다.

그리고 각 블록이 한 번씩 테스트에
사용되도록 동일한 방법으로 반복합니다.

DOUBLE
BAM!!!

그리고 처음 **9**개
블록을 훈련에
사용하고...

10번째 블록을
테스트에
사용합니다.

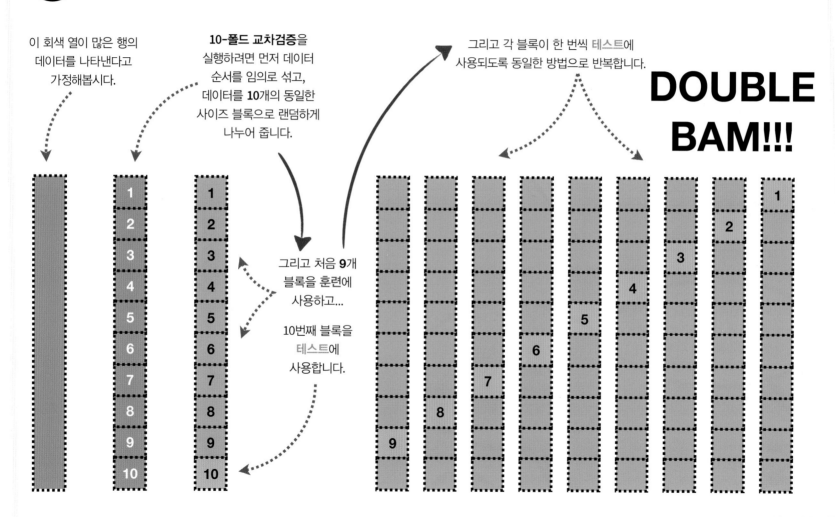

⑮ 자주 사용하는 또 다른 방법으로는 **리브-원-아웃**leave-one-out **교차검증**이 있습니다.

리브-원-아웃 교차검증은 하나의 데이터 포인트를 제외하고 모두 **훈련**에 사용합니다.

그리고 남은 하나의 데이터 포인트를 **테스트**에 사용합니다.

모든 데이터 포인트가 **테스트**에 사용될 때까지 같은 방법을 반복합니다.

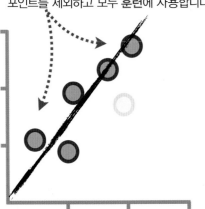

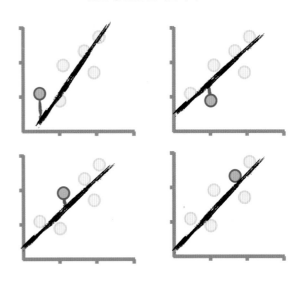

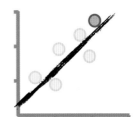

이봐, **노말사우르스**, 그럼 언제 **10-폴드 교차검증**을 사용하고 언제 **리브-원-아웃 교차검증**을 사용해야 할지 어떻게 결정해?

어떤 전문가들은 데이터셋이 크다면 **10-폴드 교차검증**을, 데이터셋이 매우 작다면 **리브-원-아웃**을 쓰라고 이야기해.

⑯ **교차검증**을 사용해 머신러닝 방법을 비교할 때, 예를 들어 **검은색 직선**과 **초록색 곡선**을 비교한다면

어떤 경우는 **검은색 직선**이 **초록색 곡선**보다 더 좋은 성능을 보여주고....

또 어떤 경우에는 **검은색 직선**이 **초록색 곡선**보다 성능이 좋지 못한 경우도 있습니다.

모든 반복을 끝마친 후에 우리는 다양한 결과를 얻게 됩니다. 어떤 결과는 **검은색 직선**이 더 좋고...

어떤 경우에는 **초록색 곡선**이 더 좋은 결과를 얻습니다...

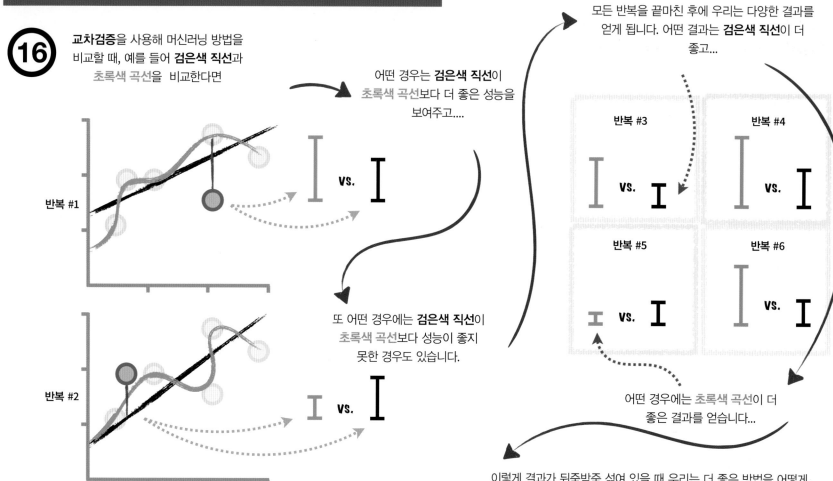

이렇게 결과가 뒤죽박죽 섞여 있을 때 우리는 더 좋은 방법을 어떻게 판단할 수 있을까요? 이 질문에 대답할 수 있는 한 가지 방법은 바로 **통계**를 사용하는 것입니다. 바로 다음 장에서 살펴볼 내용이죠.

TRIPLE BAM!!!

Chapter 03

통계 기초 개념!!!

통계: 주요 개념

① **문제**: 세상은 흥미로운 곳이고, 모든 것이 항상 같지 않습니다.

예를 들어 우리가 감자튀김을 주문할 때마다 우리가 받는 감자튀김의 개수는 매번 다릅니다.

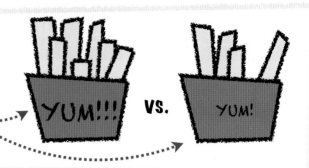

YUM!!! VS. YUM!

② **해답: 통계**statistic는 우리가 모든 것에서 발견하는 변화variation를 정량화할 수 있는 일련의 도구를 제공하며, 머신러닝의 목적인 예측과, 그 예측이 얼마나 믿을 만한지를 정량화하는 데 도움을 줍니다.

예를 들어 우리가 받는 감자튀김 개수가 매번 다르다는 사실을 인지하고, 매일 감자튀김 개수를 기록했다고 가정해봅시다.

감자튀김 다이어리

월요일: **21**개
화요일: **24**개
수요일: **19**개
목요일: **???**

YUM!!!

그러면 통계는 우리가 다음번 주문 시 감자튀김 몇 개를 받을지 예측할 수 있도록 도와주고, 추가적으로 해당 예측의 신뢰도를 제공해줍니다.

한편, 여기 어떤 사람들에게는 도움이 되지만 다른 어떤 사람들에게는 해가 되는 약이 있다고 가정해봅시다.

만세!!! 슬퍼...

통계는 누가 약의 도움을 받고 누가 해를 입을지를 예측하는 데 도움을 줄 수 있으며, 또한 예측에 대해 우리가 얼마만큼의 자신감을 가져도 되는지 알려줍니다. 이러한 정보는 우리가 사람들을 어떻게 치료해야 하는지에 대한 결정을 내릴 수 있도록 도와줍니다.

예를 들어 약의 효과가 있을 것이라 예측하지만 예측에 대한 확신이 부족하다면 우리는 이 약의 사용을 권장하기보단 다른 치료법을 추천할 것입니다.

③ 예측을 하기 위한 첫 번째 단계는 우리가 수집한 데이터에 숨어 있는 트렌드를 찾아내는 것입니다. 이제 **히스토그램**histogram 이라는 방법으로 이러한 목적을 어떻게 달성할 수 있는지 알아봅시다.

히스토그램: 주요 개념

① **문제**: 많은 측정값에 숨겨진 트렌드를 찾아내고 싶습니다.

예를 들어 우리는 많은 사람들의 키를 측정한 데이터가 있으며, 이를 초록색 점green dot으로 나타냈습니다. 어떤 점들은 겹치기도 하고, 그중 어떤 점은 완전히 숨어 있기도 합니다.

완전히 겹치는 초록색 점들을 잘 보이게 하기 위해, 겹치는 점을 쌓아 올리는 형식으로 표현합니다.

그러나 완전히 겹치는 점이 드물어서 많은 점들은 여전히 숨어 있습니다.

:(

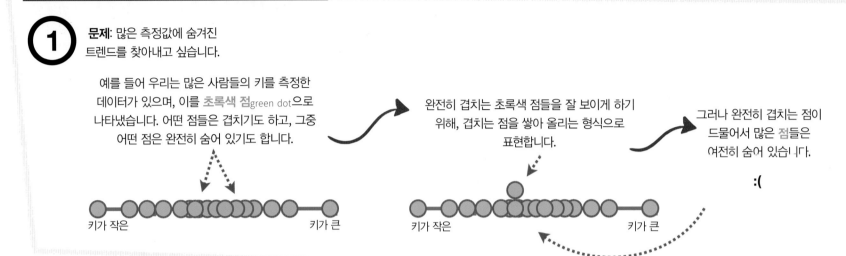

키가 작은   키가 큰

키가 작은   키가 큰

② **해답**: **히스토그램**은 데이터에서 인사이트를 찾아내기 위한 가장 간단하지만 놀라울 만큼 유용한 통계 도구입니다.

그리고 같은 구간에 들어오는 측정값을 쌓아stacking 줍니다.

이렇게 하면 **히스토그램**이 완성됩니다!

정확히 동일한 측정값을 쌓는 대신 값의 범위를 구간으로 나눠줍니다.

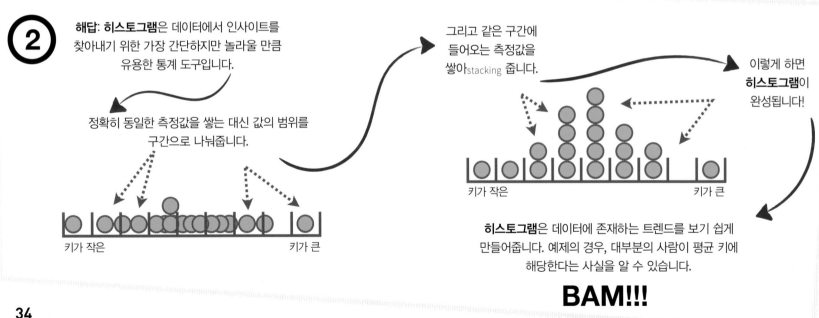

키가 작은   키가 큰

키가 작은   키가 큰

히스토그램은 데이터에 존재하는 트렌드를 보기 쉽게 만들어줍니다. 예제의 경우, 대부분의 사람이 평균 키에 해당한다는 사실을 알 수 있습니다.

BAM!!!

히스토그램: 자세히 살펴보기

1 구간 내에 쌓아올린 더미stack가 높을수록 측정값이 해당 구간에 많이 들어갔다는 의미입니다.

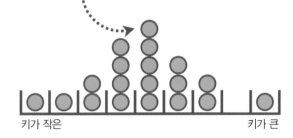

키가 작은   키가 큰

2 우리는 히스토그램을 사용해 미래에 얻게 될 측정값의 확률을 예측할 수 있습니다.

측정값 대부분이 **빨간색 박스** 안에 들어오기에, 우리는 다음에 얻게 될 측정값이 이 범위 어딘가에 들어올 것이라 짐작할 수 있습니다.

키가 작은   키가 큰

극단적으로 작거나 큰 측정값은 드물기에 이러한 측정값을 얻을 확률도 낮습니다.

3 **NOTE**: 구간의 크기를 결정하는 일은 쉽지 않습니다.

만약 구간을 너무 넓게 설정하면 큰 도움이 되지 않을 것입니다.

구간을 너무 좁게 설정해도 큰 도움이 되지 않을 것입니다.

키가 작은   키가 큰

따라서 여러 구간을 테스트해야 적당한 구간에 대한 감을 잡을 수 있습니다.

BAM!

키가 작은   키가 큰

키가 작은   키가 큰

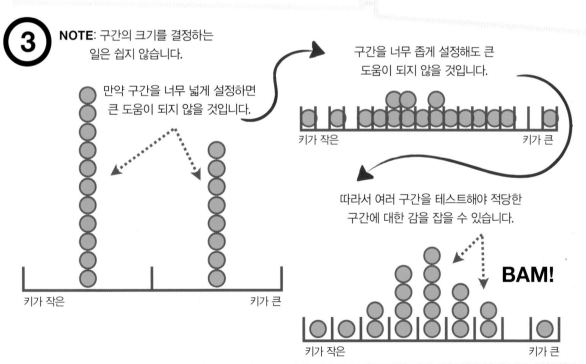

7장에서는 **나이브 베이즈**naive Bayes라는 머신러닝 방법을 사용해 히스토그램을 분류에 이용하는 방법을 배울 거야! **너무 기대되는걸!!!**

35

히스토그램: 단계별로 확률 계산하기

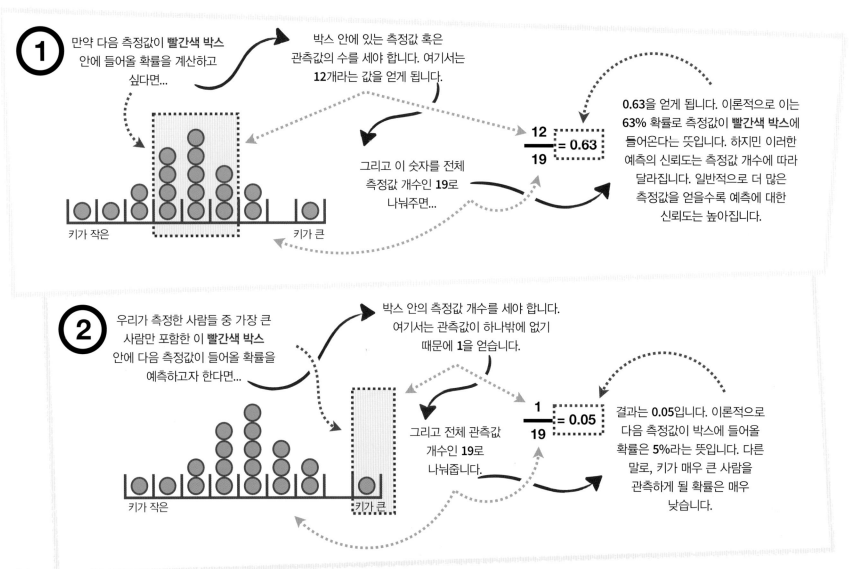

① 만약 다음 측정값이 **빨간색 박스** 안에 들어올 확률을 계산하고 싶다면...

박스 안에 있는 측정값 혹은 관측값의 수를 세야 합니다. 여기서는 **12**개라는 값을 얻게 됩니다.

그리고 이 숫자를 전체 측정값 개수인 **19**로 나눠주면...

$$\frac{12}{19} = 0.63$$

0.63을 얻게 됩니다. 이론적으로 이는 **63%** 확률로 측정값이 **빨간색 박스**에 들어온다는 뜻입니다. 하지만 이러한 예측의 신뢰도는 측정값 개수에 따라 달라집니다. 일반적으로 더 많은 측정값을 얻을수록 예측에 대한 신뢰도는 높아집니다.

키가 작은   키가 큰

② 우리가 측정한 사람들 중 가장 큰 사람만 포함한 이 **빨간색 박스** 안에 다음 측정값이 들어올 확률을 예측하고자 한다면...

박스 안의 측정값 개수를 세야 합니다. 여기서는 관측값이 하나밖에 없기 때문에 **1**을 얻습니다.

그리고 전체 관측값 개수인 **19**로 나눠줍니다.

$$\frac{1}{19} = 0.05$$

결과는 0.05입니다. 이론적으로 다음 측정값이 박스에 들어올 확률은 **5%**라는 뜻입니다. 다른 말로, 키가 매우 큰 사람을 관측하게 될 확률은 매우 낮습니다.

키가 작은   키가 큰

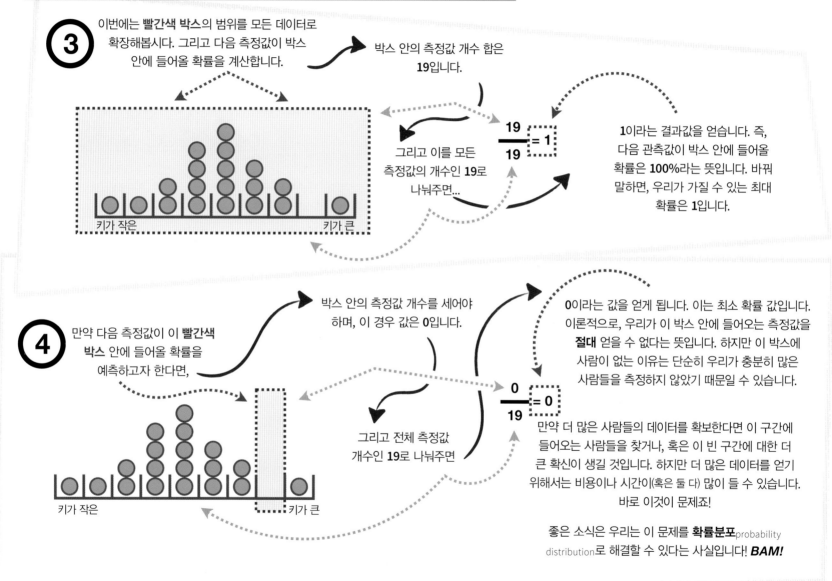

③ 이번에는 **빨간색 박스**의 범위를 모든 데이터로 확장해봅시다. 그리고 다음 측정값이 박스 안에 들어올 확률을 계산합니다.

박스 안의 측정값 개수 합은 **19**입니다.

그리고 이를 모든 측정값의 개수인 19로 나눠주면...

$$\frac{19}{19} = 1$$

1이라는 결과값을 얻습니다. 즉, 다음 관측값이 박스 안에 들어올 확률은 **100%**라는 뜻입니다. 바꿔 말하면, 우리가 가질 수 있는 최대 확률은 1입니다.

키가 작은   키가 큰

④ 만약 다음 측정값이 이 **빨간색 박스** 안에 들어올 확률을 예측하고자 한다면,

박스 안의 측정값 개수를 세어야 하며, 이 경우 값은 0입니다.

그리고 전체 측정값 개수인 19로 나눠주면

$$\frac{0}{19} = 0$$

0이라는 값을 얻게 됩니다. 이는 최소 확률 값입니다. 이론적으로, 우리가 이 박스 안에 들어오는 측정값을 **절대** 얻을 수 없다는 뜻입니다. 하지만 이 박스에 사람이 없는 이유는 단순히 우리가 충분히 많은 사람들을 측정하지 않았기 때문일 수 있습니다.

만약 더 많은 사람들의 데이터를 확보한다면 이 구간에 들어오는 사람들을 찾거나, 혹은 이 빈 구간에 대한 더 큰 확신이 생길 것입니다. 하지만 더 많은 데이터를 얻기 위해서는 비용이나 시간이(혹은 둘 다) 많이 들 수 있습니다. 바로 이것이 문제죠!

좋은 소식은 우리는 이 문제를 **확률분포**probability distribution로 해결할 수 있다는 사실입니다! *BAM!*

키가 작은   키가 큰

37

확률분포: 핵심 개념

① **문제:** 만약 우리가 가진 데이터가 많지 않다면 히스토그램으로 확률 예측을 정밀하게 하기란 힘듭니다.

그러나 무수히 많은 데이터를 모아 정확한 예측을 하는 작업은 시간이 많이 걸리고 비용이 많이 드는 일이죠. 그렇다면 다른 방법이 있을까요? **물론이죠!**

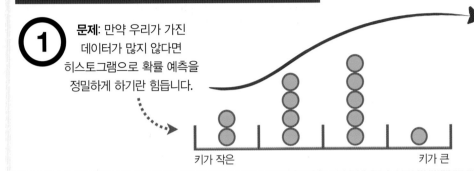

키가 작은 / 키가 큰

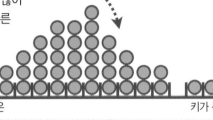

키가 작은 / 키가 큰

② **해답: 확률분포**distribution를 사용하면 됩니다. 예제에서는 히스토그램을 근사approximate하는 **종 모양** bell-shaped의 **파란색 곡선**으로 확률분포를 나타냅니다.

키가 작은 / 키가 큰

③ 이 **종 모양의 파란색 곡선**은 히스토그램이 우리에게 알려주는 정보와 같은 유형의 정보를 제공합니다.

예를 들어 이 **빨간색 박스** 내 곡선 아래의 비교적 큰 면적은 어떤 사람을 측정했을 때 그 값이 이 영역 내에 들어올 확률이 비교적 높다는 사실을 알려줍니다.

키가 작은 / 키가 큰

④ 이제 이 범위 내에 들어오는 측정값을 얻지 못한다고 해도...

곡선 아래 영역area을 사용해 해당 범위에 들어오는 값을 관측할 확률을 예측할 수 있습니다.

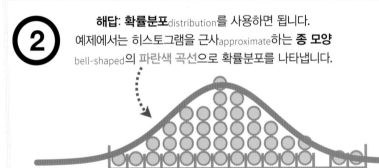

키가 작은 / 키가 큰

⑤ **NOTE:** 우리에겐 **이산형**과 **연속형** 데이터가 있기 때문에...

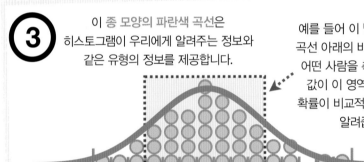

이산확률분포discrete probability distribution와 **연속확률분포**continuous probability distribution를 사용할 수 있습니다.

먼저 **이산확률분포**부터 배워보도록 하죠.

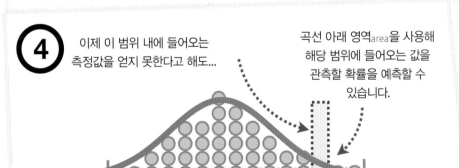

이산확률분포: 핵심 개념

① **문제:** 엄밀히 말하면 히스토그램은 **이산분포**discrete distribution입니다. 즉, 데이터를 이산 구간에 넣을 수 있고 이를 통해 확률을 예측합니다.

하지만 이를 위해서는 많은 데이터를 수집해야 하고, 히스토그램의 빈 공간을 어떻게 처리할지 명확하지 않은 경우도 있습니다.

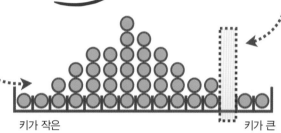

키가 작은   키가 큰

② **해답:** 이산형 데이터가 있을 때, 수많은 데이터를 모아 히스토그램을 만들거나 확률을 계산할 빈 공간을 걱정하지 않아도 **수학 방정식**mathematical equation으로 이러한 어려운 작업을 할 수 있습니다.

이항분포라는 용어만 들어도 도망치고 숨고 싶어.

너무 겁내지 마, **스탯스콰치**. 계속 읽다 보면 지금 느끼는 것처럼 어렵게 느껴지지 않을 거야.

③ 가장 흔히 사용되는 **이산확률분포**는 **이항분포**binomial distribution입니다.

여러분이 보시는 이것은 수학 방정식입니다. 따라서 수집된 수많은 데이터에 의존하지 않습니다. 그런데 **스탯스콰치**에게는 많이 어려워 보이나 봅니다.

$$p(x \mid n, p) = \left(\frac{n!}{x!(n-x)!} \right) p^x (1-p)^{n-x}$$

좋은 소식은 **이항분포**가 조금만 더 자세히 안을 들여다보면 정말 간단하다는 사실입니다. 그러나 이항분포에 대해 자세히 알아보기 전에, 방정식이 어째서 유용한지를 알아보겠습니다.

이항분포: 핵심 개념 Part 1

① 먼저, 여러분이 **통계마을**StatLand의 어느 길을 걸어가다 가장 먼저 만나는 **3명**의 사람에게 호박 파이를 좋아하는지 블루베리 파이를 좋아하는지 물어본다고 상상해봅시다.

호박 파이

블루베리 파이

두 사람은 호박 파이를 좋아한다고 답했고...

마지막 사람은 블루베리를 더 좋아한다고 말했습니다.

②

통계마을에서 진행한 흥미로운 파이 콘테스트에 따르면, **70%**의 사람들이 호박파이를 좋아하고 **30%**의 사람들은 블루베리 파이를 좋아한다는 사실을 알 수 있습니다. 그럼 이제 처음 만난 두 사람이 호박 파이를 선호하고 세 번째로 만난 사람이 블루베리 파이를 선호할 확률을 계산해 보겠습니다.

③ 처음 만난 사람이 호박 파이를 선호할 확률은 0.7입니다.

그리고 처음 만난 두 사람이 호박 파이를 좋아할 확률은 0.49입니다.

(쉿! 만약 이 수학 공식이 궁금하다면 **부록 A**를 참조하세요)

처음 만난 두 사람이 호박 파이를 선호하고 세 번째 만난 사람이 블루베리 파이를 선호할 확률은 0.147입니다.

(다시 말하지만, 만약 이 수학 공식이 궁금하다면 **부록 A**를 참조하세요)

NOTE: 0.147은 처음 만난 두 사람이 호박 파이를 좋아하고 세 번째 만난 사람이 블루베리 파이를 좋아할 확률입니다.

0.7

$$0.7 \times 0.7 = \mathbf{0.49}$$

$$0.7 \times 0.7 \times 0.3 = \mathbf{0.147}$$

이것은 **3명 중 2명**이 호박 파이를 더 좋아할 확률이 아니라는 것을 기억하세요.

다음 장에서 계속해서 그 이유를 살펴보겠습니다!

④ 물론 첫 번째 사람이 블루베리를 좋아하고 나머지 두 사람이 호박 파이를 좋아하는 경우도 있을 수 있습니다.

이러한 경우에는 숫자를 다른 순서대로 곱해줍니다. 하지만 확률은 여전히 **0.147**입니다.
(자세한 내용은 **부록 A**를 참조)

$$0.3 \times 0.7 \times 0.7 = \mathbf{0.147}$$

⑤ 마찬가지로 두 번째 사람만 블루베리를 좋아하고 나머지 사람들은 호박 파이를 좋아한다고 했다면, 또 다른 순서대로 숫자를 곱해주면 됩니다. 하지만 확률은 여전히 **0.147**입니다.

$$0.7 \times 0.3 \times 0.7 = \mathbf{0.147}$$

⑥ 세 가지 조합 모두 동일한 확률이라는 사실을 확인할 수 있습니다.

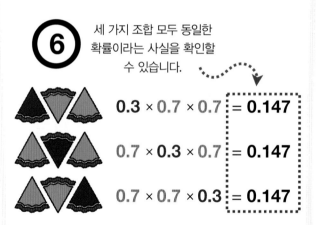

$0.3 \times 0.7 \times 0.7 = \mathbf{0.147}$

$0.7 \times 0.3 \times 0.7 = \mathbf{0.147}$

$0.7 \times 0.7 \times 0.3 = \mathbf{0.147}$

⑦ 이는 세 명 중 두 명이 호박파이를 좋아할 확률은 사람들의 파이 선호도에 대해 가능한 3가지 배열의 **합**인 **0.441**라는 의미입니다.

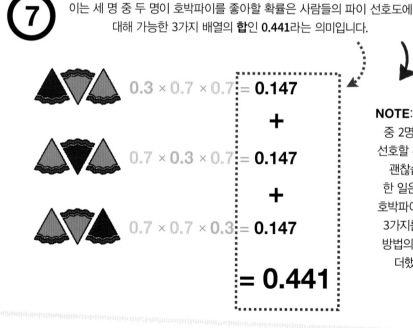

$0.3 \times 0.7 \times 0.7 = \mathbf{0.147}$

+

$0.7 \times 0.3 \times 0.7 = \mathbf{0.147}$

+

$0.7 \times 0.7 \times 0.3 = \mathbf{0.147}$

$$= \mathbf{0.441}$$

NOTE: 손으로 직접 3명 중 2명이 호박 파이를 선호할 확률을 계산해도 괜찮습니다. 우리가 한 일은 **3**명 중 **2**명이 호박파이를 선호할 방법 3가지를 그려보고, 각 방법의 확률을 계산해 더했을 뿐입니다.

Bam.

⑧ 하지만 더 많은 사람들에게 어떤 파이를 선호하는지 물어보기 시작하면 매우 지루한 작업이 되어버립니다.

예를 들어 **4명** 중 **2명**이 호박 파이를 선호하는 경우의 확률을 계산하고 싶다면, **6개**의 다른 배열로부터 각각의 확률을 계산하고 더해야 합니다.

그리고 **5명** 중 **3명**이 호박 파이를 선호하는 경우의 확률을 계산할 경우 이는 **10**으로 늘어납니다.

윽! 모든 파이 조각을 다 그리려고 하니 너무 지루하네요.

:(

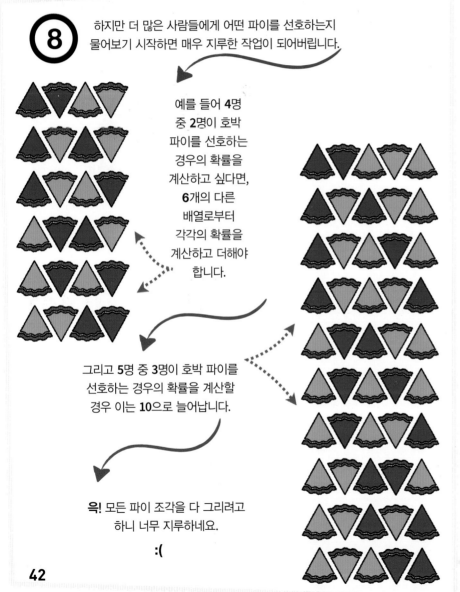

⑨ 그러니 파이 조각의 배열을 그리는 대신 **이항분포** 방정식을 사용해 확률을 직접 계산하는 것입니다.

$$p(x \mid n, p) = \left(\frac{n!}{x!(n-x)!} \right) p^x (1-p)^{n-x}$$

BAM!!!

다음 페이지에서는 **이항분포**를 사용하여 **3명**에 대한 파이 선호 확률을 계산해봅니다. 이는 파이 선호도뿐만 아니라 승패, 찬성 및 반대, 혹은 성공과 실패 등 **이항 결과**binary outcome가 존재하는 모든 상황에 적용할 수 있습니다.

이제 **이항분포** 방정식이 왜 유용한지 이해했으니, 방정식을 사용해 **3명** 중 **2명**이 호박 파이를 선호할 확률을 계산하는 방법을 차근차근 살펴봅시다.

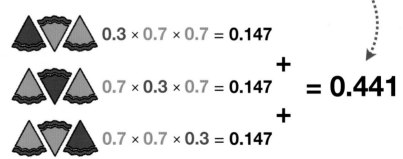

0.3 × 0.7 × 0.7 = **0.147**

0.7 × 0.3 × 0.7 = **0.147**   **= 0.441**

0.7 × 0.7 × 0.3 = **0.147**

리마인드
우리는 **이항분포**로 3명 중 2명이 호박 파이를 좋아할 확률을 계산하고 있습니다.

$0.3 \times 0.7 \times 0.7 = 0.147$

$+$

$0.7 \times 0.3 \times 0.7 = 0.147$

$+$

$0.7 \times 0.7 \times 0.3 = 0.147$

$= 0.441$

① 먼저 방정식 왼쪽에 초점을 맞춰 설명하겠습니다.

파이 예제에서 **x**는 호박 파이를 선호하는 사람의 숫자입니다. 이번 예제에서는 **x = 2**입니다.

n은 선호하는 파이를 응답한 사람의 수입니다. 예시에서는 **n = 3**입니다.

그리고 **p**는 어떤 사람이 호박 파이를 선호할 확률입니다. 여기서는 **p = 0.7**입니다.

$$p(x \mid n, p) = \left(\frac{n!}{x!(n-x)!} \right) p^x (1-p)^{n-x}$$

② **p**는 **확률**probability 이라는 뜻입니다.

수직선 혹은 파이프 기호pipe symbol는 어떤 조건이 **주어졌다**given that는 뜻입니다.

n과 **p** 사이의 쉼표는 '**그리고**'라는 뜻입니다.

따라서 방정식 왼쪽을 해석해보면 다음과 같습니다.
"파이 선호도를 물어본 **n = 3**명 중 어떤 사람이 호박 파이를 좋아할 확률이 **p = 0.7**일 때, **x = 2**명이 호박 파이를 좋아할 확률"

BAM!

맛있어! 난 파이가 너무 좋아!

이항분포: 자세히 살펴보기 Part 2

③ 이제 방정식 오른쪽의 첫 번째 부분을 살펴봅시다. **스탯스콰치**가 이 방정식이 무서워 보인다고 한 이유는 팩토리얼(느낌표, 자세한 내용은 아래를 참조) 때문이지만, 너무 겁내지 않아도 됩니다.

팩토리얼 기호를 차치하더라도, 첫 번째 항term은 단순히 우리가 (**2**명이 호박 파이를 선호하는) **3**명의 사람들을 만나는 다양한 방법을 나타냅니다.

그리고 앞서 살펴봤던 것처럼, **3**명 중 **2**명이 호박 파이를 선호하는 경우는 **3**가지입니다.

$$p(x \mid n, p) = \left(\frac{n!}{x!(n-x)!} \right) p^x (1-p)^{n-x}$$

리마인드
우리는 **이항분포** 방정식으로 **3**명 중 **2**명이 호박 파이를 좋아할 확률을 계산하고 있습니다.

$0.3 \times 0.7 \times 0.7 = 0.147$

+

$0.7 \times 0.3 \times 0.7 = 0.147$

+

$0.7 \times 0.7 \times 0.3 = 0.147$

= 0.441

④ 호박 파이를 선호하는 사람 수인 $x = 2$를 대입하고

파이 선호도를 물어본 사람 수인 $n = 3$을 대입한 후 계산하면...

우리가 하나하나 손으로 계산한 결과와 같은 **3**이라는 결과를 얻게 됩니다.

$$\frac{n!}{x!\,(n-x)!} = \frac{3!}{2!\,(3-2)!} = \frac{3!}{2!\,(1)!} = \frac{3 \times 2 \times 1}{2 \times 1 \times 1} = 3$$

NOTE: 만약 **x**가 호박 파이를 선호하는 사람 수이고 **n**이 총 사람 수라면 (**n - x**)는 블루베리 파이를 선호하는 사람 수가 됩니다.

이봐, **노말사우르스**. 팩토리얼factorial이 뭐야?

느낌표로 표시하는 **팩토리얼**은 정수 숫자와 그 아래의 모든 양의 정수의 곱이야. 예를 들어 **3!**은 **3 × 2 × 1 = 6**이지.

(5) 이제 방정식 오른쪽의 두 번째 항을 살펴보겠습니다.

두 번째 항은 3명 중 2명이 호박 파이를 좋아할 확률입니다.

다른 말로, **p**가 어떤 사람이 호박 파이를 좋아할 확률이기에 이는 **0.7**이 됩니다.

그리고 **x** = **2**명의 사람이 호박 파이를 좋아하기 때문에 두 번째 항을 계산하면 $0.7^2 = 0.7 \times 0.7$ 이 됩니다.

$$p(x \mid n, p) = \left(\frac{n!}{x!\,(n-x)!} \right) p^x (1-p)^{n-x}$$

(6) 마지막 항인 세 번째 항은 3명 중 1명이 블루베리 파이를 선호할 확률입니다.

왜냐하면 **p**가 어떤 사람이 호박 파이를 선호할 확률이라면 **(1 - p)**는 어떤 사람이 블루베리 파이를 좋아할 확률이 되기 때문입니다.

만약 **x**가 호박 파이를 좋아하는 사람 수이고 **n**이 모든 사람 수라면 **n - x**는 블루베리 파이를 선호하는 사람 수가 됩니다.

> 알고 있는 것처럼, 가끔 사람들은 **q = (1 - p)**라 정하고 **(1 - p)**를 사용하는 대신 **q**를 사용해.

따라서 예제에서 **p = 0.7**, **n = 3**, **x = 2**를 각각 대입하면 **0.3**이라는 결괏값을 얻게 됩니다.

$$(1 - p)^{n-x} = (1 - 0.7)^{3-2} = 0.3^1 = 0.3$$

리마인드
우리는 **이항분포** 방정식으로 **3**명 중 **2**명이 호박 파이를 좋아할 확률을 계산하고 있습니다.

$0.3 \times 0.7 \times 0.7 = 0.147$

+

$0.7 \times 0.3 \times 0.7 = 0.147$

+

$0.7 \times 0.7 \times 0.3 = 0.147$

= 0.441

⑦ 지금까지 **이항분포** 방정식 개념을 모두 살펴봤습니다. 이제 내용을 종합해서 우리가 만난 **3명** 중 **2명**이 호박 파이를 선호할 확률을 계산해봅시다.

먼저 호박 파이를 선호하는 사람 수인 $x = 2$와 파이 선호도를 물어볼 사람 수인 $n = 3$, 그리고 어떤 사람이 호박 파이를 선호할 확률인 $p = 0.7$을 대입합니다.

$$p(x = 2 \mid n = 3,\, p = 0.7) = \left(\frac{n!}{x!(n-x)!} \right) p^x (1-p)^{n-x}$$

그리고 수학식을 계산하면...

$$= \left(\frac{3!}{2!(3-2)!} \right) 0.7^2 (1 - 0.7)^{3-2}$$

(잠깐! 첫 번째 항은 선호하는 파이를 배열하는 방법의 가짓수를 나타냅니다. 두 번째 항은 **2명**이 호박 파이를 선호할 확률을, 마지막 항은 **1명**이 블루베리 파이를 선호할 확률을 나타낸다는 것을 기억하세요!)

$$= 3 \times 0.7^2 \times (0.3)^1$$

$$= 3 \times 0.7 \times 0.7 \times 0.3$$

그리고 결과는 우리가 그림을 그려가며 얻은 결괏값과 동일한 **0.441**입니다.

$$= 0.441$$

TRIPLE BAM!!!

46

이봐, **노말사우르스**. 이제 **이항분포**에 대해서는 조금 알 것 같아. 혹시 내가 알아야 하는 자주 사용하는 다른 **이산분포**가 있을까?

물론이지, **스탯스콰치**. 이제 **푸아송 분포**에 대해서도 한번 알아보자.

푸아송 분포: 자세히 살펴보기

① 앞에서 우리는 **이항분포**가 **3**명 중 **2**명이 호박 파이를 선호할 확률처럼 일련의 **이진 결과**binary outcome 확률을 어떻게 계산하는지 살펴봤습니다. 하지만 다양한 상황에서 사용하는 여러 **이산확률분포**discrete probability distribution가 더 존재합니다.

② 예를 들어 여러분이 평균적으로 한 시간 동안 이 책을 **10**페이지 읽을 수 있다고 하면, **푸아송 분포**Poisson distribution를 사용해 다음 한 시간 동안 **8**페이지를 읽을 확률을 계산할 수 있습니다.

NOTE: 여기서 '**e**'는 **오일러의 수** Euler's number*입니다. 대략 **2.72**라는 값을 가지고 있습니다.

그리스 문자인 **λ(람다)** 덕분에 **푸아송 분포** 공식은 매우 멋져 보이는데, 람다는 평균이라는 뜻입니다. 따라서 예제에서 람다는 **10**입니다 (**λ = 10**).

$$p(x \mid \lambda) = \frac{e^{-\lambda} \lambda^x}{x!}$$

*역주: 자연로그의 밑이 되는 자연상수 **e**를 오일러의 수라 한다. 존 네이피어가 처음 자연상수의 정의를 언급했기에 네이피어 상수Napier's constant 라고도 한다.

x는 우리가 다음 1시간 동안 읽을 것이라 예상하는 페이지 수입니다. 예제에서 **x = 8**입니다.

③ 이제 숫자를 넣어 계산을 하면...

0.113이라는 숫자를 얻게 됩니다. 따라서 평균적으로 한 시간에 **10**페이지를 읽는 상황에서, 다음 1시간 동안 정확히 **8**페이지를 읽을 확률은 **0.113**입니다.

$$p(x = 8 \mid \lambda = 10) = \frac{e^{-\lambda} \lambda^x}{x!} = \frac{e^{-10} 10^8}{8!} = \frac{e^{-10} 10^8}{8 \times 7 \times 6 \times 5 \times 4 \times 3 \times 2 \times 1} = 0.113$$

BAM!!!

이산확률분포: 요약

① 요약하면, 우리는 히스토그램으로부터 **이산확률분포**를 얻을 수 있습니다.

이 방법은 굉장히 유용하지만 많은 데이터가 필요한데, 이는 곧 많은 시간과 비용이 필요하다는 뜻입니다. 또한 빈 공간을 처리하는 방법도 명확하지 않습니다.

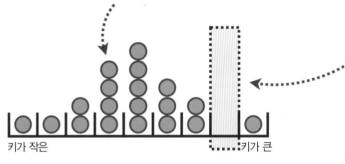

키가 작은   키가 큰

② 따라서 우리는 히스토그램 대신 **이항분포 공식** 같은 **수학 공식**을 사용합니다.

$$p(x \mid n, p) = \left(\frac{n!}{x!(n-x)!} \right) p^x (1-p)^{n-x}$$

이항분포는 이진 결과(승패, 그렇다 혹은 아니다 등)를 가진 모든 상황에 유용합니다. 하지만 그 밖에도 다른 많은 **이진 확률분포**가 존재합니다.

③ 예를 들어 '1시간에 **10**페이지 읽기'처럼 이산형 시간 단위 혹은 공간 단위에서 발생하는 **사건**event이 있다면 **푸아송 분포**를 사용할 수 있습니다.

$$p(x \mid \lambda) = \frac{e^{-\lambda} \lambda^x}{x!}$$

④ **그 밖에도** 여러 다른 데이터 유형에 따른 다양한 **이산확률분포**가 존재합니다. 일반적으로 공식이 어려워 보일 수 있지만, 그렇다고 크게 겁낼 것은 없습니다. 각 기호의 의미를 잘 파악하고, 알맞은 숫자를 넣어 차근차근 계산하면 됩니다.

BAM!!!

이제 **연속확률분포**에 대해 살펴보도록 하죠!

연속확률분포: 핵심 개념

① **문제:** 이산확률분포는 매우 유용하지만, 많은 데이터가 필요하다는 것 외에도 히스토그램을 연속형 데이터에 적용할 경우 두 가지 문제가 발생합니다.

...2) 히스토그램은 구간의 크기에 매우 민감합니다.

1) 데이터에 있는 공백gap에 대한 처리 방법이 명확하지 않고...

만약 구간이 너무 넓으면 정확도를 잃게 되며...

구간이 너무 좁으면 트렌드를 확인할 수 없습니다.

키가 작은   키가 큰

키가 작은   키가 큰

키가 작은   키가 큰

② **해답:** 연속형 데이터에는 **연속분포**continuous distribution를 사용합니다. 앞서 우리가 살펴본 이산분포처럼 수학 공식을 사용해 위 문제를 연속분포로 해결합니다.

예를 들어 우리는 히스토그램 대신 종 모양 곡선bell-shaped curve를 만들어 내는 **정규분포**normal distribution를 사용할 수 있습니다. 데이터에 생기는 공백을 걱정할 필요도, 구간 사이즈를 조작할 필요도 없습니다.

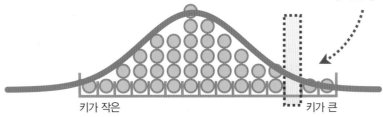

키가 작은   키가 큰

자주 사용하는 **연속분포**는 여러 가지가 있습니다. 먼저 가장 많이 사용하는 분포인 **정규분포**를 살펴보겠습니다.

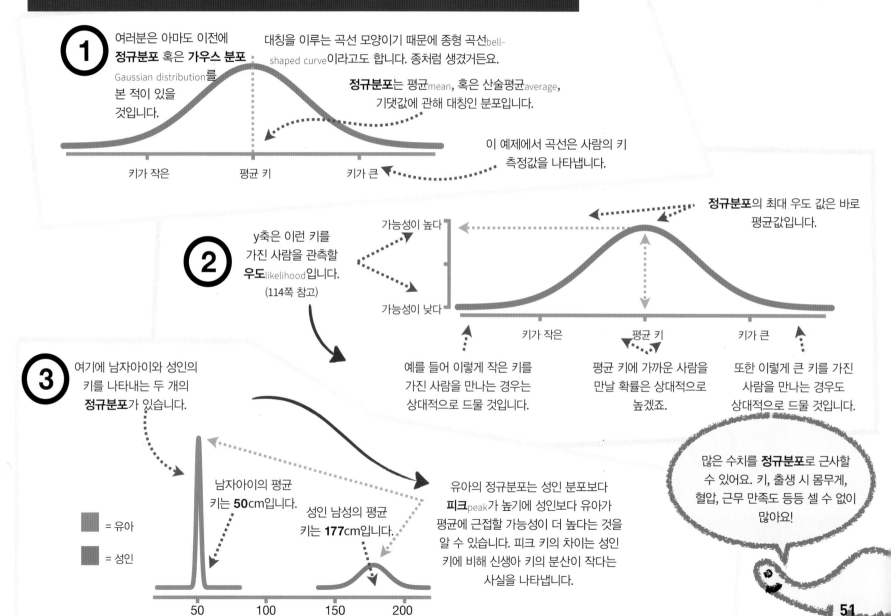

① 여러분은 아마도 이전에 **정규분포** 혹은 **가우스 분포** Gaussian distribution를 본 적이 있을 것입니다.

대칭을 이루는 곡선 모양이기 때문에 종형 곡선bell-shaped curve이라고도 합니다. 종처럼 생겼거든요.

정규분포는 평균mean, 혹은 산술평균average, 기댓값에 관해 대칭인 분포입니다.

키가 작은   평균 키   키가 큰

이 예제에서 곡선은 사람의 키 측정값을 나타냅니다.

② y축은 이런 키를 가진 사람을 관측할 **우도**likelihood입니다. (114쪽 참고)

가능성이 높다

가능성이 낮다

정규분포의 최대 우도 값은 바로 평균값입니다.

키가 작은   평균 키   키가 큰

예를 들어 이렇게 작은 키를 가진 사람을 만나는 경우는 상대적으로 드물 것입니다.

평균 키에 가까운 사람을 만날 확률은 상대적으로 높겠죠.

또한 이렇게 큰 키를 가진 사람을 만나는 경우도 상대적으로 드물 것입니다.

③ 여기에 남자아이와 성인의 키를 나타내는 두 개의 **정규분포**가 있습니다.

남자아이의 평균 키는 **50**cm입니다.

성인 남성의 평균 키는 **177**cm입니다.

유아의 정규분포는 성인 분포보다 **피크**peak가 높기에 성인보다 유아가 평균에 근접할 가능성이 더 높다는 것을 알 수 있습니다. 피크 키의 차이는 성인 키에 비해 신생아 키의 분산이 작다는 사실을 나타냅니다.

= 유아

= 성인

50   100   150   200

키(cm)

많은 수치를 **정규분포**로 근사할 수 있어요. 키, 출생 시 몸무게, 혈압, 근무 만족도 등등 셀 수 없이 많아요!

51

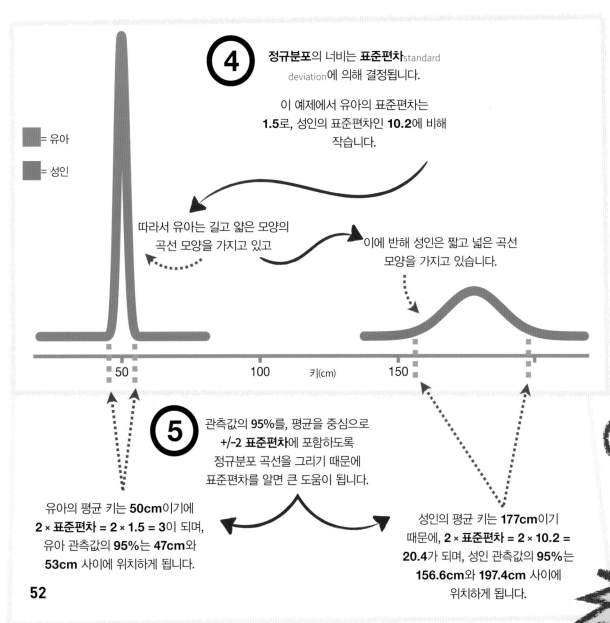

④ 정규분포의 너비는 **표준편차**standard deviation에 의해 결정됩니다.

이 예제에서 유아의 표준편차는 **1.5**로, 성인의 표준편차인 **10.2**에 비해 작습니다.

따라서 유아는 길고 얇은 모양의 곡선 모양을 가지고 있고

이에 반해 성인은 짧고 넓은 곡선 모양을 가지고 있습니다.

= 유아
= 성인

50   100   키(cm)   150

⑤ 관측값의 **95%**를, 평균을 중심으로 **+/-2 표준편차**에 포함하도록 정규분포 곡선을 그리기 때문에 표준편차를 알면 큰 도움이 됩니다.

유아의 평균 키는 **50cm**이기에 **2 × 표준편차 = 2 × 1.5 = 3**이 되며, 유아 관측값의 **95%**는 **47cm**와 **53cm** 사이에 위치하게 됩니다.

성인의 평균 키는 **177cm**이기 때문에, **2 × 표준편차 = 2 × 10.2 = 20.4**가 되며, 성인 관측값의 **95%**는 **156.6cm**와 **197.4cm** 사이에 위치하게 됩니다.

정규분포를 그리기 위해 알아야 할 내용

1) 측정값의 **평균** 혹은 산술평균. 곡선의 중심이 어디에 위치해야 하는지 알려준다.

2) 측정값의 **표준편차**. 곡선의 모양이 높아야 하는지 얇아야 하는지, 또는 짧아야 하는지 넓어야 하는지 알려준다.

만약 **평균**과 **표준편차**에 대한 개념이 어렵게 느껴진다면 **부록 B**를 참고하세요.

BAM!!!

안녕, **노말사우르스**! **가우스**Gauss가 어땠는지 말해줄래?

스콰치, 그는 매우 평범normal했어.

52

정규분포(가우스 분포): 세부 내용

① **정규분포** 공식은 보기엔 어려워 보이지만 다른 공식과 마찬가지로 숫자를 대입해 수학 계산만 하면 됩니다.

$$f(x \mid \mu, \sigma) = \frac{1}{\sqrt{2\pi\sigma^2}} e^{-(x-\mu)^2/2\sigma^2}$$

② **정규분포**를 어떻게 계산하는지 알아보고자, 키가 **50cm**인 유아의 우도(y축)를 계산해봅시다.

분포의 평균 역시 **50cm**이기 때문에 곡선의 가장 높은 부분에 대한 y축 좌표를 계산합니다.

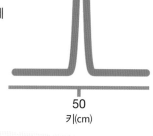

50
키(cm)

③ **x**는 x축 좌표입니다. 따라서 이번 예제에서 **x**축은 **키**를 나타내며 **x = 50**입니다.

그리스 문자 **μ**(뮤)는 분포의 평균을 나타냅니다. 예제에서는 **μ = 50**입니다.

마지막으로, 그리스 문자 **σ**(시그마)는 분포의 표준편차를 나타냅니다. 예제에서는 **σ = 1.5**입니다.

$$f(x = 50 \mid \mu = 50, \sigma = 1.5) = \frac{1}{\sqrt{2\pi\sigma^2}} e^{-(x-\mu)^2/2\sigma^2}$$

이제 수학 계산을 해보면...

$$= \frac{1}{\sqrt{2\pi 1.5^2}} e^{-(50-50)^2/(2\times1.5^2)}$$

$$= \frac{1}{\sqrt{14.1}} e^{-0^2/4.5}$$

$$= \frac{1}{\sqrt{14.1}} e^0$$

$$= \frac{1}{\sqrt{14.1}}$$

우도, 즉 y축 좌표는 곡선의 가장 높은 점인 **0.27**이라는 것을 알 수 있습니다.

$$= 0.27$$

기억하세요. 이 공식의 최종 결과인 y축 좌푯값은 **우도**(혹은 가능도)며, **확률**probability**이 아닙니다. 7장**에서 이 우도를 **나이브 베이즈**에서 어떻게 사용하는지 배우게 됩니다. **연속분포**에서 확률을 계산하는 방법을 알아보려면 계속해서 다음 장을 읽어주세요.

연속확률분포의 확률 계산하기: 세부 내용

① **연속확률분포**에서 확률은 두 점 사이의 **곡선 아래 면적**area under the curve과 같습니다.

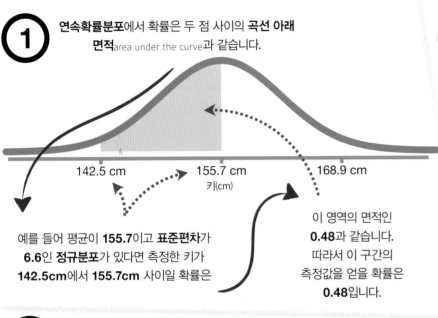

142.5 cm   155.7 cm   168.9 cm

키(cm)

예를 들어 평균이 **155.7**이고 **표준편차**가 **6.6**인 **정규분포**가 있다면 측정한 키가 **142.5cm**에서 **155.7cm** 사이일 확률은

이 영역의 면적인 **0.48**과 같습니다. 따라서 이 구간의 측정값을 얻을 확률은 **0.48**입니다.

② 분포가 높고 얇든지

혹은 작고 옆으로 퍼졌든지

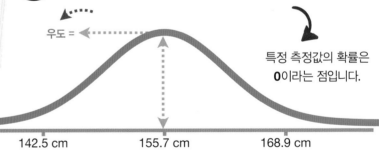

모든 곡선 아래 면적의 합은 **1**입니다. 이는 어떤 것이든 확률을 측정할 때 얻을 수 있는 최댓값이 **1**이라는 뜻입니다.

③ 두 점 사이의 곡선 아래 면적을 계산하는 방법은 두 가지입니다.

1) 어려운 방법은 미적분을 사용해 두 점 **a**와 **b** 사이의 방정식을 결합하는 것입니다.

$$\int_a^b f(x)\ dx$$

윽! 사실 아무도 이렇게 계산하지 않아요!!

2) 쉬운 방법은 컴퓨터를 사용하는 것입니다. **부록 C**에 해당 명령어가 나옵니다.

면적 = 0.48

BAM!!!

④ **연속분포**에서 한 가지 헷갈리는 점은 특정 측정값의 우도가 **155.7**처럼 **0**보다 큰 y축 좌표값인 경우에도...

우도 =

142.5 cm   155.7 cm   168.9 cm

특정 측정값의 확률은 **0**이라는 점입니다.

여기서 확률이 **0**이 되는 이유는 확률이 면적area이기 때문입니다. 너비가 없는 어떤 것의 면적은 **0**입니다.

이를 이해하는 또 한 가지 방법은, 연속분포가 무한의 정확도를 가진, 예를 들어 키가 정확히 **155.700000000000000000...**인 사람을 측정해야 할 확률을 뜻하기 때문일 수도 있습니다.

54

다른 연속형 분포: 주요 개념

① **지수분포**exponential distribution는 이벤트 사이에 지나간 시간을 살펴볼 때 자주 사용됩니다. 예를 들어 이 책 페이지를 넘기는 시간을 측정할 수 있을 것입니다.

가능성이 높음

가능성이 낮음

② **균일분포**uniform distribution는 일어날 확률이 같은 난수random number를 생성하는 데 사용됩니다.

NOTE: 0과 1 사이의 숫자는 0과 5 사이의 숫자보다 작기 때문에 특정 숫자에 대응하는 우도가 균일 0, 5 분포보다 **균일 0, 1 분포**에서 높다는 것을 알 수 있습니다.

예를 들어 **0**과 **1** 사이의 난수를 선택하고 싶다면 **균일 0, 1 분포**uniform 0, 1 distribution라 하는, 0과 **1** 사이의 **균일분포**를 사용할 수 있습니다. 이 분포는 0과 **1** 사이의 어떤 값이 선택될 확률이 모두 균일합니다.

가능성이 높음

가능성이 낮음

0　　　　1

가능성이 높음

가능성이 낮음

0　　　　5

가능성이 높음

가능성이 낮음

0　　　　5

이와는 반대로 0과 5 사이에서 난수를 생성하려면 **균일 0, 5 분포**uniform 0, 5 distribution라는 0과 **5** 사이의 균일분포를 사용해야 합니다.

이 그림은 균일 1, 3.5 분포uniform 1, 3.5 distribution입니다. 이처럼 두 개의 숫자만 있으면 균일분포를 얻을 수 있습니다.

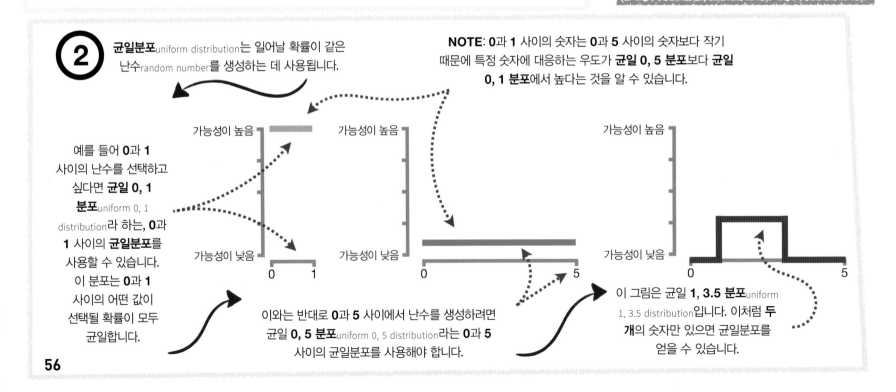

연속형 확률분포: 요약

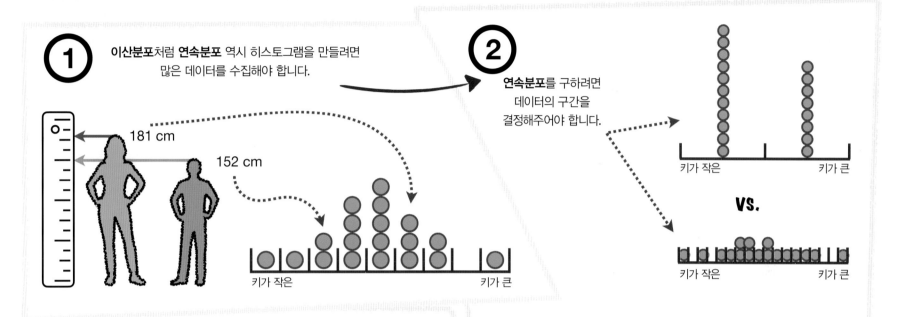

① **이산분포**처럼 **연속분포** 역시 히스토그램을 만들려면 많은 데이터를 수집해야 합니다.

181 cm

152 cm

키가 작은   키가 큰

② **연속분포**를 구하려면 데이터의 구간을 결정해주어야 합니다.

키가 작은   키가 큰

VS.

키가 작은   키가 큰

③ 대신 **연속분포**는 완곡한 곡선을 나타내는 공식을 사용해 모든 측정값에 대한 확률과 우도를 제공합니다.

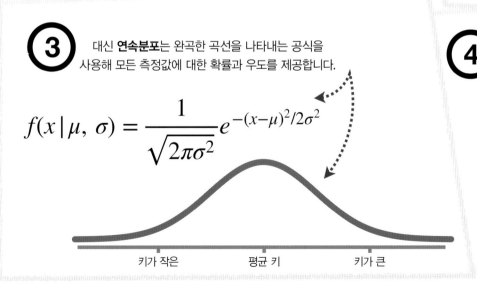

$$f(x \mid \mu, \sigma) = \frac{1}{\sqrt{2\pi\sigma^2}} e^{-(x-\mu)^2/2\sigma^2}$$

키가 작은   평균 키   키가 큰

④ **이산확률**과 마찬가지로 다양한 종류의 데이터에 대한 **연속분포**를 만들 수 있습니다. 사람의 키나, 1페이지를 읽는 데 걸리는 시간 등 측정 가능한 값이 많이 존재합니다.

머신러닝에서는 이 두 가지 유형의 분포 모두 **모델**(모형)model을 만듦으로써 다음에 어떤 일이 벌어질지 예측할 수 있습니다.

자, 이제 그럼 **모델**이 무엇이며 어떻게 사용하는지 알아봅시다.

(작지만 강력한) **BAM!!!**

모델: 주요 개념 Part 1

① **문제:** 우리가 아무리 많은 돈과 시간을 들여 정확한 히스토그램을 만들 수 있다 하더라도...

세상에 있는 **모든** 데이터를 모으기란 일반적으로 불가능합니다.

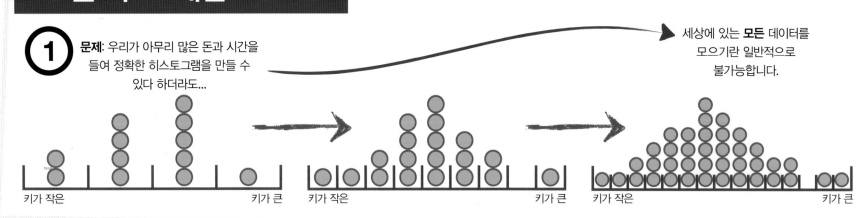

키가 작은   키가 큰   키가 작은   키가 큰   키가 작은   키가 큰

② **해답:** 통계적이거나 수학적인 값, 혹은 머신러닝 **모델**은 우리가 다양하게 사용할 수 있는 현실에 대한 **근삿값**approximation을 제공합니다.

자주 사용하는 또 다른 모델로는 어떤 직선의 방정식이 있습니다. 여기서는 파란색 선으로 몸무게와 키 사이의 관계를 모델링했습니다.

확률분포란 무수히 많은 데이터를 가지고 히스토그램을 근사하는 일종의 모델입니다.

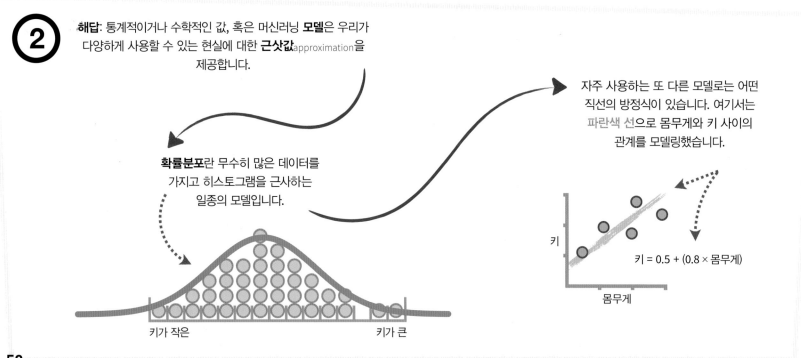

키가 작은   키가 큰

키

몸무게

키 = 0.5 + (0.8 × 몸무게)

모델: 핵심 개념 Part 2

③ 1장에서 살펴보았듯 모델은 **훈련 데이터**가 필요합니다. 머신러닝 용어를 사용하자면, 우리는 머신러닝 알고리즘을 훈련시켜 모델을 만듭니다.

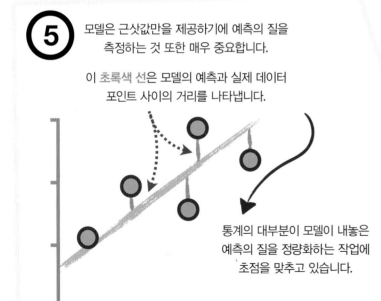

키 = 0.5 + (0.8 × 몸무게)

④ 모델 혹은 공식은 우리가 측정하지 못한 사람들에 대한 정보를 제공합니다.

예를 들어 몸무게가 이쯤 되는 사람의 키를 예측하고 싶다면,

공식에 이 몸무게를 대입하면 키가 도출됩니다.

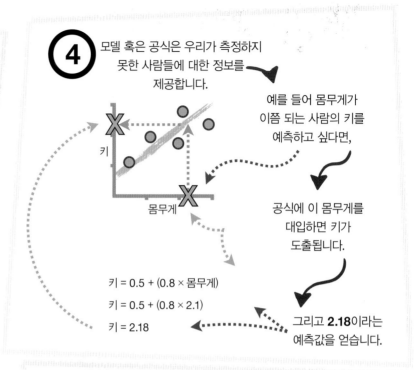

키 = 0.5 + (0.8 × 몸무게)

키 = 0.5 + (0.8 × 2.1)

키 = 2.18

그리고 **2.18**이라는 예측값을 얻습니다.

⑤ 모델은 근삿값만을 제공하기에 예측의 질을 측정하는 것 또한 매우 중요합니다.

이 **초록색 선**은 모델의 예측과 실제 데이터 포인트 사이의 거리를 나타냅니다.

통계의 대부분이 모델이 내놓은 예측의 질을 정량화하는 작업에 초점을 맞추고 있습니다.

⑥ 요약

1) 모델은 현실을 근사해 우리에게 관계를 찾고 예측을 할 수 있도록 해줍니다.

2) 머신러닝에서 우리는 **훈련 데이터**로 머신러닝 알고리즘을 훈련시켜 모델을 만듭니다.

3) 통계는 모델이 유용한지 혹은 믿을 만한지를 결정하는 데 사용될 수 있습니다.

Bam!

그럼 이제 통계가 모델의 질을 어떻게 정량화할 수 있는지 알아봅시다. 첫 번째 단계로 **잔차제곱합**sum of the squared residuals을 배우며, 잔차제곱합 개념은 이 책에서 계속 사용됩니다.

잔차제곱합: 핵심 개념 Part 1

① **문제**: 우리는 예측 모델을 가지고 있습니다. 이번에는 몸무게를 기반으로 키를 예측하는 모델입니다. 그러나 모델과 모델이 내놓은 예측에 대한 질quality이 어떤지 알 수 없어 정량화해야 합니다.

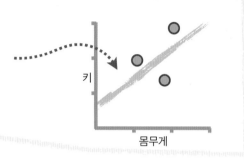

② **해답**: 모델과 예측의 질을 정량화하는 한 가지 방법은 **잔차제곱합**을 계산하는 것입니다.

이름에서 알 수 있듯 먼저 **잔차**residual를 계산합니다. 즉, **관측값**과 **예측값** 사이의 거리를 뜻합니다.

시각적으로 표현하면 이 초록색 선으로 **잔차**를 나타낼 수 있습니다.

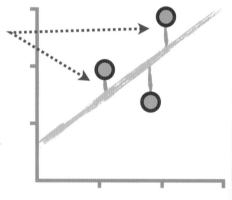

일반적으로 더 작은 **잔차**를 가진 모델의 성능이 더 좋기 때문에 이따금 **잔차**의 합으로만 모델을 비교하려는 경우가 있습니다. 하지만 파란색 선 아래 잔차들은 오히려 **잔차**의 합을 계산할 때 반대의 영향을 주게 됩니다.

잔차 = 관측값 − 예측값

잔차제곱합sum of squared residuals, SSR

은 **시그마** 표기법으로 정의됩니다. 그리고 오른쪽은 "모든 관측값과 예측값 사이의 거리를 제곱한 값의 합"이라 해석합니다.

따라서 단순히 **잔차**의 합을 계산하는 것이 아닌, 잔차의 제곱을 먼저 계산하고 그 합을 구하는 **잔차제곱합(SSR)**을 계산하는 것입니다.

n = **관측값** 개수

i = 각 **관측값**의 인덱스. 예를 들어 *i* = 1은 첫 번째 **관측값**을 뜻합니다.

시그마 기호(**Σ**)는 **합**summation을 뜻합니다.

$$SSR = \sum_{i=1}^{n} 관측값_i - 예측값_i)^2$$

NOTE: 절댓값을 취하는 것과는 반대로 **제곱**하면 미분 계산이 간단해집니다. 이는 우리가 **5장**에서 배울 **경사 하강법**gradient descent에 도움이 됩니다.

③ 지금까지 우리는 단순한 선형모델에서의 **잔차제곱합**만 살펴보았습니다. 하지만 잔차제곱합은 모든 종류의 모델에서 계산 가능합니다.

이 예제는 **스페이스X 스타십 SN9** 로켓의 고도와 시간의 **잔차**입니다.

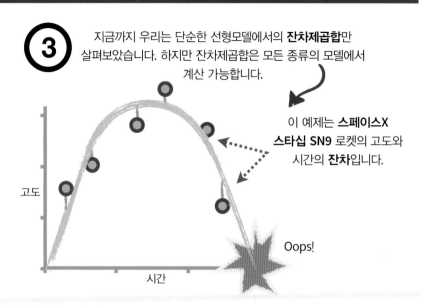

고도

시간

Oops!

이 예제는 강우량에 대한 정현파sinusoidal (역주: 사인sine 곡선 형태로 변하는) 모델의 **잔차**입니다. 어떤 달의 강우량은 많고 어떤 달은 적습니다. **잔차**를 계산할 수 있다면 제곱해 더하기만 하면 됩니다!

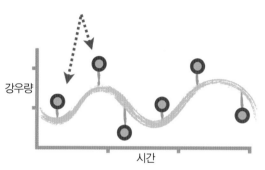

강우량

시간

④ **NOTE**: **잔차**를 계산할 때 모델에 대한 **수직 거리**vertical distance를 사용합니다.

가장 짧은 거리인 **직각 거리**perpendicular distance는 사용하지 않습니다.

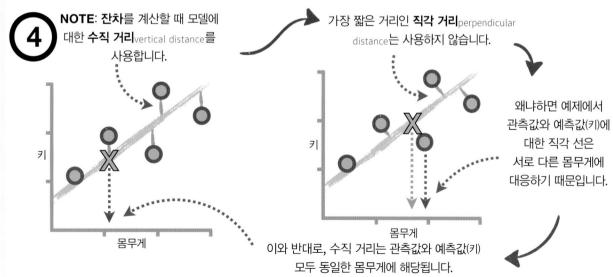

키

몸무게

키

몸무게

왜냐하면 예제에서 관측값과 예측값(키)에 대한 직각 선은 서로 다른 몸무게에 대응하기 때문입니다.

이와 반대로, 수직 거리는 관측값과 예측값(키) 모두 동일한 몸무게에 해당됩니다.

⑤ **잔차제곱합**의 핵심 개념을 이해했으니, 이제 단계별로 어떻게 계산하는지 살펴봅시다.

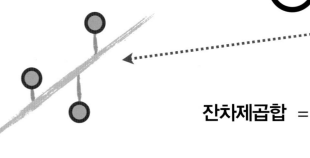

① 이번 예제에서 우리는 3개의 관측값을 가지고 있기에 $n = 3$ 입니다. 그리고 이 총합summation을 3가지 항으로 확장합니다.

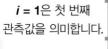

관측값 ┈┈➤
예측값 ┈┈➤
잔차

$$잔차제곱합 = \sum_{i=1}^{n} (관측값_i - 예측값_i)^2$$

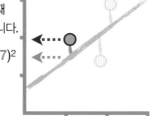

$i = 1$은 첫 번째 관측값을 의미합니다.

$$(1.9 - 1.7)^2$$

② 총합을 확장시킨 후 각 관찰의 **잔차**를 대입시켜줍니다.

$$SSR = (관측값_1 - 예측값_1)^2$$
$$+ (관측값_2 - 예측값_2)^2$$
$$+ (관측값_3 - 예측값_3)^2$$

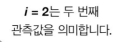

$i = 2$는 두 번째 관측값을 의미합니다.

$$(1.6 - 2.0)^2$$

$$SSR = (1.9 - 1.7)^2$$

③ 이제 간단한 수학 계산을 하면 **0.69**라는 **잔차제곱합**이 나오게 됩니다.

$$+ (1.6 - 2.0)^2$$
$$+ (2.9 - 2.2)^2$$

$$= 0.69$$

$i = 3$은 세 번째 관측값을 의미합니다.

$$(2.9 - 2.2)^2$$

BAM!!!

다음 장에서 살펴보겠지만 잔차제곱합에는 아주 큰 문제가 있어. 하지만 오해하지 마. **SSR**은 매우 멋진 개념이야.

평균제곱오차(MSE): 핵심 개념

① **문제: 잔차제곱합**은 멋진 개념이지만 해석하는 작업은 그리 쉽지 않습니다. 왜냐하면 데이터 양에 따라 값이 부분적으로 달라지기 때문입니다.

예를 들어 **3**개의 데이터 포인트를 가진 간단한 예시에서 **잔차**는 왼쪽에서 오른쪽 순서대로 **1, -3, 2**가 되며 **SSR = 14**입니다.

기존 데이터셋에 두 개의 데이터 포인트를 더 가진 데이터셋이 있고, **잔차**가 각각 **-2, 2**라면 **SSR**은 **22**로 늘어나게 됩니다.

하지만 더 큰 데이터셋인 두 번째 데이터셋에서 **14**에서 **22**로 늘어난 **잔차제곱합**은 첫 번째 모델보다 두 번째 모델의 성능이 더 좋다는 것을 뜻하지 않습니다. 이는 더 많은 데이터를 가질수록 더 많은 **잔차**를 갖게 된다는 사실을 말해줍니다.

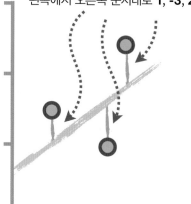

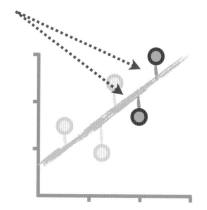

② **해답:** 크기가 서로 다른 데이터셋에 피팅된 두 모델을 비교하기 위해서는 **평균제곱오차**mean squared error, MSE를 계산해야 합니다. **평균제곱오차**는 간단히 말하면 **잔차제곱합**의 평균입니다.

$$\text{평균제곱오차(MSE)} = \frac{\text{잔차제곱합(SSR)}}{\text{관측값 개수}(n)} = \sum_{i=1}^{n} \frac{(\text{관측값}_i - \text{예측값}_i)^2}{n}$$

① 이제 실제로 두 데이터셋의 **평균제곱오차**를 계산해보며 평균제곱오차를 더 깊게 살펴봅시다!

$$\text{평균제곱오차(MSE)} = \frac{\text{SSR}}{n} = \sum_{i=1}^{n} \frac{(\text{관측값}_i - \text{예측값}_i)^2}{n}$$

② 첫 번째 데이터셋은 3개의 데이터 포인트가 있습니다. 그리고 **잔차제곱합**은 **14**이며, 따라서 **평균제곱오차**는 14/3인 **4.7**입니다.

두 번째 데이터셋은 **5개**의 데이터 포인트가 있으며, **잔차제곱합**은 **22**로 증가했습니다. 이와 반대로 **평균제곱오차**는 22/5 = **4.4**로 다소 낮아졌습니다.

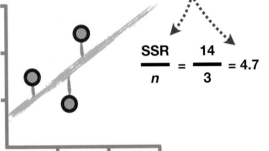

$$\frac{\text{SSR}}{n} = \frac{14}{3} = 4.7$$

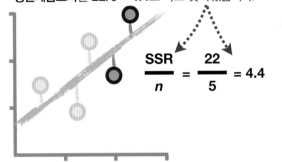

$$\frac{\text{SSR}}{n} = \frac{22}{5} = 4.4$$

데이터 수가 더 많은 데이터셋에서 증가한 **잔차제곱합**과 달리 **평균제곱오차**는 평균 잔차에 따라 증가할 수도, 감소할 수도 있습니다. 따라서 모델의 성능을 평가할 때 더 유용하게 사용할 수 있습니다.

③ 안타깝게도 **평균제곱오차** 또한 해석하는 데 어려움이 있을 수 있습니다. 왜냐하면 최댓값은 데이터 스케일에 영향을 받기 때문입니다.

예를 들어 y축의 단위가 밀리미터라 가정하고 **잔차**가 각각 **1, -3, 2**이면 **평균제곱오차**는 **4.7**이 됩니다.

하지만 y축의 단위를 미터로 바꾼다면 **잔차**는 **0.001, -0.003, 0.002**로 줄어들게 되고 **평균제곱오차**는 **0.0000047**이 되어버립니다. 너무 작은 숫자죠!

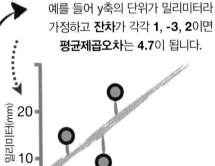

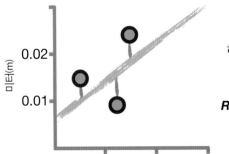

하지만 좋은 소식은 **잔차제곱합**과 **평균제곱오차**로 R^2라는 것을 계산해낼 수 있다는 점입니다. R^2는 데이터셋의 사이즈와 스케일에 따라 조정됩니다. 다음 장을 계속 읽어보시죠!

R^2: 핵심 개념

① **문제**: 앞서 살펴봤듯 **평균제곱오차**는 멋진 개념이지만 데이터 스케일의 영향을 받습니다.

이 예제에서는 단위를 밀리미터에서 미터로 바꿈으로써 **평균제곱오차**를 대폭 줄였습니다.

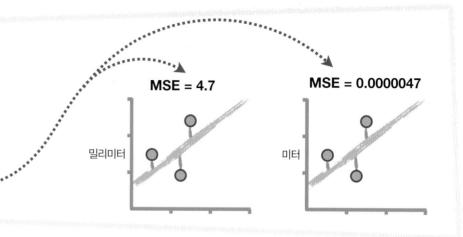

MSE = 4.7

밀리미터

MSE = 0.0000047

미터

② **해답**: R^2는 아주 간단하고 해석하기 쉬운 지표며, 데이터셋 사이즈 혹은 데이터 스케일의 영향을 받지 않습니다.

일반적으로, R^2는 y축 **평균값** 주위에 있는 **잔차제곱합** 혹은 **평균제곱오차**를 비교해 계산합니다. 이번 예제에서는 평균 키를 기준으로 **잔차제곱합** 혹은 **평균제곱오차**를 사용해 계산을 진행합니다.

그리고 우리가 알고자 하는 모델의 **잔차제곱합** 혹은 **평균제곱오차**와 비교합니다. 즉, 이번 예제에서 몸무게에 기반해 키를 예측한 파란색 선을 기준으로 한 **잔차제곱합** 혹은 **평균제곱오차**를 사용해 계산합니다.

R^2는 단순히 **평균**을 사용한 것보다 모델을 사용해서 예측했을 때 어느 정도 개선되었는지를 백분율로 보여줍니다.

이번 예제에서 R^2는 몸무게를 기반으로 키를 예측하는 모델인 파란색 선을 사용했을 때 모든 사람을 **평균** 키로 예측하는 방법보다 얼마나 개선이 이루어졌는지를 말해줍니다.

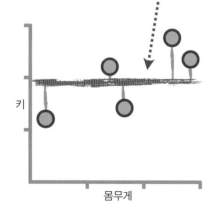

키

몸무게

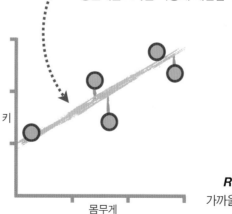

키

몸무게

R^2 값은 **0**에서 **1**까지며, 백분율로 나타냅니다. **1**에 가까울수록 모델이 데이터에 더 잘 피팅되었다는 뜻입니다.

이제 핵심 개념을 살펴봤으니 세부 내용을 자세히 살펴보도록 하죠!

R^2: 세부 내용 Part 1

① 먼저 평균으로 예측했을 때의 **잔차제곱합**을 계산합니다. 이를 SSR(평균)이라 부르겠습니다. 예제에서 **평균 키**는 **1.9**이며 SSR(평균)은 **1.6**입니다.

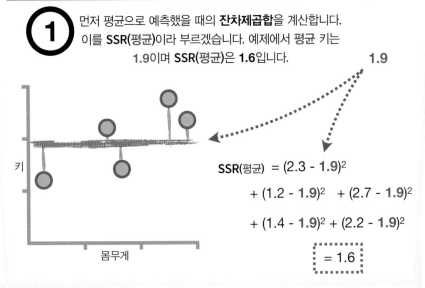

1.9

$$SSR(평균) = (2.3 - 1.9)^2$$
$$+ (1.2 - 1.9)^2 + (2.7 - 1.9)^2$$
$$+ (1.4 - 1.9)^2 + (2.2 - 1.9)^2$$

= 1.6

② 그다음 **피팅된 선**fitted line에 대한 **잔차제곱합**을 구합니다. SSR(**피팅된 선**)이라 나타내며, 값은 **0.5**입니다.

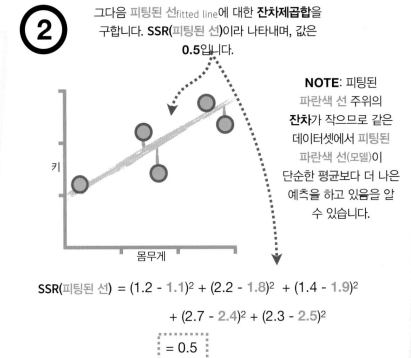

NOTE: 피팅된 파란색 선 주위의 **잔차**가 작으므로 같은 데이터셋에서 피팅된 파란색 선(모델)이 단순한 평균보다 더 나은 예측을 하고 있음을 알 수 있습니다.

$$SSR(피팅된 선) = (1.2 - 1.1)^2 + (2.2 - 1.8)^2 + (1.4 - 1.9)^2$$
$$+ (2.7 - 2.4)^2 + (2.3 - 2.5)^2$$

= 0.5

③ 이제 놀랍도록 간단한 공식을 사용해 R^2를 산출할 수 있습니다.

$$R^2 = \frac{SSR(평균) - SSR(피팅된 선)}{SSR(평균)}$$

$$= \frac{1.6 - 0.5}{1.6}$$

= 0.7

결과인 **0.7**은 우리의 **모델**(파란색 선)이 단순한 평균보다 **잔차**를 70% 감소시켰다는 것을 뜻합니다.

④ 일반적으로, R^2의 분자인 SSR(평균) - SSR(피팅된 선)은 모델의 잔차제곱합이 작을수록 작은 값을 가지므로 R^2는 **결국 새로운 모델**을 사용했을 때 평균보다 잔차를 줄이는 정도라 해석할 수 있습니다.

SSR(평균) - SSR(피팅된 선)이면, 두 모델의 예측은 동일하게 좋거나 동일하게 나쁩니다. 그리고 R^2는 **0**이 됩니다.

$$\frac{SSR(평균) - SSR(피팅된 선)}{SSR(평균)}$$
$$= \frac{0}{SSR(평균)} = 0$$

SSR(피팅된 선) = **0**일 경우는 피팅된 선이 데이터를 완벽하게 피팅한다는 뜻입니다. 따라서 R^2는 **1**이 됩니다.

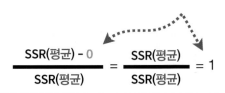

$$\frac{SSR(평균) - 0}{SSR(평균)} = \frac{SSR(평균)}{SSR(평균)} = 1$$

R^2: 세부 내용 Part 2

$$R^2 = \frac{SSR(\text{평균}) - SSR(\text{피팅된 선})}{SSR(\text{평균})}$$

⑤ **NOTE**: 임의의 두 데이터 포인트의 R^2는 **1**입니다.

왜냐하면 **평균**을 기준으로 한 **잔차**에 상관없이

피팅된 선 주위의 잔차는 **0**이기 때문입니다.

$$\frac{SSR(\text{평균}) - 0}{SSR(\text{평균})}$$

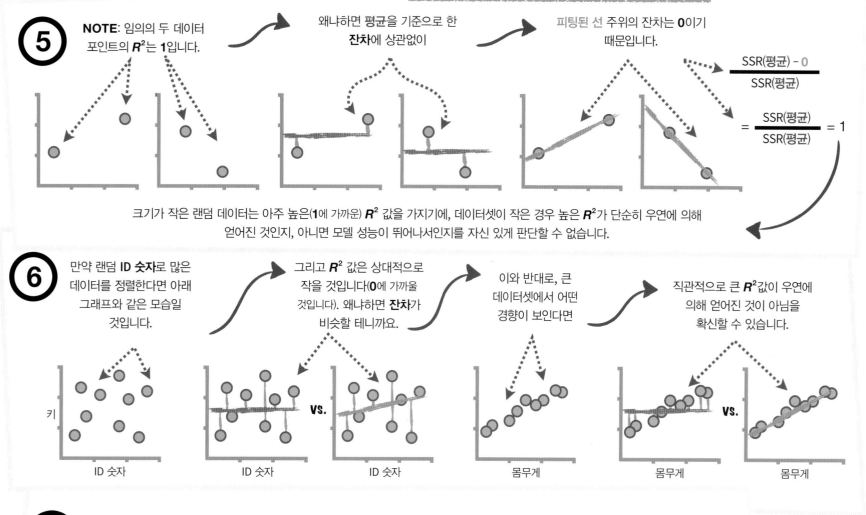

$$= \frac{SSR(\text{평균})}{SSR(\text{평균})} = 1$$

크기가 작은 랜덤 데이터는 아주 높은(**1**에 가까운) R^2 값을 가지기에, 데이터셋이 작은 경우 높은 R^2가 단순히 우연에 의해 얻어진 것인지, 아니면 모델 성능이 뛰어나서인지를 자신 있게 판단할 수 없습니다.

⑥ 만약 랜덤 **ID 숫자**로 많은 데이터를 정렬한다면 아래 그래프와 같은 모습일 것입니다.

그리고 R^2 값은 상대적으로 작을 것입니다(**0**에 가까울 것입니다). 왜냐하면 **잔차**가 비슷할 테니까요.

이와 반대로, 큰 데이터셋에서 어떤 경향이 보인다면

직관적으로 큰 R^2값이 우연에 의해 얻어진 것이 아님을 확신할 수 있습니다.

키

ID 숫자   ID 숫자   **vs.**   ID 숫자   몸무게   몸무게   **vs.**   몸무게

⑦ 직관에 만족하지 마세요. 통계학자들은 **p-값**p-value이라는 지표를 개발해 R^2 값에 대한 신뢰성과 데이터 요약에 관한 다른 방법들의 신뢰성을 정량화했습니다. **p-값**을 자세히 알아보기 전에 먼저 **평균제곱오차**로 R^2를 계산하는 방법을 살펴보도록 합니다.

앞에서 **잔차제곱합(SSR)**을 사용해 R^2를 계산하는 방법을 배웠습니다. 마찬가지로, **평균제곱오차(MSE)**를 사용해도 간단히 R^2를 계산할 수 있습니다.

먼저 **SSR**를 데이터셋 사이즈인 n으로 나눈 값으로 **MSE**를 다시 작성해줍니다.

$$\frac{\text{MSE(평균)} - \text{MSE(피팅된 선)}}{\text{MSE(평균)}}$$

$$= \frac{\dfrac{\text{SSR(평균)}}{n} - \dfrac{\text{SSR(피팅된 선)}}{n}}{\dfrac{\text{SSR(평균)}}{n}}$$

그리고 모든 n을 기준으로 항을 정리해주면...

$$= \frac{\text{SSR(평균)} - \text{SSR(피팅된 선)}}{\text{SSR(평균)}} \times \frac{n}{n}$$

n 나누기 n은 1이기 때문에...

$$= \frac{\text{SSR(평균)} - \text{SSR(피팅된 선)}}{\text{SSR(평균)}} \times 1$$

$$= R^2$$

결과적으로 $R^2 \times 1$, 즉 R^2를 얻게 됩니다. 따라서 **SSR** 또는 **MSE**를 사용해 쉽게 R^2를 계산할 수 있습니다. 어떤 값을 사용하더라도 같은 결과값을 얻게 됩니다.

BAM!!!

리마인드

잔차 = 관측값 - 예측값

SSR = 잔차제곱합

$$\text{SSR} = \sum_{i=1}^{n} (\text{관측값}_i - \text{예측값}_i)^2$$

평균제곱오차 $= \dfrac{\text{SSR}}{n}$

...여기서 n은 샘플 크기를 나타냄

$$R^2 = \frac{\text{SSR(평균)} - \text{SSR(피팅된 선)}}{\text{SSR(평균)}}$$

이제 두 가지 다른 방법으로 R^2를 계산할 수 있게 되었으니, 다음 페이지에서 이와 관련해 사람들이 가장 많이 질문하는 내용을 살펴보자!

R^2: 자주 묻는 질문(FAQ)

R^2는 평균과 피팅된 직선(직선 모델)만 비교하나요?

R^2를 계산하는 가장 일반적은 방법은 **평균**과 **피팅된 선**(모델)을 비교하는 것입니다. 하지만 잔차제곱합을 계산할 수 있는 어떠한 모델과도 비교할 수 있습니다. 예를 들어 강우량 데이터에 대한 **스퀘어 웨이브**square wave와 **사인 웨이브**sine wave를 비교하는 데 R^2를 사용할 수 있습니다.

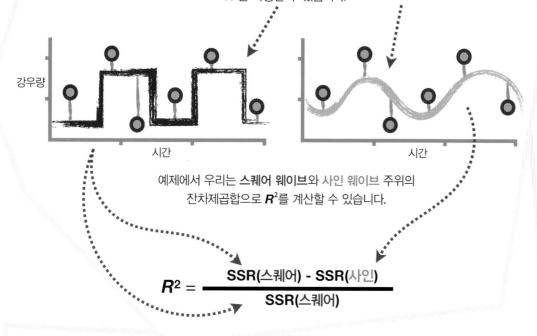

예제에서 우리는 **스퀘어 웨이브**와 **사인 웨이브** 주위의 잔차제곱합으로 R^2를 계산할 수 있습니다.

$$R^2 = \frac{\text{SSR(스퀘어)} - \text{SSR(사인)}}{\text{SSR(스퀘어)}}$$

R^2는 피어슨 상관계수와 연관이 있나요?

맞습니다! 만약 여러분이 어떤 두 관계 사이의 **피어슨 상관계수**Pearson's correlation coefficient인 그리스 문자 **ρ**(로), 혹은 영어 **r**을 계산할 수 있다면, 해당 상관계수에 제곱을 취하면 R^2와 같아집니다. 다른 말로,

$$\rho^2 = r^2 = R^2 \text{입니다.}$$

R^2라는 이름의 유래를 알게 되었네요.

R^2가 음수가 될 수 있나요?

평균과 **피팅된 선**을 비교할 때 R^2는 항상 양수였습니다. 그러나 다른 종류의 모델과 비교할 때는 음수 값도 나올 수 있습니다.

예를 들어 R^2를 사용해 **직선**과 **포물선**을 비교한다면

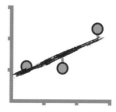 

RSS(직선) = 5   **RSS(포물선) = 12**

$$R^2 = \frac{\text{SSR(직선)} - \text{SSR(포물선)}}{\text{SSR(직선)}}$$

$$R^2 = \frac{5 - 12}{5} = -1.4$$

우리는 음수인 **-1.4**라는 R^2 값을 얻게 됩니다. 이는 잔차가 **140%** 늘어났다는 뜻입니다!

BAM!!!

이제 **p-값**을 알아봐요!

69

p-값: 핵심 개념 Part 1

① **문제**: 우리가 분석한 결과를 얼마나 신뢰해야 할지를 정량화할 필요가 있습니다.

② **해답**: *p*-값 p-value은 통계 분석 결과에 대한 신뢰도를 나타냅니다.

p-값에 대한 설명을 통해 우리는 A약이 B약과 다른지 여부만 확인하는 데 초점을 맞출 것입니다. 만약 *p*-값을 통해 차이가 있음을 확신할 수 있다면, 추가적으로 A약이 B약보다 좋은지 나쁜지에 대해서도 살펴볼 수 있을 것입니다.

우리가 **A**와 **B**라는 두 가지 항바이러스제를 가지고 있다고 상상해보세요. 그리고 우리는 이 두 항바이러스제가 다른지 알고 싶습니다.

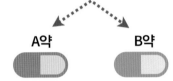

③ 따라서 우리는 더 많은 사람을 모아 다시 테스트를 진행해보았습니다. 그리고 그 결과는 다음과 같습니다. 거의 아무도 치료하지 못한 B약에 비해 A약은 많은 사람을 치료했습니다.

A약		B약	
완치!!!	치료하지 못함	완치!!!	치료하지 못함
1,043	3	2	1,432

따라서 우리는 A약을 **한 사람**에게 주었고, 그 사람은 완치되었습니다.

또한 B약을 다른 사람에게 주었는데 그 사람은 치료되지 않았습니다.

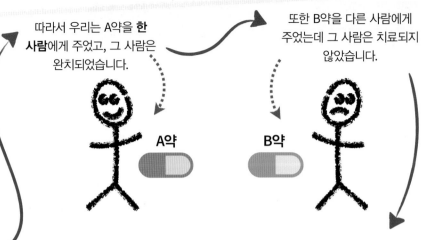

이 사실만 보고 A약과 B약이 다르다고 판단할 수 있나요?

아니죠!!! B약이 실패한 데는 여러 이유가 있을 수 있습니다. B약을 먹은 사람이 부작용이 생겼거나, B약에 대해 흔치 않은 알레르기 반응을 가졌을 수도 있습니다. 혹은 B약을 제대로 복용하지 않았거나 잘못 복용했을 수도 있죠.

또한 반대로 A약의 효과는 사실 없었지만 플라시보 효과 placebo effect 때문에 병이 나았을 수도 있습니다.

테스트를 진행할 때 이상하고도 임의적인 온갖 이유들이 발생할 수 있습니다. 이는 임상 테스트를 할 때 한 사람 이상의 피실험자가 필요하다는 뜻이기도 합니다.

이제 A약이 B약과 다르다는 것이 자명해 보입니다. 왜냐하면 A약과 B약 사이의 이러한 차이가 우연에 의해 일어났다고 보기에는 다소 현실적이지 않아 보이기 때문입니다.

물론 A약을 먹고 완치된 사람 중에 플라시보 효과에 의해 치료된 사람들이 있을 수 있고, B약이 효과가 없었기 때문이 아니라 단순히 아주 희귀한 알레르기 반응 때문에 효과를 보지 못한 것일 수도 있습니다. 하지만 이러한 차이가 우연에 의해 발생했다고 하기에는 A약과 B약 사이에 차이가 매우 커 보입니다.

p-값: 핵심 개념 Part 2

④ 이와 반대로, 결과가 다음과 같다고 가정해봅시다.

A약	
완치!!!	치료하지 못함
73	125

B약	
완치!!!	치료하지 못함
59	131

A약을 복용한 사람 중 **37%**가 완치되었고, B약을 복용한 사람 중 **31%**가 완치되었습니다.

물론 비율로 보자면 A약이 더 많은 사람을 치료했지만 세상에 완벽한 실험은 없는 법입니다. 우연에 의해 발생하는 현상도 있기 마련이죠. 그렇다면 A약이 B약과 차이를 보인다고 어떻게 확신할 수 있을까요?

여기서 사용되는 개념이 **p-값**입니다. **p-값**은 0과 1 사이의 값으로, 이 예제를 통해 설명하면 A약과 B약이 다르다는 사실에 얼마나 신뢰도가 있는지 정량화합니다. **p-값**이 0에 가까울수록 A약이 B약과 다르다고 자신 있게 말할 수 있습니다.

그렇다면 "A약이 B약과 차이가 있다고 하기 위해서는 **p-값**이 얼마나 작아야 할까요?"라는 질문을 던질 수 있겠네요.

다른 말로, 이 약들이 다르다는 것을 판단하기 위해서는 어느 정도의 **임곗값**threshold을 사용해야 할까요?

⑤ 실전에서 가장 자주 사용되는 임곗값은 **0.05**입니다. 이는 만약 A약과 B약에 아무런 차이가 없다면 똑같은 실험을 반복했을 때 잘못된 실험 결과가 5%만 발생할 것이라는 뜻입니다.

네, 맞아요! 이 문장이 어색해 보일 겁니다. 그럼 이제 예제를 통해 차근차근 하나씩 살펴보도록 합시다.

⑥ 똑같은 약인 A를 두 다른 그룹에게 주었다고 가정해봅시다.

A약 vs. A약

그럼 여기서 생기는 차이는 아마도 흔치 않거나 임의의 요소에 의해 생길 것입니다. 예를 들면 흔치 않은 알레르기 반응이나 플라시보 효과처럼 말이죠.

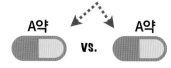

A약			A약	
완치!!!	치료하지 못함		완치!!!	치료하지 못함
73	125	$p = 0.9$	71	127

이 데이터에 대한 **p-값**을 계산할 때 우리는 **통계 검정**statistical test을 사용합니다. 예제에서는 **피셔의 정확검정**Fisher's exact test을 사용했는데, 자세한 내용은 나중에 다루도록 하겠습니다. 그러면 **p-값**인 **0.9**를 얻습니다.

이 값은 **0.05**보다 훨씬 큽니다. 따라서 이 두 그룹 사이에서 어떠한 차이도 보지 못했다는 것을 뜻합니다. 어찌 보면 당연한 결과입니다. 똑같은 A약를 다른 그룹에게 주었으니, 발생하는 차이는 그룹 내에 존재하는 흔치 않거나 임의로 발생하는 알레르기와 같은 여러 요소들에 의할 것이기 때문입니다.

⑦ 만약 같은 실험을 반복하면 우리는 비슷한 크기의 **p-값**을 얻게 될 것입니다.

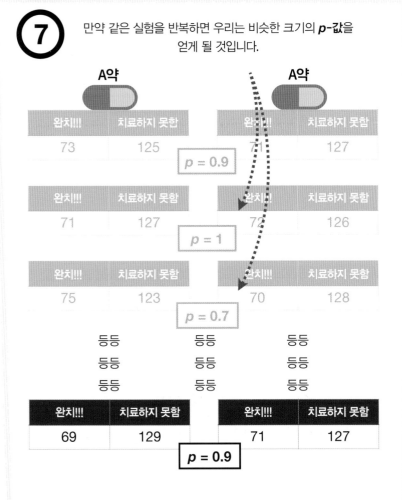

A약

완치!!!	치료하지 못한
73	125

p = 0.9

A약

완치!!	치료하지 못함
71	127

완치!!!	치료하지 못함
71	127

p = 1

완치!!	치료하지 못함
72	126

완치!!!	치료하지 못함
75	123

p = 0.7

완치!!!	치료하지 못함
70	128

등등 등등 등등
등등 등등 등등
등등 등등 등등

완치!!!	치료하지 못함
69	129

완치!!!	치료하지 못함
71	127

p = 0.9

---

⑧ 그러나 우연히 특정 그룹(왼쪽)에 특이한 알레르기가 있는 사람들이 모여 있었다고 가정해봅시다.

A약

완치!!!	치료하지 못함
60	138

30% 완치

A약

완치!!!	치료하지 못함
84	114

42% 완치

또한 플라시보 리액션이 강한 사람들은 모두 오른쪽 그룹에 들어가게 되었다고 가정해봅시다.

결과적으로 **피셔의 정확검정**에 의해 계산된 **p-값**은 **0.01**로 매우 낮게 나옵니다.

p-값이 **0.05**(우리가 일반적으로 의사결정을 위해 사용하는 값)보다 작기 때문에 두 그룹이 다르다고 결론내릴 수 있습니다. 비록 같은 약을 복용했다 하더라도 말이죠.

전문용어 주의!!!

차이가 없는데도 불구하고 작은 **p-값**을 얻는 것을 **거짓 양성**false positive이라 불러요.

p-값의 임곗값인 **0.05**는 실험 중 **5%**만 흔치 않은 임의적인 요소에 의해 차이를 보일 것이라는 뜻입니다.

다른 말로, A약과 B약에 차이가 없다면 우리가 하는 실험 중 **5%**만이 **0.05**보다 작은 **p-값**을 얻게 될 것이라는 뜻입니다. 즉, **거짓 양성을** 보일 확률입니다.

p-값: 핵심 개념 Part 4

⑨ 만약 약의 차이점을 말하는 데 매우 조심스러워야 한다면 우리는 더 작은 임곗값인 **0.01**이나 **0.001**을 사용할 수 있습니다. 혹은 더 작은 값을 사용할 수도 있겠죠.

0.001이라는 임곗값을 사용한다는 뜻은 **1000번** 실험했을 때 **1번**의 **거짓 양성**을 얻게 될 확률이어야 한다는 뜻입니다.

이와 동일하게, '아이스크림 트럭이 제때 도착할 것인가'처럼 그리 중요하지 않은 문제에 대해서는 임곗값을 **0.2**처럼 보다 높게 설정해도 됩니다.

0.2라는 임곗값을 사용한다는 뜻은 **10번** 중 **2번**은 **거짓 양성**을 얻을 것이라 기대한다는 뜻입니다.

그래도 가장 많이 사용하는 임곗값은 **0.05**입니다. 왜냐하면 **거짓 양성**을 **5%** 미만으로 줄이려 한다면 얻을 수 있는 가치보다 더 많은 비용을 지불해야 하는 경우가 많기 때문입니다.

전문용어 주의!!!

전문 통계 용어를 사용하자면, 이 약들 사이에 차이가 있는지 여부를 결정하는 아이디어를 **가설 검정**hypothesis test이라 합니다.

귀무가설null hypothesis은 약의 효과가 같다는 뜻이고, *p*-값은 우리가 이 **귀무가설**을 기각reject할 수 있는 근거를 제공해줍니다.

---

⑩ 이제 원래의 실험으로 돌아가 A약과 B약을 비교해보도록 하죠.

A약		B약	
완치!!!	치료하지 못함	완치!!!	치료하지 못함
73	125	59	131

이제 이 실험에 대한 *p*-값을 구하고 그 값이 **0.05**보다 작다면 우리는 **A약**과 **B약** 사이에 차이가 존재한다고 말할 수 있을 것입니다.

그렇지만 *p*-값이 **0.24**네요(여기서도 **피셔의 정확검정**을 사용했습니다). 따라서 **A약**과 **B약** 사이에 차이가 있다고 확실하게 말할 수 없게 되었습니다.

BAM!!!

73

⑪ 작은 *p*-값은 A약과 B약이 다른지 여부를 결정하는 데 도움이 되지만 약의 **차이가 얼마나 큰지**는 알 수 없습니다.

즉, A약과 B약의 효과 차이에 관계없이 *p*-값이 작을 수 있습니다.

그 차이는 작을 수도 있고 클 수도 있죠.

예를 들어 이 실험에서 A약과 B약은 **6포인트** 차이(6% 사이)가 나지만 *p*-값은 상대적으로 큰 **0.24**입니다.

A약

완치!!!	치료하지 못함
73	125

37% 완치

B약

완치!!!	치료하지 못함
59	131

31% 완치

이와 반대로 이 실험은 더 많은 사람이 참여했고 아주 낮은 *p*-값인 **0.04**를 갖지만, A약과 B약의 차이는 **1%** 차이입니다.

A약

완치!!!	치료하지 못함
5,005	9,868

34% 완치

B약

완치!!!	치료하지 못함
4,800	9,000

35% 완치

요약하자면 작은 *p*-값은 A약과 B약의 효과 크기 차이를 나타내지 않습니다.

DOUBLE BAM!!!

이제 *p*-값의 핵심 개념을 이해했으니, 이번 장의 핵심 개념을 다시 한번 요약해보자.

통계 핵심 개념: 요약

① 우리는 **히스토그램**으로 데이터의 트렌드를 파악할 수 있습니다. **히스토그램**을 사용해 **나이브 베이즈**로 분류하는 방법은 **7장**에서 배웁니다.

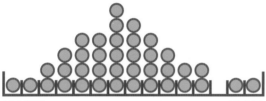

키가 작은   키가 큰

② 그러나 **히스토그램**에는 한계가 있으므로(많은 데이터가 필요하고 공백이 있을 수 있음) **확률분포**를 함께 사용해 트렌드를 나타냅니다. **확률분포**를 사용해 **나이브 베이즈**로 분류하는 방법은 **7장**에서 배웁니다.

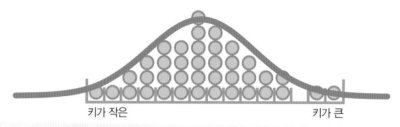

키가 작은   키가 큰

③ 전 세계의 모든 데이터를 수집하는 대신, 우리는 **모델**을 사용하여 현실 세계를 근사하고 추정합니다. **히스토그램**과 **확률분포**는 예측에 사용할 수 있는 모델의 예시입니다. 또한 파란색 선의 방정식과 같은 **수학 공식**을 예측 **모델**로 사용할 수 있습니다.

책에서 우리는 예측을 위한 머신러닝 **모델**을 만들어봅니다.

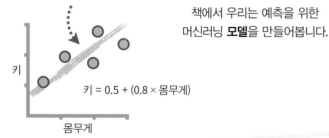

키 = 0.5 + (0.8 × 몸무게)

④ 모델이 데이터를 얼마나 잘 피팅하는지 판단하기 위해 **잔차제곱합**, **평균제곱오차**, 그리고 R^2를 사용합니다. 이 지표들은 책에서 계속 사용할 것입니다.

잔차 = 관측값 − 예측값

SSR = 잔차제곱합

$$SSR = \sum_{i=1}^{n} (관측값_i - 예측값_i)^2$$

$$평균제곱오차 = \frac{SSR}{n}$$

...여기서 n은 샘플 크기를 나타냄

$$R^2 = \frac{SSR(평균) - SSR(적합된\ 모델)}{SSR(평균)}$$

---

⑤ 마지막으로, 모델의 예측을 얼마나 신뢰해야 하는지 판단하기 위해 **p-값**을 사용합니다. **4장**에서 **선형회귀**를 다룰 때 **p-값**을 사용할 것입니다.

TRIPLE BAM!!!

만세!!!

이제 **선형회귀**를
배워보자.

Chapter 04

선형회귀!!!

선형회귀: 핵심 개념

① **문제:** 우리는 **5**명의 키와 몸무게 데이터를 수집했습니다. 그리고 몸무게로 **연속형 변수**인 키를 예측하려 합니다.

키

몸무게

3장에서 선을 데이터에 **피팅**하고 이를 통해 예측을 하면 된다고 배웠습니다.

키

몸무게

하지만 우리는 1) 선을 어떻게 데이터에 **피팅**해야 하는지는 이야기하지 않았으며,

2) 피팅된 선의 **p-값**을 계산하지 않았습니다. 바로 우리가 예측한 값이 단순히 y축의 **평균값**으로 예측한 값보다 얼마나 더 신뢰도 있는지 정량화해주는 지표죠.

② **해답:** 선형회귀는 **잔차제곱합**을 최소화하도록 선을 데이터에 **피팅**합니다.

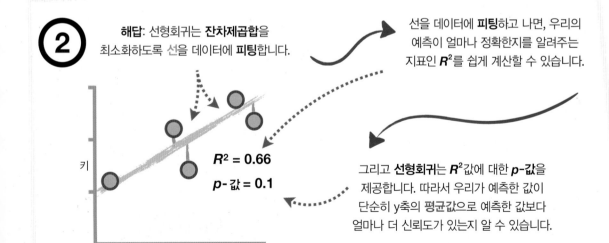

키

$R^2 = 0.66$

p-값 $= 0.1$

몸무게

선을 데이터에 **피팅**하고 나면, 우리의 예측이 얼마나 정확한지를 알려주는 지표인 R^2를 쉽게 계산할 수 있습니다.

그리고 **선형회귀**는 R^2값에 대한 **p-값**을 제공합니다. 따라서 우리가 예측한 값이 단순히 y축의 **평균값**으로 예측한 값보다 얼마나 더 신뢰도가 있는지 알 수 있습니다.

NOTE: **선형회귀**linear regression는 **선형모델**linear model이라는 일반 기법의 관문입니다. 선형모델은 단순히 직선을 데이터에 **피팅**하는 것을 넘어서는 방법입니다.

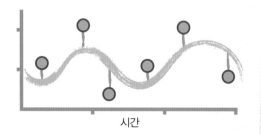

시간

BAM!!!

데이터에 선 피팅하기: 핵심 개념

① 아래 그림처럼 그래프 위에 키와 몸무게 데이터가 있고,

몸무게에 기반해 키를 예측하고 싶다고 가정해보겠습니다.

② 몸무게가 많이 나갈수록 키가 커지므로 이 선의 예측력은 좋지 않습니다.

③ 우리는 관측된 키와 예측된 키 사이의 차이인 **잔차**를 계산해 이 예측이 얼마나 많이 잘못되었는지를 정량화할 수 있습니다.

그리고 **잔차**를 사용해 **잔차제곱합**을 계산할 수 있습니다.

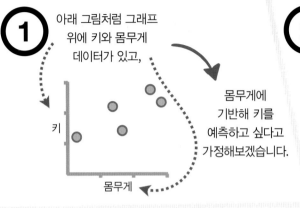

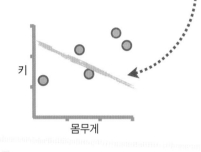

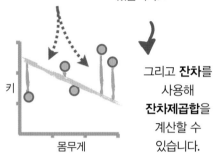

④ 이 선은 다른 y절편과 기울기를 가지고 있기에 잔차와 **잔차제곱합**이 줄어들었습니다.

그다음 우리는 **잔차제곱합(SSR)**을 y축으로 두는 그래프에 해당 **잔차제곱합**을 그려줍니다. 여기서 x축은 서로 다른 피팅된 선입니다.

이 선은 더 작은 잔차와 **잔차제곱합**을 가지고 있네요.

여기 이 선은 보다 큰 잔차와 **잔차제곱합**을 가지고 있습니다.

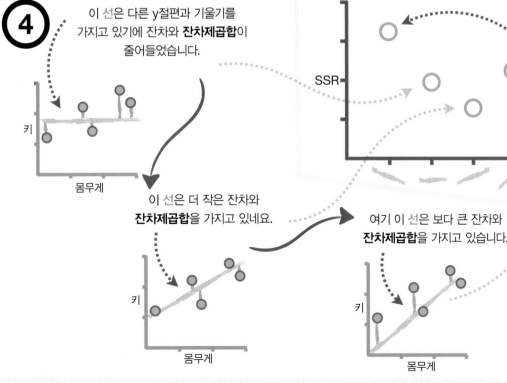

⑤ 그래프에서 확인할 수 있듯, 서로 다른 y절편과 기울기를 가진 선은 서로 다른 **잔차제곱합**을 가집니다. **선형회귀**는 바로 **잔차제곱합**을 가장 작게 만드는 y절편과 기울기를 가진 선을 선택하는 것입니다.

BAM!!!

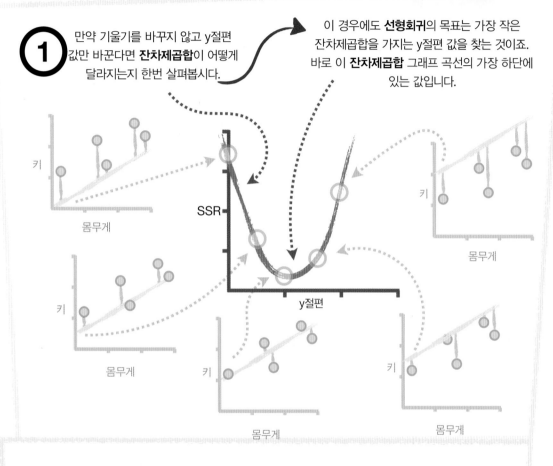

① 만약 기울기를 바꾸지 않고 y절편 값만 바꾼다면 **잔차제곱합**이 어떻게 달라지는지 한번 살펴봅시다.

이 경우에도 **선형회귀**의 목표는 가장 작은 잔차제곱합을 가지는 y절편 값을 찾는 것이죠. 바로 이 **잔차제곱합** 그래프 곡선의 가장 하단에 있는 값입니다.

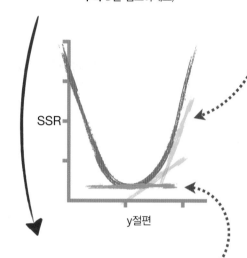

② 이 곡선에서 가장 낮은 지점을 찾는 방법은 곡선을 미분하는 것입니다. (**NOTE**: 만약 미분 개념에 익숙하지 않다면 **부록 D**를 참조하세요)

미분값이 0인 지점이 바로 **곡선**의 가장 아래 지점이 됩니다.

이 방정식을 풀면 **분석 솔루션**analytical solution이 생성되는데 이는 데이터를 연결할 수 있는 공식을 얻게 되고, 그 결과물이 최적의 값임을 의미합니다. 분석 솔루션은 **선형회귀** 분석 케이스처럼 찾을 수 있을 땐 좋지만 일반적으로 드물며, 특정 상황에서만 작동하는 경우가 많습니다.

③ 최적의 기울기와 y절편을 찾는 또 다른 방법은 **경사 하강법**이라는 **반복법**iterative method을 사용하는 것입니다. **분석 솔루션**과 반대로 **반복법**은 값에 대한 추측에서 시작하여 한 번에 한 단계씩 추측을 개선하는 루프loop 형태로 돌아갑니다. 경사 하강법은 분석 솔루션보다 시간이 오래 걸리지만 **로지스틱 회귀**logistic regression, **신경망**neural network 등 다양한 환경에서 사용될 수 있기에 머신러닝에서 가장 중요한 도구 중 하나로 간주됩니다.

경사 하강법은 매우 중요한 개념이므로 이후 **5장** 전체를 할애해 다루도록 하겠습니다. **흥분되네요!!!**

정말 흥분된다!!

선형회귀와 R^2의 p-값: 핵심 개념

① 먼저 분석 솔루션 혹은 **경사 하강법**을 사용해 **잔차제곱합(SSR)**을 최소화하는 선을 데이터에 피팅했다고 가정해봅시다. 우리는 피팅된 선의 **잔차제곱합**으로 R^2를 계산합니다.

SSR(피팅된 선) = 0.55

그리고 평균mean 키의 잔차제곱합은 다음과 같습니다.

Gentle Reminder:

$$R^2 = \frac{SSR(평균) - SSR(피팅된\ 모델)}{SSR(평균)}$$

이제 R^2 공식에 대입하면 **0.66**이라는 값을 얻습니다.

$$R^2 = \frac{1.61 - 0.55}{1.61} = 0.66$$

키 / 몸무게

② R^2 값은 **0.66**이며, 몸무게로 키를 예측해야 유용하다는 뜻입니다. 하지만 이러한 결과가 우연히 일어난 것이 아님을 확신하기 위해서는 **p-값**을 계산해야 합니다.

이 상황에서 p-값은 어떤 랜덤 데이터에서도 동일하거나 혹은 더 높은 R^2 값을 얻을 확률을 말해줍니다. 다른 말로, **p-값**은 랜덤 데이터에서 R^2 값이 0.66보다 크거나 같을 확률입니다.

③ 원본 데이터셋에는 5쌍의 관측값이 있기 때문에 **p-값**을 계산하는 한 가지 방법은 5쌍의 랜덤 값을 그래프에 그리고…

선형회귀를 사용해 선을 랜덤 데이터에 피팅한 후 R^2를 계산하는 것입니다.

$R^2 = 0.03$

그리고 그 R^2 값을 히스토그램에 추가합니다.

그다음 **10,000**개 이상의 랜덤 데이터셋을 만들고 이들의 R^2 값을 히스토그램에 추가합니다.

히스토그램을 사용해 랜덤 데이터가 **0.66**보다 크거나 같은 R^2 값을 낼 확률을 계산합니다.

0 ── 랜덤 데이터의 R^2 값 ── 1

랜덤 키 / 랜덤 몸무게

랜덤 키 / 랜덤 몸무게

NOTE: 선형회귀는 컴퓨터가 랜덤 데이터를 빠르게 생성할 수 있게 되기 전에 만들어졌기 때문에 이러한 방법은 **p-값을 계산하는 전통적인 방법은 아닙니다.** 하지만 잘 작동합니다!

④ 마지막에 **0.1**이라는 **p-값**을 얻습니다. 즉, 랜덤 데이터에서 **0.66**보다 크거나 같은 R^2 값이 나올 확률은 **10%**라는 뜻입니다. 이는 상대적으로 높은 **p-값**입니다. 따라서 이러한 예측에 대해 높은 확신을 갖기란 힘듭니다. 하지만 애초에 데이터 수가 적었기 때문에 예상했던 부분입니다.

small bam.

다중 선형회귀: 핵심 개념

① 지금까지 우리가 예제에서 사용한 모델은 **단순 선형회귀**simple linear regression라고 부르는데, 그 이유는 단 하나의 변수(몸무게)를 사용해 키를 예측했기 때문입니다.

키 = 1.1 + 0.5 × 몸무게

그리고 우리가 봐왔듯이 **단순 선형회귀**는 데이터에 선을 피팅해 예측에 활용합니다.

② 하지만 몸무게와 신발 사이즈처럼 2개 혹은 그 이상의 변수를 사용해 키를 예측할 수도 있을 것입니다.

키 = 1.1 + 0.5 × 몸무게 + 0.3 × 신발 사이즈

이러한 모델을 **다중 선형회귀**multiple linear regression라 부릅니다. 예제에서는 **3개**의 축을 가진 데이터의 **3차원** 그래프를 갖게 됩니다.

따라서 **선**을 데이터에 피팅하는 대신 **평면**plane을 피팅하게 됩니다.

한 축은 키를 나타내고

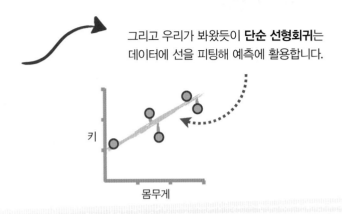

또 한 축은 신발 사이즈를 나타냅니다.

한 축은 몸무게를 나타내고

③ **단순 선형회귀**와 마찬가지로 **다중 선형회귀**도 **잔차제곱합**으로부터 R^2와 p-값을 계산합니다. **잔차**는 여전히 **관측된 키**와 **예측된 키**의 차이입니다.

유일한 차이점은 선 주위의 잔차가 아닌 **피팅된 평면** 주위의 잔차를 계산한다는 것이죠.

$$R^2 = \frac{\text{SSR(평균)} - \text{SSR(피팅된 평면)}}{\text{SSR(평균)}}$$

④ **3개** 혹은 그 이상의 변수로 예측할 때는 그래프를 그리지 못하지만 역시 수학을 사용해 R^2와 p-값을 위한 **잔차**를 계산할 수 있죠.   Bam.

선형회귀를 넘어

① 이 장 시작 부분에서 언급했듯, **선형회귀**는 선형모델의 관문입니다. **선형모델**은 믿기 힘들 정도로 유연하고 강력합니다.

② **선형모델**에서는 누군가가 <트롤 2*> 영화를 좋아하는지 여부와 같은 **이산**discrete **데이터**를 사용해 그들이 매일 섭취하는 팝콘 그램 수와 같은 **연속형**continuous 변수를 예측할 수도 있습니다.

*역주: 인간을 야채인간으로 변환한 다음 잡아먹는 고블린(트롤이 아니다)이 나오는 1990년도 공포영화. 발연기로 컬트적인 인기를 끌었다.

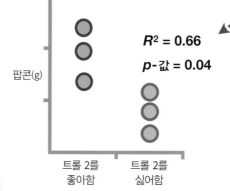

$$R^2 = 0.66$$
$$p\text{-값} = 0.04$$

팝콘(g)

트롤 2를 좋아함   트롤 2를 싫어함

③ 키를 예측하기 위해 몸무게를 활용할 때와 마찬가지로 **선형모델**은 예측 정확도를 파악할 수 있도록 도와주는 R^2 값과, 예측에 대한 신뢰도를 알려주는 **p-값**을 제공합니다.

예제에서 **p-값**인 **0.04**는 상대적으로 작습니다. 즉, 랜덤 데이터에서 이와 같거나 혹은 더 극단적인 결과를 얻을 가능성이 낮다는 뜻입니다. 다른 말로, 트롤 2를 좋아하는지 여부를 통해 그들의 팝콘 섭취량을 예측하는 것은 충분히 신뢰할 만하다는 뜻입니다.

④ **선형모델**은 트롤 2를 좋아하는지 여부와 같은 **이산** 데이터와 탄산음료 섭취량 같은 **연속형** 데이터를 쉽게 결합해 팝콘 섭취량 같은 **연속형** 값을 예측할 수도 있습니다.

$$R^2 = 0.97$$
$$p\text{-값} = 0.006$$

팝콘(g)

탄산음료

◯ 트롤 2를 좋아함

◯ 트롤 2를 싫어함

예시에 추가된 탄산 음료 섭취량은 R^2 값을 아주 비약적으로 상승시켰습니다. 즉, 예측이 더 정확해졌다는 뜻이며, 낮아진 **p-값**은 예측 신뢰도가 높아졌다는 뜻입니다.

DOUBLE BAM!!!

⑤ **선형모델**에 대해 더 알아보고 싶다면, QR코드를 스캔해 유튜브에 접속해주세요!!!

bam.

이제 **경사 하강법**을 사용해 선을
데이터에 어떻게 피팅하는지
알아보자!!!

Chapter 05

경사 하강법!!!

경사 하강법: 핵심 개념

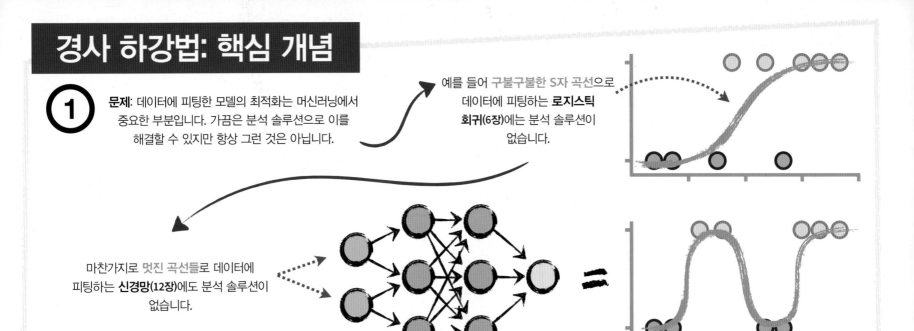

① **문제:** 데이터에 피팅한 모델의 최적화는 머신러닝에서 중요한 부분입니다. 가끔은 분석 솔루션으로 이를 해결할 수 있지만 항상 그런 것은 아닙니다.

예를 들어 **구불구불한 S자 곡선**으로 데이터에 피팅하는 **로지스틱 회귀**(6장)에는 분석 솔루션이 없습니다.

마찬가지로 **멋진 곡선들**로 데이터에 피팅하는 **신경망**(12장)에도 분석 솔루션이 없습니다.

② **해답:** 분석 솔루션이 없을 땐 **경사 하강법**이 여러분을 구해줄 겁니다!

경사 하강법은 **반복 솔루션**iterative solution으로, 최적의 솔루션을 향해 점진적으로 나아가며 매우 다양한 상황에서 사용됩니다.

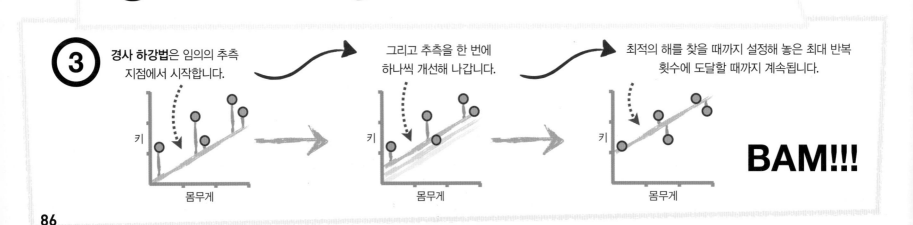

③ **경사 하강법**은 임의의 추측 지점에서 시작합니다.

그리고 추측을 한 번에 하나씩 개선해 나갑니다.

최적의 해를 찾을 때까지 설정해 놓은 최대 반복 횟수에 도달할 때까지 계속됩니다.

BAM!!!

NOTE: 물론 **선형회귀**에는 분석 솔루션이 존재하지만 여기서는 앞에서 살펴본 최적값과의 비교를 통해 **경사 하강법**을 쉽게 설명하고자 분석 솔루션을 사용합니다.

① 이제 **경사 하강법**을 사용해 키와 몸무게 측정값 데이터에 선을 피팅하는 과정을 살펴봅시다.

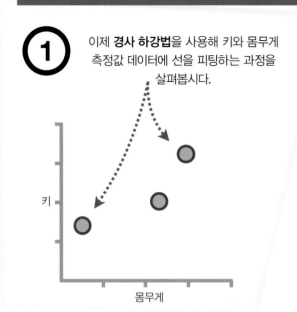

키

몸무게

② 특히 **경사 하강법**이 절편과 이 선의 **기울기**를 추정하여 **잔차제곱합**을 최소화하는 방법을 설명하겠습니다.

키 = 절편 + 기울기 × **몸무게**

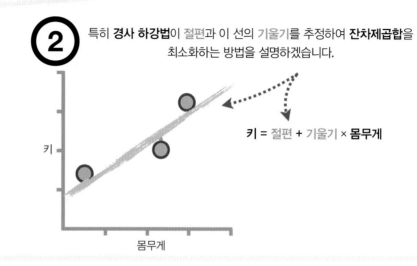

키

몸무게

③ 쉽게 설명하기 위해 먼저 **기울기**에 **0.64**라는 값을 대입합니다.

키 = 절편 + **0.64** × **몸무게**

그리고 **경사 하강법**이 한 번의 단계에서 어떻게 절편을 최적화 하는지 살펴봅니다.

경사 하강법을 사용해 절편을 최적화하는 방법을 이해한 후에는, **경사 하강법**을 사용해 절편과 기울기를 동시에 최적화하는 방법을 살펴보겠습니다.

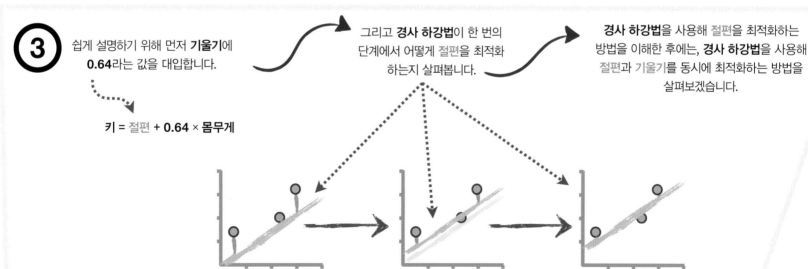

④ 이번 예제에서 우리는 선을 데이터에 피팅한 후, **잔차제곱합**을 사용해 얼마나 잘 피팅되었는지 평가할 것입니다.

⑤ 이제 **데이터 포인트가 3개**이므로 3개의 잔차를 가지게 되며, **잔차제곱합**을 계산하기 위해서는 **3개의 항**을 계산해야 합니다.

잔차는 관측값observed value과 예측값predicted value 사이의 차이임을 잊지 마세요.

$$SSR = (관측된\ 키_1 - (절편 \times 0.64 \times 몸무게_1))^2$$
$$+ (관측된\ 키_2 - (절편 \times 0.64 \times 몸무게_2))^2$$
$$+ (관측된\ 키_3 - (절편 \times 0.64 \times 몸무게_3))^2$$

$$잔차 = (관측된\ 키 - 예측한\ 키) = (키 - (절편 + 0.64 \times 몸무게))$$

관측된 키는 우리가 처음에 측정한 값들입니다.

그리고 예측한 키는 여기 선의 공식에서 나온 것입니다.

따라서 선의 공식을 예측한 값에 대입할 수 있습니다.

잠깐! **5단계**를 꼭 읽어주세요!!!

키

몸무게

예측한 키 = 절편 + 0.64 × 몸무게

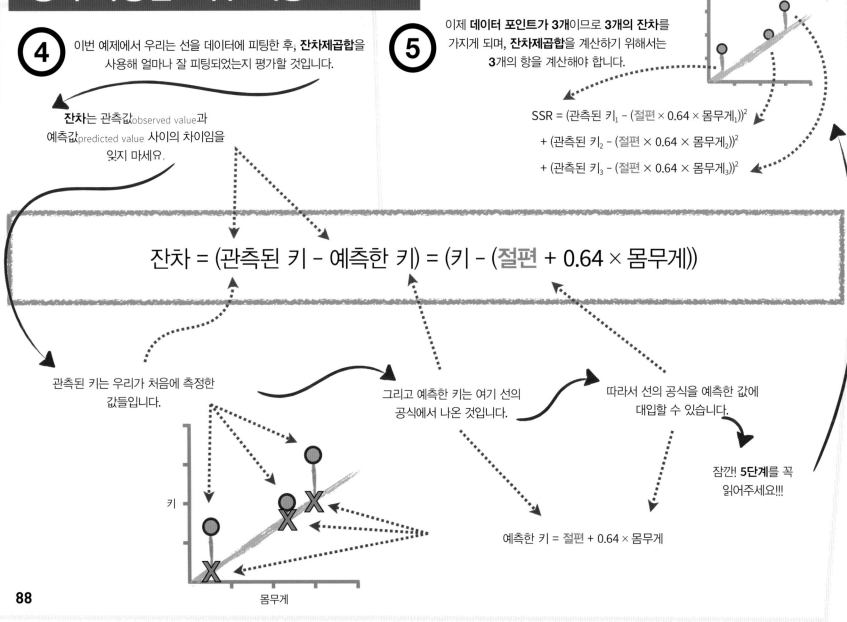

⑥ 이 첫 번째 예제에서 우리는 y절편만 최적화하기 때문에 임의의 값에서 시작할 수 있습니다. 여기서는 절편을 **0**으로 놓고 시작합니다.

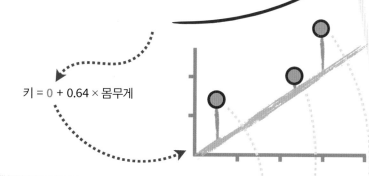

키 = 0 + 0.64 × 몸무게

⑦ **잔차제곱합**을 계산하기 위해선 먼저 y절편 값인 **0**을 **4단계**와 **5단계**에서 도출한 공식에 대입해야 합니다.

$$\text{SSR} = (\text{관측된 키}_1 - (\text{절편} \times 0.64 \times \text{몸무게}_1))^2$$
$$+ (\text{관측된 키}_2 - (\text{절편} \times 0.64 \times \text{몸무게}_2))^2$$
$$+ (\text{관측된 키}_3 - (\text{절편} \times 0.64 \times \text{몸무게}_3))^2$$

$$\text{SSR} = (\text{관측된 키}_1 - (0 \times 0.64 \times \text{몸무게}_1))^2$$
$$+ (\text{관측된 키}_2 - (0 \times 0.64 \times \text{몸무게}_2))^2$$
$$+ (\text{관측된 키}_3 - (0 \times 0.64 \times \text{몸무게}_3))^2$$

⑧ 그리고 각 데이터 포인트에 대해 **관측한** 키와 몸무게 값들을 대입해줍니다.

$$\text{SSR} = (\text{관측된 키}_1 - (0 \times 0.64 \times \text{몸무게}_1))^2$$
$$+ (\text{관측된 키}_2 - (0 \times 0.64 \times \text{몸무게}_2))^2$$
$$+ (\text{관측된 키}_3 - (0 \times 0.64 \times \text{몸무게}_3))^2$$

$$\text{SSR} = (1.4 - (0 + 0.64 \times 0.5))^2$$
$$+ (1.9 - (0 + 0.64 \times 2.3))^2$$
$$+ (3.2 - (0 + 0.64 \times 2.9))^2$$

⑨ 마지막으로 수학 계산만 하면 됩니다. y절편을 **0**으로 설정했을 때 **잔차제곱합**은 **3.1**이 됩니다. Bam!

$$1.1^2 + 0.4^2 + 1.3^2 = 3.1$$

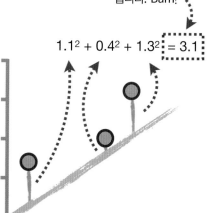

⑩ 목적은 **잔차제곱합**을 최소화하는 것이기 때문에 이는 **손실함수**loss function 혹은 **비용함수**cost function의 일종입니다(오른쪽 **전문용어 주의!** 참조). **경사 하강법**에서는 초기 추측에서 시작해 최적해로 단계별로 나아가며 **손실 또는 비용함수**를 최소화합니다. 예제에서는 가운데 그래프의 x축인 절편을 증가시키면 y축인 **잔차제곱합**이 감소함을 알 수 있습니다.

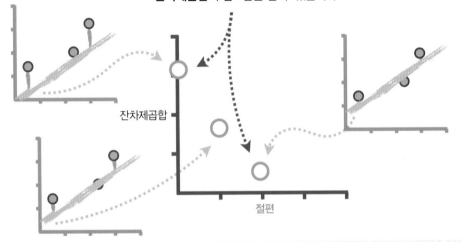

전문용어 주의!!!

손실함수와 **비용함수**라는 용어는 우리가 모델을 데이터에 피팅할 때 최적화하려는 모든 것에 적용됩니다. 예를 들어 **회귀**에서 선을 사용하거나 혹은 신경망에서 구불구불한 선을 사용할 때 우리는 **잔차제곱합**SSR 혹은 **평균제곱오차**MSE를 최적화하고자 할 것입니다. 그렇더라도 어떤 사람들은 **손실함수**라는 용이를 (**잔차제곱합**과 같은) 함수를 특별히 하나의 **데이터 포인트**에 적용하는 데 사용하고, **비용함수**라는 용어는 (마찬가지로 **잔차제곱합**과 같은) 함수를 **모든** 데이터에 적용하는 것으로 구분 짓기도 합니다. 안타깝게도 이러한 의미는 모든 사람에게 통용되고 있진 않습니다. 따라서 문맥에 따라 유연하게 해석할 수 있어야 합니다. 이 책에서는 이러한 용어들을 혼용하고자 "**손실 혹은 비용함수**는 **잔차제곱합**이다"와 같이 표현할 것입니다.

⑪ 그러나 단순히 랜덤으로 y절편에 대한 여러 값을 시도해보고 해당 **잔차제곱합** 결과를 그래프에 그리는 대신 **잔차제곱합**을 y절편의 함수 형태로 대입할 수 있습니다.

다른 말로, 이 **잔차제곱합** 공식은 y축에 **잔차제곱합**을, x축에 절편을 나타내는 곡선 **그래프**와 일치합니다.

$$SSR = (1.4 - (절편 + 0.64 \times 0.5))^2$$
$$+ (1.9 - (절편 + 0.64 \times 2.3))^2$$
$$+ (3.2 - (절편 + 0.64 \times 2.9))^2$$

잠깐! 이 값들은 관측된 키입니다.

그리고 이 값들은 관측된 몸무게입니다.

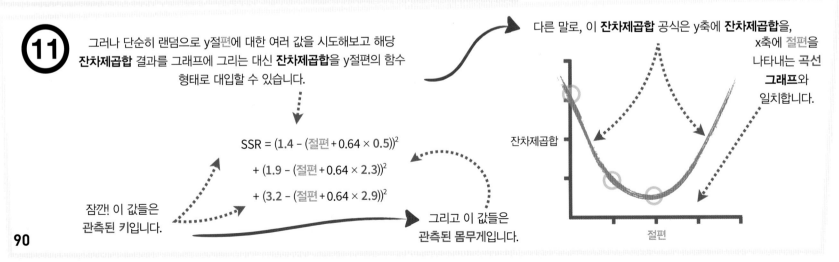

⑫ y절편 **0**에서 시작할 때 **잔차제곱합**은 이 정도입니다.

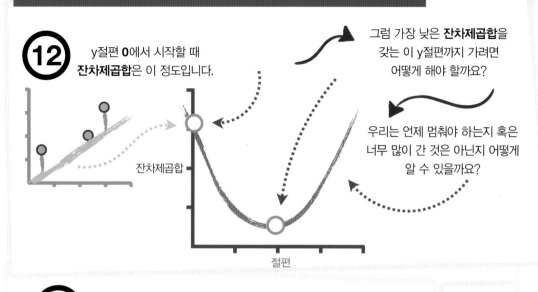

그럼 가장 낮은 **잔차제곱합**을 갖는 이 y절편까지 가려면 어떻게 해야 할까요?

우리는 언제 멈춰야 하는지 혹은 너무 많이 간 것은 아닌지 어떻게 알 수 있을까요?

⑬ 이 질문에 대한 답은 곡선에 닿는 접선tangent line의 기울기를 알려주는 곡선의 도함수에 있습니다.

NOTE: 도함수 혹은 미분에 대해 더 알고 싶다면 **부록 D**를 참조하세요.

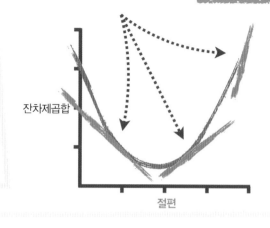

⑭ 접선의 기울기가 가파르다면 미분한 값이 상대적으로 크다는 뜻이고, 이는 우리가 아직 곡선 아래 지점에서 상대적으로 멀리 떨어져 있음을 뜻합니다. 따라서 우리는 조금 더 많이 나아가야 합니다.

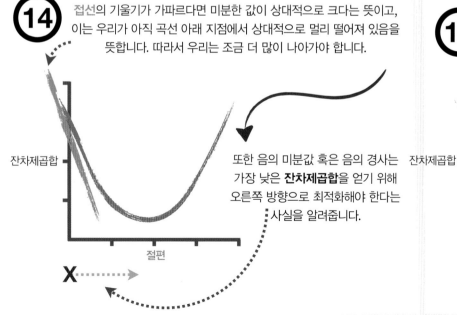

또한 음의 미분값 혹은 음의 경사는 가장 낮은 **잔차제곱합**을 얻기 위해 오른쪽 방향으로 최적화해야 한다는 사실을 알려줍니다.

⑮ 상대적으로 작은 미분값은 곡선의 하단에 가까워졌다는 것을 뜻하며, 따라서 우리는 걸음을 작게 해야 합니다.

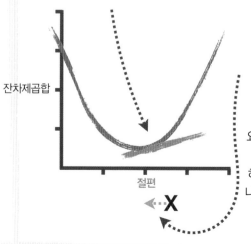

그리고 양의 미분값은 우리가 가장 낮은 잔차제곱합을 얻기 위해 왼쪽으로 최적화해야 한다는 사실을 알려줍니다.

요약하면, 미분값을 통해 우리가 어떤 방향으로 걸어가야step 하며, 또 얼마나 크게 혹은 작게 나아가야 하는지 알 수 있습니다. 그럼 이제 **잔차제곱합**을 미분하는 방법을 배워봅시다! **91**

잔차제곱합의 단일 항은

괄호와 제곱에 둘러싸인 **잔차**로 구성되어 있기 때문에...

잔차제곱합을 미분하는 한 가지 방법은 **연쇄법칙**chain rule을 사용하는 것입니다(**연쇄법칙**이 잘 기억나지 않는다면 부록 F를 참조하세요).

$$SSR = (\ 키 - (절편 + 0.64 \times 몸무게) \ )^2$$

1단계: **잔차제곱합**(SSR)을 잔차에 관한 함수로 다시 작성해 **절편**과 **잔차제곱합** 사이의 **링크**link를 만듭니다.

$$SSR = (잔차)^2 \qquad 잔차 = 키 - (절편 + 0.64 \times 몸무게)$$

2단계: 잔차는 **절편**을 **잔차제곱합**에 연결link시키기에, **연쇄법칙**은 절편에 대한 **잔차제곱합**의 미분값이 다음과 같음을 알려줍니다.

$$\frac{d \ 잔차제곱합}{d \ 절편} = \frac{d \ 잔차제곱합}{d \ 잔차} \times \frac{d \ 잔차}{d \ 절편}$$

이 뺄셈 덕분에 우리는 안에 있는 모든 값에 **-1**을 곱함으로써 괄호를 제거할 수 있습니다.

3단계: **멱 규칙**the power rule을 활용해 미분을 해줍니다(**부록E** 참조)

$$\frac{d \ 잔차}{d \ 절편} = \frac{d}{d \ 절편} \ 키 - (절편 - 0.64 \times 몸무게)$$

$$= \frac{d}{d \ 절편} \ 키 - (절편 - 0.64 \times 몸무게)$$

$$\frac{d \ 잔차제곱합}{d \ 잔차} = \frac{d}{d \ 잔차} (잔차)^2 = 2 \times 잔차$$

$$= 0 - 1 - 0 = -1$$

첫 번째 항과 마지막 항은 **절편**을 포함하지 않기 때문에 이들의 절편에 대한 미분값은 **0**이 됩니다. 그러나 두 번째 항은 음의 절편이므로 미분값이 **-1**이 됩니다.

4단계: 미분값을 **연쇄법칙**에 대입해 절편에 대한 **잔차제곱합**의 마지막 미분값을 얻습니다.

$$\frac{d \ 잔차제곱합}{d \ 절편} = \frac{d \ 잔차제곱합}{d \ 잔차} \times \frac{d \ 잔차}{d \ 절편} = 2 \times 잔차 \times -1$$

$$= 2 \times (키 - (절편 + 0.64 \times 몸무게)) \times -1$$

$$= -2 \times (키 - (절편 + 0.64 \times 몸무게))$$

오른쪽에 있는 이 **-1**을 왼쪽에 있는 **2**와 곱하면 **-2**가 됩니다.

BAM!!!

⑰ 지금까지 우리는 **잔차제곱합** 단일 항에 대한 미분을 계산했습니다.

$$SSR = (키 - (절편 + 0.64 \times 몸무게))^2$$

$$\frac{d \text{ 잔차제곱합}}{d \text{ 절편}} = -2 \times (키 - (절편 + 0.64 \times 몸무게))$$

그러나 데이터셋에 3개의 관측값이 있기 때문에 **잔차제곱합**과 미분값은 모두 3개의 항을 가지고 있습니다.

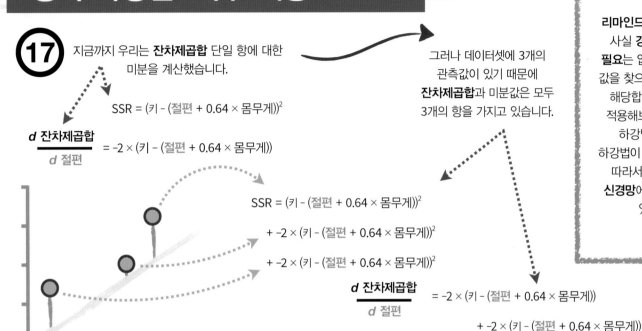

$$SSR = (키 - (절편 + 0.64 \times 몸무게))^2$$
$$+ -2 \times (키 - (절편 + 0.64 \times 몸무게))^2$$
$$+ -2 \times (키 - (절편 + 0.64 \times 몸무게))^2$$

$$\frac{d \text{ 잔차제곱합}}{d \text{ 절편}} = -2 \times (키 - (절편 + 0.64 \times 몸무게))$$
$$+ -2 \times (키 - (절편 + 0.64 \times 몸무게))$$
$$+ -2 \times (키 - (절편 + 0.64 \times 몸무게))$$

리마인드 이 예제에서는 **선형회귀**를 사용하므로 사실 **경사 하강법**으로 절편의 최적해를 **찾을 필요**는 없습니다. 미분값을 **0**으로 설정하고 절편 값을 찾으면 되기 때문입니다. 이는 분석 솔루션에 해당합니다. 그러나 이 문제에 **경사 하강법**을 적용해보면 분석 솔루션이 주는 최적값과 경사 하강법이 주는 해를 비교할 수 있고, 경사 하강법이 얼마나 잘 작동하는지도 알 수 있습니다. 따라서 분석 솔루션이 없는 **로지스틱 회귀**나 **신경망**에서 **경사 하강법**이 얼마나 잘 작동할 수 있을지에 대해서도 알 수 있겠죠.

⑱ 이제 **3**개 데이터 포인트의 **잔차제곱합**에 대한 미분값을 얻었으므로 **경사 하강법**이 이 미분값을 사용해 **잔차제곱합**을 최소화하는 절편을 찾는 방법을 단계별로 알아보겠습니다. 하지만 시작하기에 앞서 무서운 **전문용어 주의**를 살펴봐야 할 것 같네요.

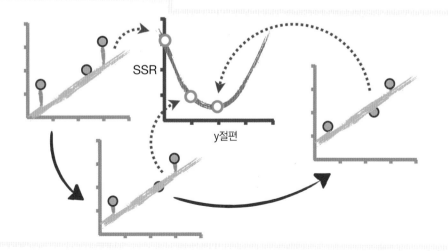

SSR

y절편

오, 이런!!! 또
전문용어라니!!!

① 우리는 이 예제에서 y절편을 최적화하고자
합니다.

머신러닝 용어로 이야기하면, 우리가 최적화하고자 하는
것은 **파라미터**parameter입니다. 따라서 이 예제에서 우리는
y절편을 **파라미터**라 부를 수 있습니다.

예측한 키 = 절편 + 0.64 × 몸무게

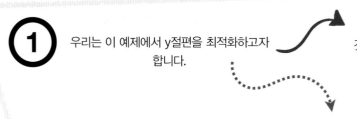
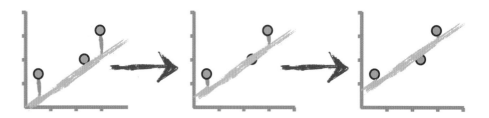

② 만약 y절편과 **기울기**를 모두 최적화하고 싶다면
두 개의 **파라미터**를 최적화해야 합니다.

작은 bam.

예측한 키 = 절편 + 기울기 × 몸무게

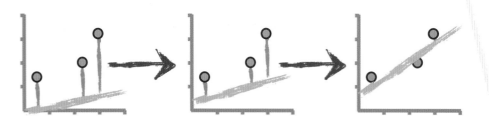

③ 이제 **파라미터**가 무슨 의미인지
알 수 있을 것입니다. 뒤에서 **경사
하강법**을 이용해 단일 **파라미터**인
절편을 최적화하는 방법을 차근차근
배워봅시다!!!

BAM!!!

1 먼저 **손실 혹은 비용함수**를 미분한 후 관측값을 대입합니다. 이 경우 **손실 혹은 비용함수**는 **잔차제곱합**입니다.

즉, 관측된 키와 몸무게 측정값을 미분한 **잔차제곱합** 공식에 대입한다는 말입니다.

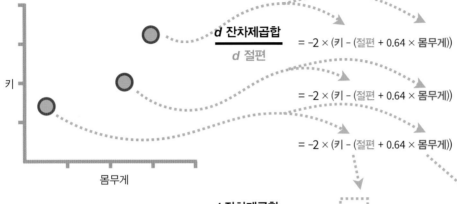

$$\frac{d\ \text{잔차제곱합}}{d\ \text{절편}} = -2 \times (\text{키} - (\text{절편} + 0.64 \times \text{몸무게}))$$

$$= -2 \times (\text{키} - (\text{절편} + 0.64 \times \text{몸무게}))$$

$$= -2 \times (\text{키} - (\text{절편} + 0.64 \times \text{몸무게}))$$

키

몸무게

$$\frac{d\ \text{잔차제곱합}}{d\ \text{절편}} = -2 \times (\ 3.2\ - (\ \text{절편} + 0.64 \times 2.9)\ )$$
$$+ -2 \times (\ 1.9\ - (\ \text{절편} + 0.64 \times 2.3)\ )$$
$$+ -2 \times (\ 1.4\ - (\ \text{절편} + 0.64 \times 0.5)\ )$$

2 최적화하려는 파라미터를 임의 값으로 초기화합니다. 예제에서는 y절편을 최적화하므로 이를 **0**으로 설정합니다.

키 = 절편 + 0.64 × 몸무게

= **0** + 0.64 × 몸무게

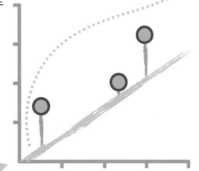

$$\frac{d\ \text{잔차제곱합}}{d\ \text{절편}} = -2 \times (\ 3.2 - (0\ + 0.64 \times 2.9)\ )$$
$$+ -2 \times (\ 1.9 - (0\ + 0.64 \times 2.3)\ )$$
$$+ -2 \times (\ 1.4 - (0\ + 0.64 \times 0.5)\ )$$

③ 이제 절편의 현재 값의 미분값을 평가합니다. 이 경우 현재 값은 **0**입니다.

수학 계산을 하면 **-5.7**을 얻습니다.

따라서 절편이 **0**일 때 이 접선의 기울기는 **-5.7**이 됩니다.

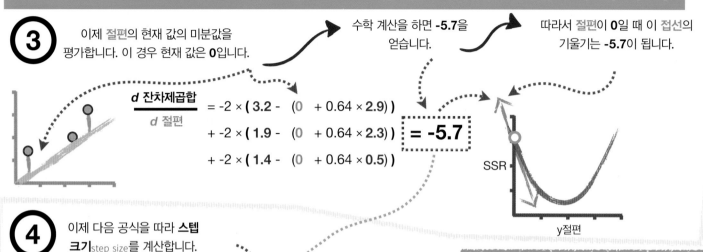

$$\frac{d\ \text{잔차제곱합}}{d\ \text{절편}} = -2 \times (\ 3.2 - (\ 0\ + 0.64 \times 2.9)\ )$$
$$+ -2 \times (\ 1.9 - (\ 0\ + 0.64 \times 2.3)\ ) = -5.7$$
$$+ -2 \times (\ 1.4 - (\ 0\ + 0.64 \times 0.5)\ )$$

④ 이제 다음 공식을 따라 **스텝 크기**step size를 계산합니다.

리마인드 미분값의 크기는 우리가 최솟값에 얼마나 큰 스텝 사이즈를 선택해야 하는지에 비례합니다. 반면 기호(+/-)는 방향을 알려줍니다.

스텝 크기 = 미분값 × 학습률

= -5.7 × 0.1

= -0.57

NOTE: **학습률**learning rate은 너무 큰 스텝 사이즈를 취하거나 곡선의 가장 아래 지점을 그냥 지나치는 것을 방지해줍니다. 일반적으로 **경사 하강법**의 경우 **학습률**은 자동으로 결정됩니다. 처음엔 상대적으로 큰 숫자로 시작하며, 각 스텝을 진행하면서 점점 작아집니다. 물론 **교차검증**을 사용하여 적합한 **학습률**을 선택할 수도 있습니다. 예시에서 우리는 **학습률**을 **0.1**로 설정했습니다.

⑤ 다음 공식을 따라 현재 절편에서 최적의 값에 가까워질 수 있도록 한 스텝 더 나아갑니다.

새로운 절편 = 현재 절편 − **스텝 크기**

잊지 마세요. 이 경우 현재 절편은 **0**입니다.

= 0 - (-0.57)

= 0.57

새로운 절편인 **0.57**은 선을 데이터에 조금 더 가깝게 옮깁니다.

이로써 더 작은 **잔차제곱합** 결과를 얻었습니다! **Bam!**

6 이제 이전에 진행했던 세 단계를 반복합니다. **스텝 크기**가 0에 가까워지거나 최대 반복 횟수에 도달할 때까지 계속 반복하며 절편을 업데이트합니다. 일반적으로 반복 횟수는 **1,000**회로 설정합니다.

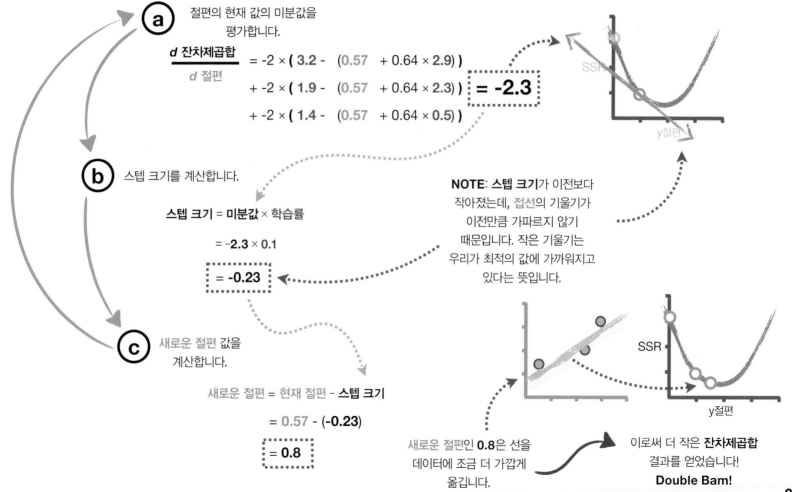

a 절편의 현재 값의 미분값을 평가합니다.

$$\frac{d\ 잔차제곱합}{d\ 절편} = -2 \times (3.2 - (0.57 + 0.64 \times 2.9))$$
$$+ -2 \times (1.9 - (0.57 + 0.64 \times 2.3))\quad \boxed{= -2.3}$$
$$+ -2 \times (1.4 - (0.57 + 0.64 \times 0.5))$$

SSR
y절편

b 스텝 크기를 계산합니다.

스텝 크기 = 미분값 × 학습률

$$= -2.3 \times 0.1$$

$$\boxed{= -0.23}$$

NOTE: **스텝 크기**가 이전보다 작아졌는데, 접선의 기울기가 이전만큼 가파르지 않기 때문입니다. 작은 기울기는 우리가 최적의 값에 가까워지고 있다는 뜻입니다.

c 새로운 절편 값을 계산합니다.

새로운 절편 = 현재 절편 – 스텝 크기

$$= 0.57 - (-0.23)$$

$$\boxed{= 0.8}$$

SSR
y절편

새로운 절편인 0.8은 선을 데이터에 조금 더 가깝게 옮깁니다.

이로써 더 작은 **잔차제곱합** 결과를 얻었습니다!
Double Bam!

단일 파라미터에 대한 경사 하강법: 차근차근 이해하기

⑦

7번의 반복을 통해

ⓐ 현재 값을 미분한다

ⓑ **스텝 크기**를 계산한다

ⓒ 새로운 값을 계산한다

스텝 크기가 0에 매우 가까워졌기 때문에 현재 절편인 **0.95**에서 멈추도록 합니다.

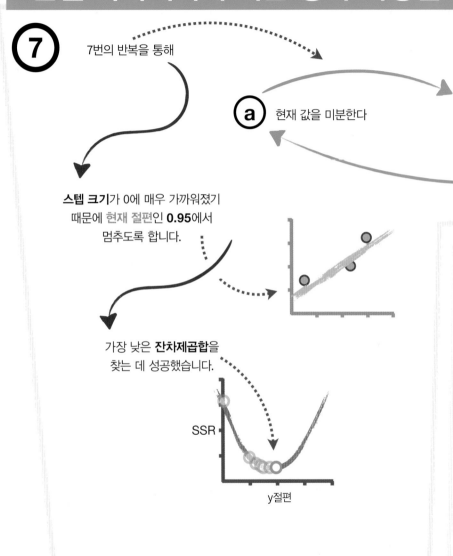

가장 낮은 **잔차제곱합**을 찾는 데 성공했습니다.

SSR

y절편

⑧ 초기에 **경사 하강법**을 사용하는 대신 단순히 절편에 대한 미분값을 **0**으로 설정하고 해를 찾았다면, **경사 하강법**을 통해 얻은 **0.95**와 같은 값을 얻었을 것입니다. 따라서 **경사 하강법**은 꽤 멋진 일을 해냈다고 볼 수 있습니다.

BAM???

하지만 아직 살펴볼 내용이 남았습니다! 이제 **경사 하강법**을 사용해 절편과 기울기를 최적화하는 방법을 살펴봅시다.

① 선의 절편를 최적화해 **잔차제곱합**(SSR)을 최소화하는 방법을 알았으니, 절편과 기울기를 함께 최적화하는 방법을 살펴보겠습니다.

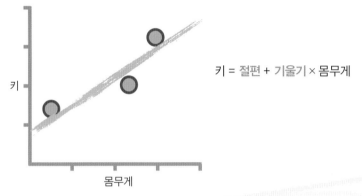

키 = 절편 + 기울기 × 몸무게

② 두 개의 파라미터를 최적화하려면 3차원의 **잔차제곱합** 그래프를 살펴봐야 합니다.

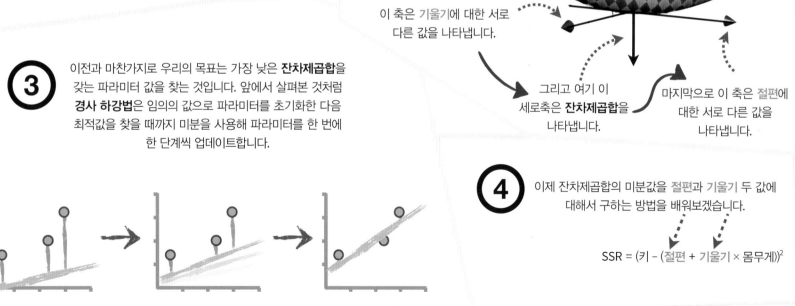

이 축은 기울기에 대한 서로 다른 값을 나타냅니다.

그리고 여기 이 세로축은 **잔차제곱합**을 나타냅니다.

마지막으로 이 축은 절편에 대한 서로 다른 값을 나타냅니다.

③ 이전과 마찬가지로 우리의 목표는 가장 낮은 **잔차제곱합**을 갖는 파라미터 값을 찾는 것입니다. 앞에서 살펴본 것처럼 **경사 하강법**은 임의의 값으로 파라미터를 초기화한 다음 최적값을 찾을 때까지 미분을 사용해 파라미터를 한 번에 한 단계씩 업데이트합니다.

④ 이제 잔차제곱합의 미분값을 절편과 기울기 두 값에 대해서 구하는 방법을 배워보겠습니다.

$$SSR = (키 - (절편 + 기울기 \times 몸무게))^2$$

잔차제곱합의 (편)미분값 구하기: Part 1

(1) 좋은 소식은 절편에 대한 **잔차제곱합**의 미분값을 구하는 방법이 이전과 같다는 사실입니다.

우리는 **연쇄법칙**을 사용해 절편에 대한 **잔차제곱합**이 어떻게 바뀌는지 알 수 있습니다.

$$SSR = (\text{키} - (\text{절편} + \text{기울기} \times \text{몸무게}))^2$$

1단계: 잔차제곱합을 잔차에 대한 함수로 다시 작성해 절편과 **잔차제곱합** 사이에 **링크**link를 생성합니다.

$$SSR = (\text{잔차})^2$$

$$\text{잔차} = \text{관측된 몸무게} - (\text{절편} + \text{기울기} \times \text{몸무게})$$

2단계: 잔차는 절편과 잔차제곱합 사이의 연결고리가 됩니다. **연쇄법칙**을 활용해 절편에 대한 잔차제곱합의 미분값을 다음과 같이 구할 수 있습니다.

$$\frac{d \text{ 잔차제곱합}}{d \text{ 절편}} = \frac{d \text{ 잔차제곱합}}{d \text{ 잔차}} \times \frac{d \text{ 잔차}}{d \text{ 절편}}$$

빼기 기호 덕분에 우리는 괄호 안에 있는 모든 값에 **-1**을 곱함으로써 괄호를 제거할 수 있습니다.

3단계: 멱 규칙을 활용해 두 미분값을 구합니다.

$$\frac{d \text{ 잔차}}{d \text{ 절편}} = \frac{d}{d \text{ 절편}} \text{키} - (\text{절편} + \text{기울기} \times \text{몸무게})$$

$$= \frac{d}{d \text{ 절편}} \text{키} - \text{절편} - \text{기울기} \times \text{몸무게}$$

$$\frac{d \text{ 잔차제곱합}}{d \text{ 잔차}} = \frac{d}{d \text{ 잔차}} (\text{잔차})^2 = 2 \times \text{잔차}$$

$$= 0 - 1 - 0 = -1$$

첫 번째 항과 마지막 항은 절편을 포함하고 있지 않기에 이들의 절편에 대한 미분값은 모두 **0**이 됩니다. 그러나 두 번째 항은 절편의 음의 값이므로 미분하면 **-1**이 됩니다.

4단계: 미분값을 **연쇄법칙**에 대입하면 절편에 대한 **잔차제곱합**의 마지막 미분값을 얻을 수 있습니다.

$$\frac{d \text{ 잔차제곱합}}{d \text{ 절편}} = \frac{d \text{ 잔차제곱합}}{d \text{ 잔차}} \times \frac{d \text{ 잔차}}{d \text{ 절편}} = 2 \times \text{잔차} \times -1$$

$$= 2 \times (\text{키} - (\text{절편} - \text{기울기} \times \text{몸무게})) \times -1$$

$$= -2 \times (\text{키} - (\text{절편} - \text{기울기} \times \text{몸무게}))$$

왼쪽의 **2**와 오른쪽의 **-1**이 곱해져 **-2**가 됩니다.

BAM!!!

② 또 한 가지 좋은 소식은 기울기에 대한 **잔차제곱합**의 미분값을 구하는 방법이 우리가 방금 전 살펴본 절편에 대한 내용과 매우 유사하다는 사실입니다.

우리는 **연쇄법칙**을 활용해 기울기에 대한 **잔차제곱합**이 어떻게 달라지는지 알 수 있습니다.

NOTE: 서로 다른 매개변수에 대한 동일한 함수의 미분값의 집합을 **그레이디언트**(경사 혹은 기울기)gradient라 부르며, 이것이 바로 경사 하강법gradient descent이라는 이름의 유래입니다. 그레이디언트를 사용해 최소 잔차제곱합을 찾아 '내려갈' 것입니다.

$$SSR = (\ 키 - (절편 + 기울기 \times 몸무게)\ )^2$$

1단계: **잔차제곱합**을 기울기에 대한 함수로 다시 작성해 절편과 **잔차제곱합** 사이에 링크link를 생성합니다.

$$SSR = (잔차)^2$$

$$잔차 = 관측된\ 키 - (절편 + 기울기 \times 몸무게)$$

2단계: 잔차는 기울기와 **잔차제곱합** 사이의 연결고리가 됩니다. **연쇄법칙**을 활용해 기울기에 대한 **잔차제곱합**의 미분값을 다음과 같이 구할 수 있습니다.

$$\frac{d\ 잔차제곱합}{d\ 기울기} = \frac{d\ 잔차제곱합}{d\ 잔차} \times \frac{d\ 잔차}{d\ 기울기}$$

빼기 기호 덕분에 괄호 안에 있는 모든 값에 **-1**을 곱함으로써 괄호를 제거할 수 있습니다.

3단계: **멱 규칙**을 활용해 두 미분값을 구합니다.

$$\frac{d\ 잔차}{d\ 기울기} = \frac{d}{d\ 기울기}\ 키 - (절편 + 기울기 \times 몸무게)$$

$$= \frac{d}{d\ 기울기}\ 키 - 절편 - 기울기 \times 몸무게$$

$$\frac{d\ 잔차제곱합}{d\ 잔차} = \frac{d}{d\ 잔차} \quad (잔차)^2 = 2 \times 잔차$$

$$= 0 - 0 - 몸무게 = -몸무게$$

첫 번째 항과 두 번째 항은 기울기를 포함하고 있지 않기에 이들의 기울기에 대한 미분값은 모두 0이 됩니다. 그러나 마지막 항은 -기울기 × **몸무게**이므로, 미분하면 **-몸무게**가 됩니다.

4단계: 미분값을 **연쇄법칙**에 대입하면 기울기에 대한 **잔차제곱합**의 마지막 미분값을 얻을 수 있습니다.

$$\frac{d\ 잔차제곱합}{d\ 기울기} = \frac{d\ 잔차제곱합}{d\ 잔차} \times \frac{d\ 잔차}{d\ 기울기} = 2 \times 잔차 \times -몸무게$$

$$= 2 \times (\ 키 - (절편 - 기울기 \times 몸무게)\ ) \times -몸무게$$

$$= -2 \times 몸무게 \times (키 - (절편 + 기울기 \times 몸무게))$$

왼쪽의 **-몸무게**와 오른쪽의 **2**가 곱해져 **-2 × 몸무게**가 됩니다.

DOUBLE BAM!!!

두 파라미터에 대한 경사 하강법: 차근차근 이해하기

① 관측된 값을 미분된 **손실 혹은 비용함수**loss or cost function에 대입합니다. 이 예제에서는 **잔차제곱합**이 **손실 혹은 비용함수**이므로 관측된 몸무게와 키 측정값을 잔차제곱합의 두 미분값에 대입합니다. 하나는 절편에 대한 값이고...

키

몸무게

또 다른 하나는 기울기에 대한 것입니다.

$$\frac{d \text{ 잔차제곱합}}{d \text{ 절편}} = -2 \times (\text{키}_1 - (\text{절편} + \text{기울기} \times \text{몸무게}_1))$$
$$+ -2 \times (\text{키}_2 - (\text{절편} + \text{기울기} \times \text{몸무게}_2))$$
$$+ -2 \times (\text{키}_3 - (\text{절편} + \text{기울기} \times \text{몸무게}_3))$$

$$\frac{d \text{ 잔차제곱합}}{d \text{ 절편}} = -2 \times (3.2 - (\text{절편} + \text{기울기} \times 2.9))$$
$$+ -2 \times (1.9 - (\text{절편} + \text{기울기} \times 2.3))$$
$$+ -2 \times (1.4 - (\text{절편} + \text{기울기} \times 0.5))$$

$$\frac{d \text{ 잔차제곱합}}{d \text{ 기울기}} = -2 \times \text{몸무게}_1 \times (\text{키}_1 - (\text{절편} + \text{기울기} \times \text{몸무게}_1))$$
$$+ -2 \times \text{몸무게}_2 \times (\text{키}_2 - (\text{절편} + \text{기울기} \times \text{몸무게}_2))$$
$$+ -2 \times \text{몸무게}_3 \times (\text{키}_3 - (\text{절편} + \text{기울기} \times \text{몸무게}_3))$$

리마인드 이 미분값에 대입한 몸무게와 키 값은 원천 데이터raw data를 나타내는 이 그래프에서 가져왔습니다.

$$\frac{d \text{ 잔차제곱합}}{d \text{ 기울기}} = -2 \times 2.9 \times (3.2 - (\text{절편} + \text{기울기} \times 2.9))$$
$$+ -2 \times 2.3 \times (1.9 - (\text{절편} + \text{기울기} \times 2.3))$$
$$+ -2 \times 0.5 \times (1.4 - (\text{절편} + \text{기울기} \times 0.5))$$

② 최적화하고자 하는 하나 혹은 여러 개의 파라미터를 임의의 값으로 초기화합니다. 이 예제에서 우리는 절편을 **0**으로, 기울기는 **0.5**로 설정합니다.

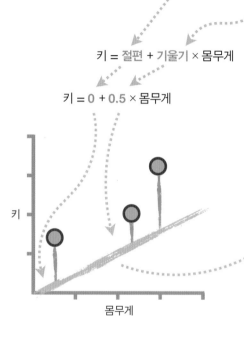

키 = 절편 + 기울기 × 몸무게

키 = 0 + 0.5 × 몸무게

키

몸무게

$$\frac{d\ \text{잔차제곱합}}{d\ \text{절편}} = -2 \times (3.2 - (\text{절편} + \text{기울기} \times 2.9))$$
$$+ \ -2 \times (1.9 - (\text{절편} + \text{기울기} \times 2.3))$$
$$+ \ -2 \times (1.4 - (\text{절편} + \text{기울기} \times 0.5))$$

$$\frac{d\ \text{잔차제곱합}}{d\ \text{절편}} = -2 \times (3.2 - (0 + 0.5 \times 2.9))$$
$$+ \ -2 \times (1.9 - (0 + 0.5 \times 2.3))$$
$$+ \ -2 \times (1.4 - (0 + 0.5 \times 0.5))$$

$$\frac{d\ \text{잔차제곱합}}{d\ \text{기울기}} = -2 \times 2.9 \times (3.2 - (\text{절편} + \text{기울기} \times 2.9))$$
$$+ \ -2 \times 2.3 \times (1.9 - (\text{절편} + \text{기울기} \times 2.3))$$
$$+ \ -2 \times 0.5 \times (1.4 - (\text{절편} + \text{기울기} \times 0.5))$$

$$\frac{d\ \text{잔차제곱합}}{d\ \text{기울기}} = -2 \times 2.9 \times (3.2 - (0 + 0.5 \times 2.9))$$
$$+ \ -2 \times 2.3 \times (1.9 - (0 + 0.5 \times 2.3))$$
$$+ \ -2 \times 0.5 \times (1.4 - (0 + 0.5 \times 0.5))$$

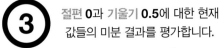

두 파라미터에 대한 경사 하강법: 차근차근 이해하기

③ 절편 **0**과 기울기 **0.5**에 대한 현재 값들의 미분 결과를 평가합니다.

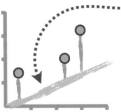

$$\frac{d\ \text{잔차제곱합}}{d\ \text{절편}} = -2 \times (\ 3.2 - (0 + 0.5 \times 2.9)\ )$$
$$+ -2 \times (\ 1.9 - (0 + 0.5 \times 2.3)\ ) \boxed{= -7.3}$$
$$+ -2 \times (\ 1.4 - (0 + 0.5 \times 0.5)\ )$$

$$\frac{d\ \text{잔차제곱합}}{d\ \text{기울기}} = -2 \times 2.9 \times (\ 3.2 - (0 + 0.5 \times 2.9)\ )$$
$$+ -2 \times 2.3 \times (\ 1.9 - (0 + 0.5 \times 2.3)\ ) \boxed{= -14.8}$$
$$+ -2 \times 0.5 \times (\ 1.4 - (0 + 0.5 \times 0.5)\ )$$

④ **스텝 크기**를 계산합니다. 바로 절편에 대한 스텝 크기와...

기울기에 대한 스텝 크기를 계산합니다.

스텝 크기$_{\text{절편}}$ = **미분값** × 학습률

$$= -7.3 \times 0.01$$

$$\boxed{= -0.073}$$

스텝 크기$_{\text{기울기}}$ = **미분값** × 학습률

$$= -14.8 \times 0.01$$

$$\boxed{= -0.148}$$

NOTE: 우리는 이전에 사용한 **학습률(0.1)**보다 작은**(0.01)** 학습률을 사용합니다. 그 이유는 **경사 하강법**이 학습률에 매우 민감하기 때문입니다. 하지만 이전에도 이야기했듯 일반적으로 **학습률**은 자동으로 정해집니다.

⑤ 현재 절편인 **0**, 그리고 현재 기울기인 **0.5**에서 최적값에 가까운 쪽으로 한 스텝 나아갑니다.

새로운 절편 = 현재 절편 **- 스텝 크기**$_{\text{절편}}$

$$= 0 - (-0.073)$$

$$\boxed{= 0.073}$$

절편은 **0**에서 **0.073**으로, 기울기는 **0.5**에서 **0.648**로 증가했습니다. 반면 잔차제곱합은 감소했습니다.
BAM!

새로운 기울기 = 현재 기울기 **- 스텝 크기**$_{\text{기울기}}$

$$= 0.5 - (-0.148)$$

$$\boxed{= 0.648}$$

⑥ **475번을 반복하면...**

ⓐ 현재 값(들)의 미분값을 평가합니다.

ⓑ 스텝 크기를 계산합니다.

ⓒ 새로운 값을 계산합니다.

스텝 크기가 **0**에 매우 가까워집니다. 이때 멈추면 우리는 절편 값 **0.95**와 기울기 값 **0.64**를 얻습니다.

가장 낮은 **잔차제곱합**을 가진 지점을 찾았습니다.

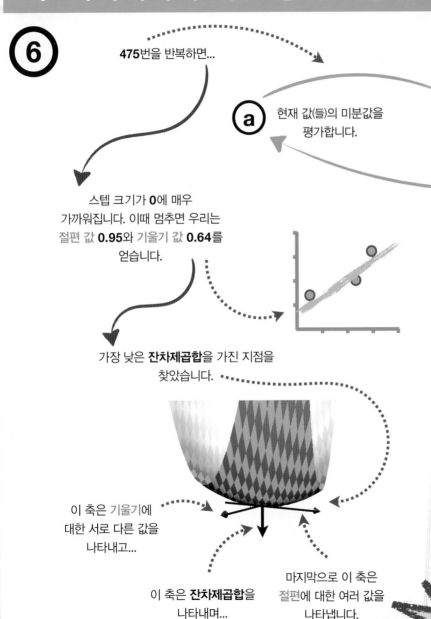

이 축은 기울기에 대한 서로 다른 값을 나타내고...

이 축은 **잔차제곱합**을 나타내며...

마지막으로 이 축은 절편에 대한 여러 값을 나타냅니다.

⑦ 초기에 경사 하강법을 사용하는 대신 단순히 절편과 기울기에 대한 미분값을 **0**으로 설정하고 해를 찾았다면, **경사 하강법을** 통해 얻은 **0.95, 0.64**와 같은 값을 얻었을 것입니다. 따라서 **경사 하강법**은 훌륭한 일을 해냈습니다. 이제 **로지스틱 회귀**나 **신경망**처럼 분석 솔루션이 없는 상황에서도 자신 있게 경사 하강법을 사용할 수 있을 것 같습니다.

TRIPLE BAM!!!

경사 하강법은 참 멋지네. 그런데 데이터가 너무 많거나 파라미터 숫자가 많다면 너무 느려질 것 같아. 혹시 조금 더 빠른 계산 방법이 있을까?

물론이지! **확률적 경사 하강법을** 계속해서 읽어봐!

105

① 지금까지는 매우 간단했습니다. 우리는 **3개의 데이터 포인트**만 존재하는 아주 작은 데이터셋을 살펴보았습니다...

절편과 기울기라는, 두 파라미터만 가진 **직선**을 피팅했습니다.

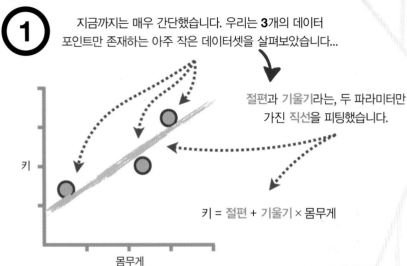

키 = 절편 + 기울기 × 몸무게

② 오직 **2개**의 파라미터만 존재하기 때문에 각 단계에서 계산해야 할 미분값도 **2개**입니다.

$$\frac{d \text{ 잔차제곱합}}{d \text{ 절편}} \qquad \frac{d \text{ 잔차제곱합}}{d \text{ 기울기}}$$

우리에겐 **3개**의 데이터 포인트만 있기에 각 미분 과정에서 **3개**의 항만 계산하면 됩니다.

$$\frac{d \text{ 잔차제곱합}}{d \text{ 절편}} = -2 \times (\ 3.2 - (\text{절편} + \text{기울기} \times 2.9) \ )$$
$$+ \ -2 \times (\ 1.9 - (\text{절편} + \text{기울기} \times 2.3) \ )$$
$$+ \ -2 \times (\ 1.4 - (\text{절편} + \text{기울기} \times 0.5) \ )$$

$$\frac{d \text{ 잔차제곱합}}{d \text{ 기울기}} = -2 \times 2.9 (\ 3.2 - (\text{절편} + \text{기울기} \times 2.9) \ )$$
$$+ \ -2 \times 2.3 (\ 1.9 - (\text{절편} + \text{기울기} \times 2.3) \ )$$
$$+ \ -2 \times 0.5 (\ 1.4 - (\text{절편} + \text{기울기} \times 0.5) \ )$$

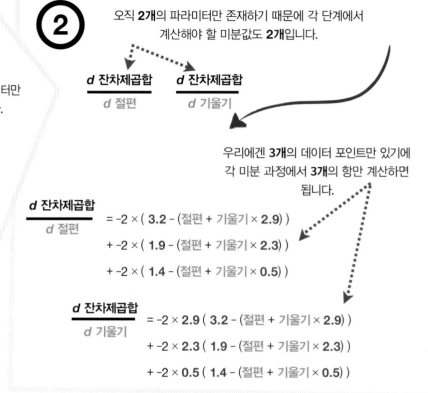

③ 하지만 **1,000,000개**의 데이터 포인트가 있다면 어떨까요? 미분할 때 **1,000,000개** 항을 계산해야 할 겁니다.

으윽!!

그리고 만약 **10,000개**의 파라미터를 가진 더 복잡한 모델이라면 어떨까요? 아마 **10,000개**의 미분값을 계산해야 할 겁니다.

으으으윽!!!!!

1,000,000개의 항을 가진 **10,000개**의 미분값을 계산하기란 매우 힘듭니다. 이는 한 단계를 나아가는 데 필요한 계산량이며, 이러한 단계를 **1,000번** 반복해야 합니다.

으으으으으윽!!!!!!!!!!!!

따라서 **빅데이터 환경**에서 **경사 하강법**은 아주 많은 계산량을 필요로 하기에 매우 느리다는 것을 알 수 있습니다.

④ 하지만 좋은 소식은 **확률적 경사 하강법**이라는 방법을 사용해 파라미터 최적화에 소요되는 시간을 대폭 줄일 수 있다는 점입니다. **확률적**stochastic이라는 단어가 다소 화려해 보이지만 단순히 '**임의로 결정한다**randomly determined'는 의미이며, **확률적 경사 하강법**이 하는 일은 단순히 각 단계에서 임의로 하나의 데이터 포인트를 선택하는 일입니다. 따라서 여러분이 가진 데이터셋의 크기와 무관하게 각 반복에서 미분할 때 하나의 항만 계산하게 됩니다.

BAM!

① **확률적 경사 하강법**stochastic gradient descent을 배우기 위해 앞서 살펴보았던 데이터 포인트 **3**개에 선을 피팅하는 간단한 예제로 돌아가봅시다.

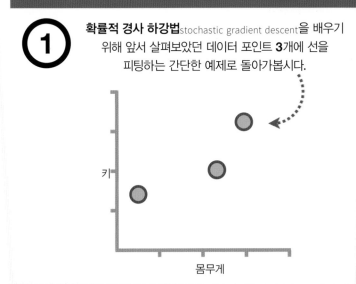

② 일반 **경사 하강법**과 마찬가지로 절편과 기울기를 임의의 값으로 초기화하고 시작합니다.

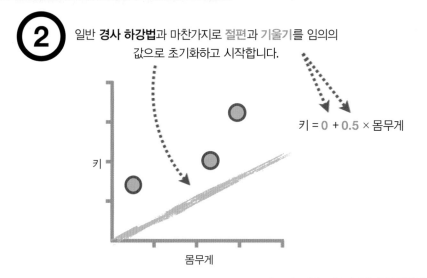

키 = 0 + 0.5 × 몸무게

③ 임의로 하나의 데이터 포인트를 선택합니다. 이번 예시에서는 가운데 있는 데이터를 선택해보겠습니다.

④ 그리고 단일 데이터 포인트를 사용해 미분값을 계산하고 평가합니다.

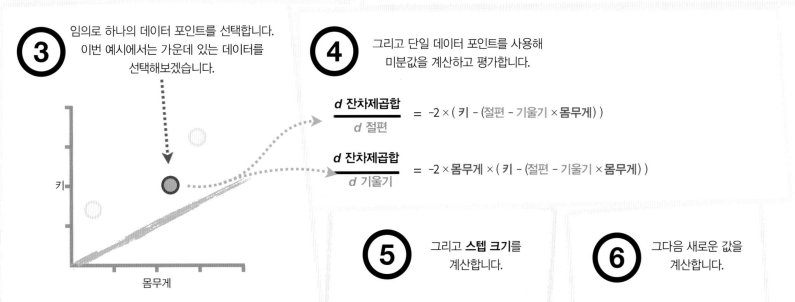

$$\frac{d\ \text{잔차제곱합}}{d\ \text{절편}} = -2 \times (\text{키} - (\text{절편} - \text{기울기} \times \text{몸무게}))$$

$$\frac{d\ \text{잔차제곱합}}{d\ \text{기울기}} = -2 \times \text{몸무게} \times (\text{키} - (\text{절편} - \text{기울기} \times \text{몸무게}))$$

⑤ 그리고 **스텝 크기**를 계산합니다.

⑥ 그다음 새로운 값을 계산합니다.

(7) 그리고 이 **4단계**를 **스텝 크기**가 매우 작아질 때까지 반복하거나(스텝 크기가 매우 작아졌다는 뜻은 최적의 파라미터에 가까워졌다는 뜻입니다) 기존에 설정해둔 최대 스텝 횟수에 도달할 때까지 반복합니다.

BAM!

* **역주**: 아래에서 '미니 배치 확률적 경사 하강법'은 줄여서 '미니 배치 경사 하강법(mini batch gradient descent)'이라고도 부릅니다.

** **역주**: '3개 정도'라고 한 이유는 정해진 개수가 없기 때문입니다. 배치 크기는 사용자가 임의로 정할 수 있습니다.

(a) 데이터셋에서 임의로 한 개의 데이터 포인트를 선택합니다.

(b) 해당 데이터 포인트에 대한 미분값을 계산합니다.

(c) **스텝 크기**를 계산합니다.

(d) 새로운 값을 계산합니다.

(8)

전문용어 주의!!!

엄격한 정의에 의하면 **확률적 경사 하강법**은 각 반복마다 단일 데이터 포인트를 사용합니다. 하지만 임의로 관측값의 일부를 선택해 사용하는 경우가 더 많으며, 이러한 방법을 **미니 배치 확률적 경사 하강법**이라 부릅니다. 단일 데이터 포인트를 사용하는 대신 작은 하위 집합을 사용해 단일 데이터 포인트를 사용하는 것보다 조금 더 적은 스텝으로, 그리고 전체 데이터를 사용하는 것보다 더 빠르게 최적값에 수렴할 수 있습니다.

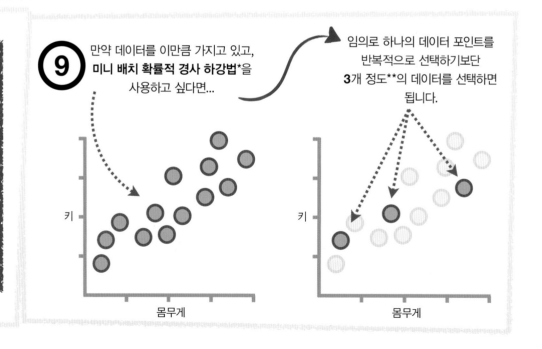

(9) 만약 데이터를 이만큼 가지고 있고, **미니 배치 확률적 경사 하강법***을 사용하고 싶다면...

임의로 하나의 데이터 포인트를 반복적으로 선택하기보단 **3개 정도****의 데이터를 선택하면 됩니다.

키

몸무게

키

몸무게

경사 하강법: FAQ

경사 하강법은 항상 최적의 파라미터를 찾나요?

안타깝게도 **경사 하강법**이 항상 최적의 파라미터 값을 찾는 것은 아닙니다. 예를 들어 만약 **잔차제곱합** 그래프가 이와 같이 생겼다면...

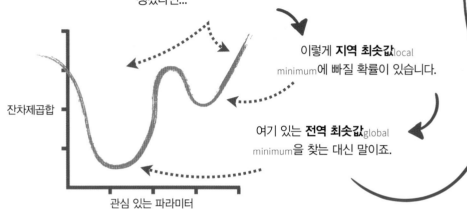

이렇게 **지역 최솟값**local minimum에 빠질 확률이 있습니다.

여기 있는 **전역 최솟값**global minimum을 찾는 대신 말이죠.

이런 현상(전역 최솟값을 찾는 대신 지역 최솟값에 빠져버리는)이 발생하면 아쉬울 수밖에 없습니다. 게다가 일반적으로는 **잔차제곱합**의 그래프를 그릴 수 없기 때문에 이렇게 많은 지역 최솟값 중에 우리가 어디에 빠져 있는지 알 수도 없습니다. 이러한 상황에서 우리가 할 수 있는 일은 다음과 같습니다.

1) 최적화하려는 파라미터를 다른 임의의 값으로 다시 초기화합니다. 새로운 값으로 시작하면 지역 최솟값을 피할 수도 있습니다.

2) **스텝 크기**를 조정해봅니다. 지역 최솟값 함정에 빠지는 것을 피하고자 값을 조금 더 크게 설정합니다.

3) **확률적 경사 하강법**을 사용합니다. 추가적인 임의성extra randomness을 더해 지역 최솟값 함정을 피할 수 있게 도와줍니다.

미니 배치 경사 하강법에서 배치 사이즈는 어떻게 결정하나요?

이 질문에 대한 답은 여러분이 모델 훈련(최적화)에 사용하는 컴퓨터 하드웨어 성능에 달렸습니다. 예를 들어 우리가 **미니 배치 경사 하강법**을 사용하는 이유는 모델 훈련 시간을 최대한 줄이고자 함입니다. 따라서 한 가지 주요 고려 사항은 우리가 얼마나 많은 고속 메모리를 사용할 수 있는지를 확인하는 것입니다. 사용할 수 있는 고속 메모리가 많을수록 **미니 배치**를 크게 정하면 됩니다.

이제 **로지스틱 회귀**를 활용해 분류 문제를 해결해보자! 로지스틱 회귀는 분석 솔루션이 없으며 보통 **경사 하강법**을 사용해 최적화를 진행하지!

Chapter 06

로지스틱 회귀!!!

① **문제:** **선형회귀**와 **선형모델**은 **키**height와 같은 **연속형**continuous 값을 예측하는 데 탁월합니다. 하지만 누군가가 트롤 2를 좋아하는지 여부처럼 두 개의 확률을 가진 **이산**discrete 값을 분류하고 싶다면 어떻게 해야 할까요?

이 예제에서는 **연속형** 값인 여러 사람들이 먹은 팝콘 양(g)과 **이산형** 값인 이들이 **트롤 2를 좋아하는지 여부**를 측정했습니다.

= 트롤 2를 좋아함

= 트롤 2를 싫어함

트롤 2를 좋아함

트롤 2를 싫어함

팝콘(g)

목표는 먹은 팝콘 양을 기반으로 해당 인원이 트롤 2를 좋아하는지 여부를 예측하는 **분류기**classifier를 만드는 것입니다.

② **해답:** 분류 문제에 활용되므로 **로지스틱 분류**logistic classification라고도 하는 **로지스틱 회귀**logistic regression를 사용합니다. 로지스틱 회귀는 데이터에 로지스틱 곡선을 피팅해 트롤 2를 좋아하는지 여부와 같은 이산형 값에 대한 (**0**에서 **1** 사이의) 예측 확률을 산출합니다.

선형회귀처럼 **로지스틱 회귀**도 R^2와 비슷한 지표를 사용해 예측에 대한 정확도를 평가하며, ***p*-값**도 사용됩니다.

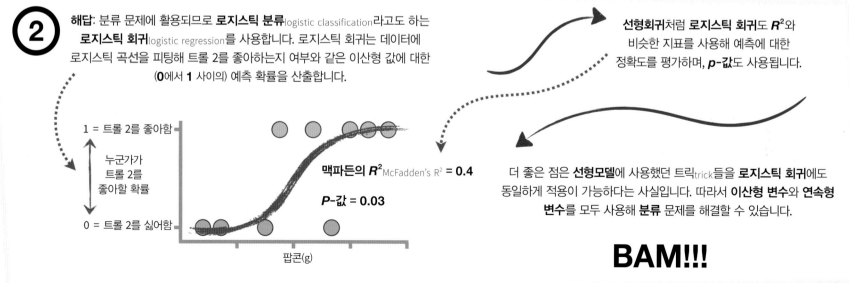

1 = 트롤 2를 좋아함

누군가가 트롤 2를 좋아할 확률

0 = 트롤 2를 싫어함

팝콘(g)

맥파든의 R^2McFadden's R^2 **= 0.4**

***P*-값 = 0.03**

더 좋은 점은 **선형모델**에 사용했던 트릭trick들을 **로지스틱 회귀**에도 동일하게 적용이 가능하다는 사실입니다. 따라서 **이산형 변수**와 **연속형 변수**를 모두 사용해 **분류** 문제를 해결할 수 있습니다.

BAM!!!

③ **로지스틱 회귀** 그래프의 y축은 **0**에서 **1**까지의 확률을 나타냅니다(역주: 즉, 0%에서 100%까지를 뜻함). 예제에서는 누군가가 트롤 2를 좋아할 확률입니다.

여기 색깔이 있는 점들은 우리가 곡선으로 피팅하고자 하는 **훈련 데이터**입니다. 트롤 2를 싫어하는 4명과 트롤 2를 좋아하는 5명의 데이터로 이루어져 있습니다.

이 **로지스틱** 곡선은 누군가가 영화 트롤 2를 좋아할 확률을 나타냅니다. 곡선이 그래프 상단과 가깝다면 누군가가 트롤 2를 좋아할 확률이 높다는 뜻입니다.

반대로 곡선이 그래프 아래쪽과 가깝다면 누군가가 트롤 2를 좋아할 확률이 낮다는(**0**에 가깝다는) 뜻입니다.

④ 만약에 새로운 누군가가 와서 팝콘을 이만큼 먹었다고 말한다면

곡선은 이 사람이 트롤 2를 좋아할 확률이 상대적으로 높다고 말해줄 것입니다.

더 자세히 말하자면 곡선에 대응하는 y축 값은 이 사람이 트롤 2를 좋아할 확률이 **0.96**(즉 96%)이 될 것이라 예측합니다.

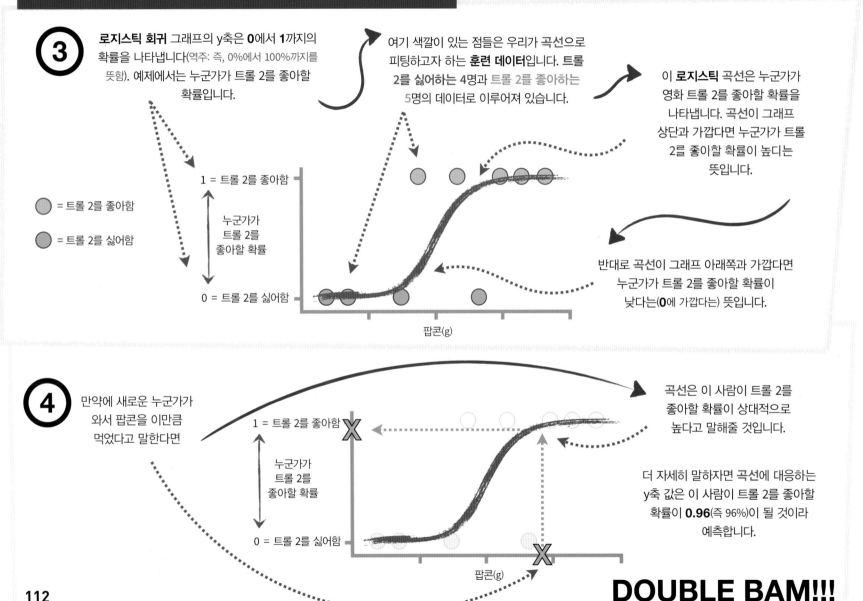

= 트롤 2를 좋아함

= 트롤 2를 싫어함

1 = 트롤 2를 좋아함

누군가가 트롤 2를 좋아할 확률

0 = 트롤 2를 싫어함

팝콘(g)

1 = 트롤 2를 좋아함

누군가가 트롤 2를 좋아할 확률

0 = 트롤 2를 싫어함

팝콘(g)

DOUBLE BAM!!!

⑤ 이제 이 사람이 트롤 2를 좋아할 확률을 알았으니, 이제 이 사람이 **트롤 2를 좋아할 사람**인지 아니면 **싫어할 사람**인지 분류해야 합니다. 일반적으로 분류에 사용되는 **임곗값**은 **0.5**입니다.

이 말은 트롤 2를 좋아할 확률이 **0.5** 이상인 사람은 **트롤 2를 좋아하는 사람**으로 분류된다는 뜻입니다.

1 = 트롤 2를 좋아함

누군가가 트롤 2를 좋아할 확률

0 = 트롤 2를 싫어함

팝콘(g)

그리고 확률이 **0.5**보다 같거나 낮은 사람은 **트롤 2를 싫어하는 사람**(혹은 좋아하지 않는)으로 분류될 것입니다.

⑥ 따라서 이 사람이 트롤을 좋아할 확률은 **0.96**으로 **0.5**보다 높기 때문에, 우리는 이 사람을 **트롤 2를 좋아할 것**이라 예측하고 분류할 수 있습니다.

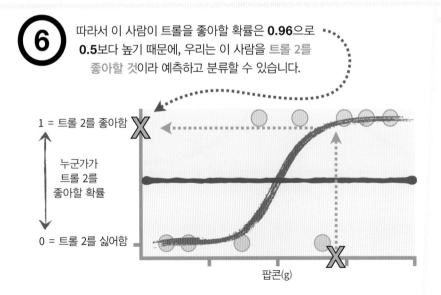

1 = 트롤 2를 좋아함

누군가가 트롤 2를 좋아할 확률

0 = 트롤 2를 싫어함

팝콘(g)

⑦ 추가로 설명하자면, 예제에서 사용한 임곗값은 **50%**였습니다. 하지만 이후 **8장**에서 살펴볼 **ROC**receiver operator characteristic(수신자 조작 특성) 곡선에서는 다른 임곗값을 사용하는 예시를 살펴볼 것입니다. 기대되지 않나요?

TRIPLE BAM!!!

이제 몇 페이지를 할애해 이 **곡선**을 **훈련 데이터**에 피팅하는 과정을 살펴볼 텐데, 그전에 우리가 배워야 할 멋진 용어가 있습니다.

113

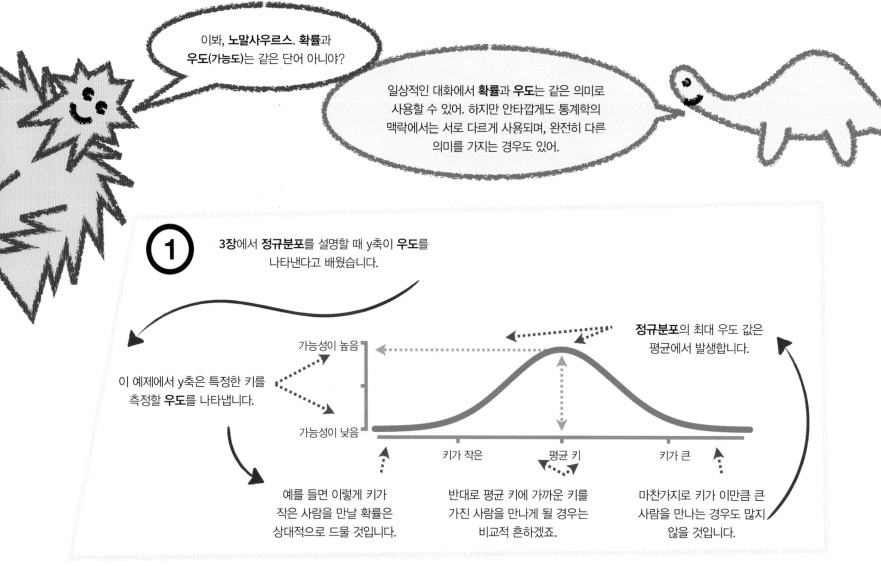

이봐, **노말사우르스**. **확률**과 **우도(가능도)**는 같은 단어 아니야?

일상적인 대화에서 **확률**과 **우도**는 같은 의미로 사용할 수 있어. 하지만 안타깝게도 통계학의 맥락에서는 서로 다르게 사용되며, 완전히 다른 의미를 가지는 경우도 있어.

① 3장에서 **정규분포**를 설명할 때 y축이 **우도**를 나타낸다고 배웠습니다.

이 예제에서 y축은 특정한 키를 측정할 **우도**를 나타냅니다.

가능성이 높음

가능성이 낮음

정규분포의 최대 우도 값은 평균에서 발생합니다.

키가 작은   평균 키   키가 큰

예를 들면 이렇게 키가 작은 사람을 만날 확률은 상대적으로 드물 것입니다.

반대로 평균 키에 가까운 키를 가진 사람을 만나게 될 경우는 비교적 흔하겠죠.

마찬가지로 키가 이만큼 큰 사람을 만나는 경우도 많지 않을 것입니다.

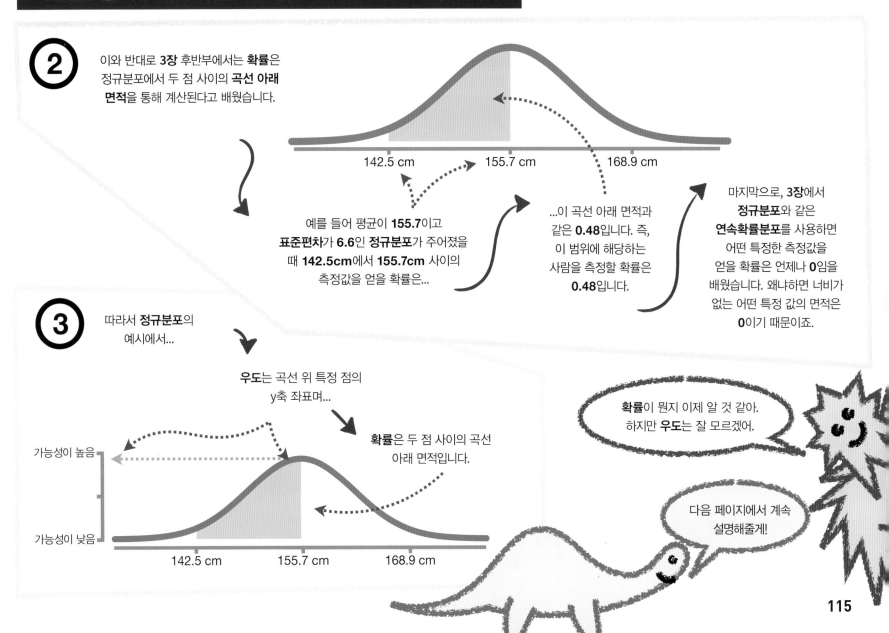

② 이와 반대로 **3장** 후반부에서는 **확률**은 정규분포에서 두 점 사이의 **곡선 아래 면적**을 통해 계산된다고 배웠습니다.

142.5 cm   155.7 cm   168.9 cm

예를 들어 평균이 **155.7**이고 **표준편차**가 **6.6**인 **정규분포**가 주어졌을 때 **142.5cm**에서 **155.7cm** 사이의 측정값을 얻을 확률은...

...이 곡선 아래 면적과 같은 **0.48**입니다. 즉, 이 범위에 해당하는 사람을 측정할 확률은 **0.48**입니다.

마지막으로, **3장**에서 **정규분포**와 같은 **연속확률분포**를 사용하면 어떤 특정한 측정값을 얻을 확률은 언제나 **0**임을 배웠습니다. 왜냐하면 너비가 없는 어떤 특정 값의 면적은 **0**이기 때문이죠.

③ 따라서 **정규분포**의 예시에서...

우도는 곡선 위 특정 점의 y축 좌표며...

확률은 두 점 사이의 곡선 아래 면적입니다.

가능성이 높음

가능성이 낮음

142.5 cm   155.7 cm   168.9 cm

확률이 뭔지 이제 알 것 같아. 하지만 **우도**는 잘 모르겠어.

다음 페이지에서 계속 설명해줄게!

115

④ 우도(혹은 가능도)는 통계 분포가 데이터셋에 얼마나 잘 피팅하는지 평가하는 데 사용됩니다. 예를 들어 이렇게 키 측정값 데이터 3개를 수집했다고 가정해보겠습니다.

이제 우리는 데이터 오른쪽에 피크(혹은 봉)가 있는 **정규분포 곡선**과...

...데이터 중앙에 피크가 있는 **정규분포 곡선**을 비교하고 싶습니다.

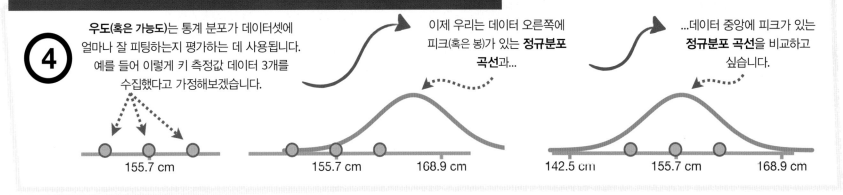

⑤ 먼저 각 데이터 포인트에 대응하는 곡선 위 지점과 해당 지점의 y축 좌표, 즉 **우도**를 살펴봅니다.

눈으로만 살펴보아도 전반적으로 데이터 중앙에 위치한 분포 곡선의 **우도**가 더 크다는 것을 알 수 있습니다.

그리고 더 큰 우도는 데이터 가운데 피크가 있는 곡선이 피크가 오른쪽으로 기운 다른 곡선보다 데이터를 더 잘 피팅했다는 것을 나타냅니다.

BAM!!!

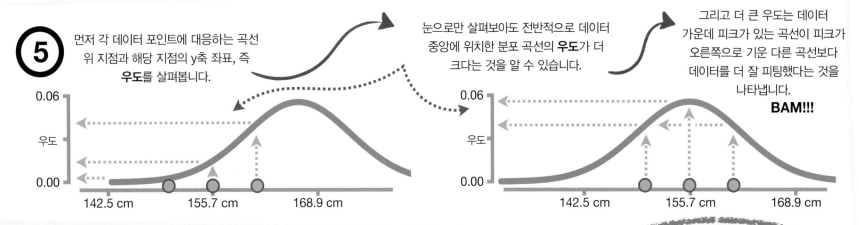

⑥ **NOTE**: 정규분포 곡선을 데이터에 피팅할 때는 **확률**을 사용할 수 없습니다. 3장에서 살펴보았듯 정규분포 곡선의 특정 포인트 아래 면적은 **0**이기 때문이죠.

⑦ 마지막으로, **정규분포**를 통해 살펴보았듯 **확률**과 **우도**는 다릅니다. 그러나 뒤에서 예제를 살펴보겠지만 둘이 항상 다른 것만은 아닙니다. 다른 말로, 어떤 경우에는 **확률**과 **우도**가 같습니다. **확률**과 **우도**가 같은 경우에는 **확률**이나 **우도**를 사용해 곡선을 데이터에 피팅할 수 있습니다. 하지만 용어를 통일하고자 통계적 맥락에서 곡선을 데이터에 피팅할 때는 **우도**라는 용어를 사용합니다.

이제 **우도**를 사용해 곡선을 피팅하는 방법을 알았으니, **로지스틱 회귀**에서 로지스틱 곡선을 사용해 데이터를 피팅하는 방법을 공부해보자!

① **선형회귀**를 사용할 때는 **잔차제곱합**을 최소화하는 **선**을 데이터에 피팅합니다.

이와 반대로 **로지스틱 회귀**는 **잔차** 대신 **우도(y축 좌표)를** 사용하며, **최대 우도**maximum likelihood를 나타내는 로지스틱 곡선squiggle을 피팅합니다.

키 / 몸무게

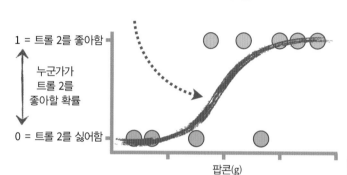

1 = 트롤 2를 좋아함
누군가가 트롤 2를 좋아할 확률
0 = 트롤 2를 싫어함
팝콘(g)

② 우리는 트롤 2를 좋아하는 그룹과 트롤 2를 싫어하는 그룹, 총 2개의 클래스를 가지고 있기에 **우도를** 계산하는 방법도 각 클래스마다 하나씩, 총 2가지 방법이 있습니다.

③ 예를 들어 트롤 2를 좋아하는 이 사람의 우도를 계산하려면 **로지스틱** 곡선을 사용해 먹은 팝콘 양에 대응하는 y축 값을 찾아야 합니다.

y축 좌표인 **0.4**는 트롤 2를 좋아할 예측 확률이자 **우도가** 됩니다.

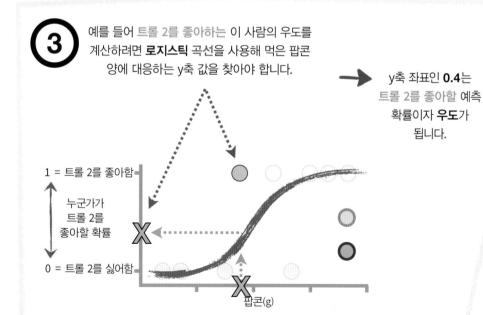

1 = 트롤 2를 좋아함
누군가가 트롤 2를 좋아할 확률
0 = 트롤 2를 싫어함
팝콘(g)

④ 마찬가지로 트롤 2를 좋아하는 이 사람의 **우도는** 먹은 팝콘 양에 대응하는 로지스틱 곡선의 y축 좌표 값인 **0.6입니다.**

1 = 트롤 2를 좋아함
누군가가 트롤 2를 좋아할 확률
0 = 트롤 2를 싫어함
팝콘(g)

⑤ 반대로 트롤 2를 좋아하지 않는 사람들의 **우도** 계산 방법은 다릅니다. 왜냐하면 y축은 트롤 2를 좋아할 확률이기 때문이죠.

좋은 소식은 어떤 사람이 트롤 2를 좋아하든 좋아하지 않든, 누군가가 트롤 2를 좋아하지 않을 확률은 **1**에서 트롤 2를 좋아할 확률을 빼면 됩니다.

p(트롤 2를 싫어함) = 1 − p(트롤 2를 좋아함)

y축은 확률이자 우도이므로 우리는 다음과 같은 등식으로 **우도**를 계산할 수 있습니다.

L(트롤 2를 싫어함) = 1 − L(트롤 2를 좋아함)

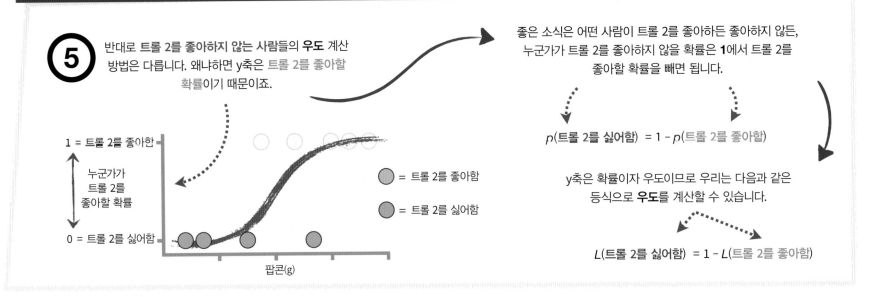

= 트롤 2를 좋아함

= 트롤 2를 싫어함

⑥ 예를 들어 **트롤 2를 싫어하는** 이 사람의 **우도**를 계산하려면...

이 사람이 **트롤 2를 좋아할** **우도**인 **0.8**을 계산한 후...

이 값을 사용해 트롤 2를 좋아하지 않을 **우도**인 **1 - 0.8 = 0.2**를 계산합니다.

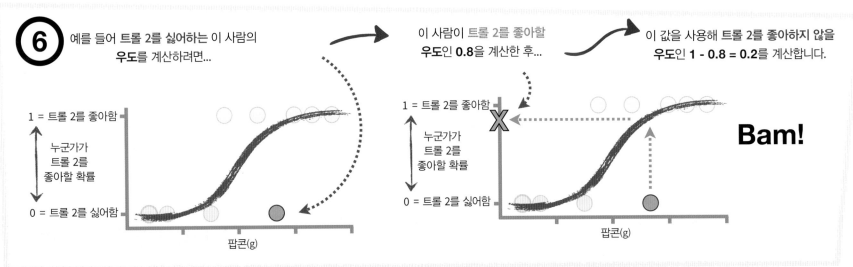

Bam!

⑦ 이제 **트롤 2를 좋아하는** 사람과 **트롤 2를 싫어하는** 사람의 **우도**를
계산하는 방법을 알았으니, 각각의 **우도**를 곱함으로써 전체
로지스틱 곡선의 **우도**를 계산할 수 있습니다.

수학 계산을 해보면
0.02를 얻습니다.

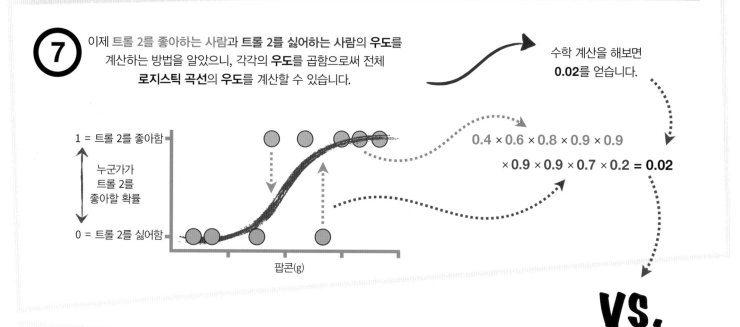

$0.4 \times 0.6 \times 0.8 \times 0.9 \times 0.9$

$\times 0.9 \times 0.9 \times 0.7 \times 0.2 = \textbf{0.02}$

1 = 트롤 2를 좋아함

누군가가
트롤 2를
좋아할 확률

0 = 트롤 2를 싫어함

팝콘(g)

VS.

⑧ 이제 다른 로지스틱 곡선의
우도를 계산합니다.

그리고 두 곡선의 전체 **우도**를
비교해봅니다.

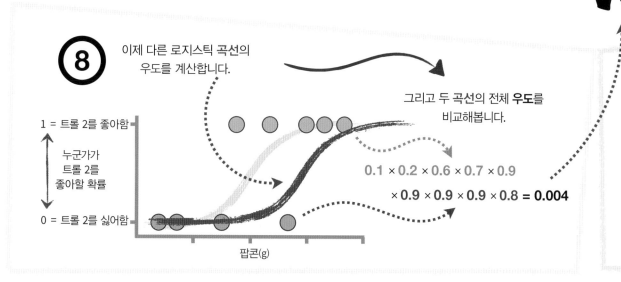

$0.1 \times 0.2 \times 0.6 \times 0.7 \times 0.9$

$\times 0.9 \times 0.9 \times 0.9 \times 0.8 = \textbf{0.004}$

1 = 트롤 2를 좋아함

누군가가
트롤 2를
좋아할 확률

0 = 트롤 2를 싫어함

팝콘(g)

⑨ 목적은 **최대 우도**를 가진
로지스틱 곡선을 찾는
것입니다.

실전에서 최적의 곡선을
찾을 때는 **경사 하강법**을
사용합니다.

TRIPLE BAM!!!

데이터에 로지스틱 곡선 피팅하기: 자세히 살펴보기

로지스틱 회귀에 대해 더 자세히 알고 싶다면 아래 QR코드를 스캔해 StatQuest 유튜브 내용을 확인해주세요.

1 우리가 지금까지 사용한 예제는 총 **9**개의 데이터 포인트를 가진 비교적 크기가 작은 **훈련 데이터셋**입니다.

따라서 상대적으로 쉽게 9개의 **우도**를 모두 곱해 **0.02**라는 값을 얻을 수 있었습니다.

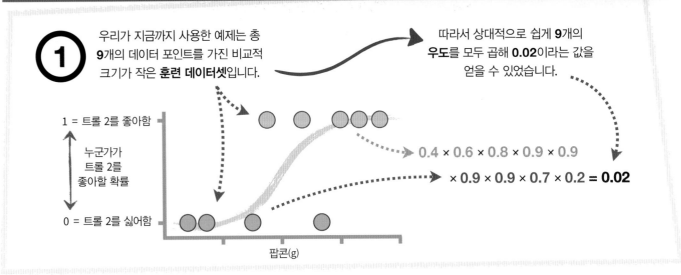

1 = 트롤 2를 좋아함

누군가가 트롤 2를 좋아할 확률

0 = 트롤 2를 싫어함

팝콘(g)

$0.4 \times 0.6 \times 0.8 \times 0.9 \times 0.9$

$\times 0.9 \times 0.9 \times 0.7 \times 0.2 = 0.02$

2 하지만 **훈련 데이터셋**이 커지면 계산할 때 **언더플로**underflow 문제가 발생할 수 있습니다. **언더플로** 문제는 **0**과 **1** 사이의 작은 숫자를 계속해서 곱할 때 발생할 수 있습니다.

엄밀히 말하면 **언더플로**는 곱셈과 같은 수학적 연산이 컴퓨터가 저장할 수 있는 숫자보다 작은 숫자를 출력할 때 발생합니다.

언더플로는 오차의 원인이 되며, 더 좋지 않은 경우에는 예측하기 힘든 이상한 결과를 내놓기도 합니다.

3 **언더플로** 오차를 피하는 가장 일반적인 방법은 **로그(일반적으로 자연로그)** 값을 취하는 방법입니다. 즉, 아래 식처럼 로그값을 취해...

$\log(0.4 \times 0.6 \times 0.8 \times 0.9 \times 0.9 \times 0.9 \times 0.9 \times 0.7 \times 0.2)$

$= \log(0.4) + \log(0.6) + \log(0.8) + \log(0.9) + \log(0.9)$

$+ \log(0.9) + \log(0.9) + \log(0.7) + \log(0.2)$

$= -4.0$

최종적으로 **0.02**처럼 상대적으로 **0**에 가까운 값을 **-4.0**처럼 **0**에서 먼 값으로 변환합니다.

로지스틱 회귀: 단점

① **로지스틱 회귀**를 사용할 때 우리는 데이터를 잘 **피팅**하는 **S자 곡선**
s-shaped squiggle을 가정합니다(하나 이상의 독립변수를 포함할 경우 S형 평면).
다른 말로, 우리는 팝콘 섭취량과 트롤 2 선호도라는 두 변수 사이의
관계가 상대적으로 단순하다고 가정합니다. 즉, 어떤 사람들이 팝콘을 적게
먹는다면 트롤 2를 좋아할 확률이 낮고, 반대로 팝콘을 많이 먹는다면 트롤
2를 좋아할 확률이 상대적으로 높다는 것이죠.

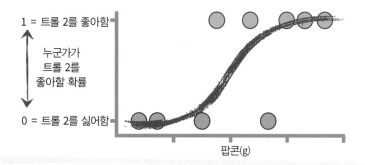

② 반대로, 만약 데이터에
트롤 2를 싫어하지만
팝콘을 많이 먹거나 혹은
적게 먹는 사람들이 있고,

적당량의 팝콘을
먹으면서 트롤 2를
좋아하는 사람들의
데이터만 있다면,
로지스틱 회귀를
기반으로 데이터에
대해 사전에 한 가정은
틀리게 됩니다.

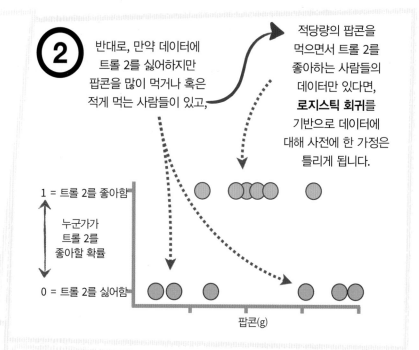

③ 그리고 만약 **로지스틱 회귀**를 사용해 S자 곡선을 데이터에
피팅하면 팝콘을 많이 먹지만 트롤 2를 싫어하는 사람들을 잘못
분류하게 될 것입니다.

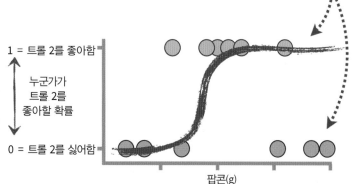

④ 따라서 **로지스틱 회귀**의 한계는 모델이 S자 곡선을
데이터에 피팅할 수 있다고 가정해야 한다는
점입니다. 유효한 가정assumption이 아니라면
**의사결정 트리(10장), 서포트 벡터 머신(11장),
혹은 신경망(12장)** 등 데이터를 보다 복잡한 관계로
모델링하고 다룰 수 있는 다른 방법들을 활용해야
합니다.

이제 **나이브 베이즈**를 사용한
분류를 살펴보자!!!

121

Chapter 07

나이브 베이즈!!!

나이브 베이즈: 주요 개념

① **문제:** 여기 메시지가 뒤죽박죽 섞여 있습니다. 어떤 메시지는 친구나 가족한테 받은 정상적인normal 메시지입니다.

하지만 어떤 메시지는 사기 내용이나 선정적인 광고가 있는 원치 않는 스팸spam 메시지입니다.

이제 우리는 정상적인 메시지와 스팸을 구분하고자 합니다.

② **해답:** 우리는 간단하면서도 아주 효과적인 머신러닝 방법인 나이브 베이즈 분류기naive Bayes classifier 를 사용할 수 있습니다.

③ '친애하는 친구에게Dear friend'라고 적힌 메시지가 있다고 가정해봅시다. 우리는 이 메시지를 정상 혹은 스팸으로 구분하고자 합니다. 그렇다면 정상 메시지와 스팸 메시지에 대한 두 개의 식equation이 필요합니다.

친애하는 친구에게

④ 먼저 처음에 정상 메시지일 것이라 추측한 사전 확률prior probability을...

정상적인 메시지일 경우 '친애하는'과 '친구에게' 단어가 등장할 확률을 곱합니다. (수직 막대 기호 | 는 '~라는 조건이 주어졌을 때'라는 뜻입니다. 영어로 given)

$$p(\,\mathbf{N}\,) \times p(\,친애하는\,|\,\mathbf{N}\,) \times p(\,친구에게\,|\,\mathbf{N}\,)$$

$$p(\,\mathbf{S}\,) \times p(\,친애하는\,|\,\mathbf{S}\,) \times p(\,친구에게\,|\,\mathbf{S}\,)$$

⑤ 그리고 해당 메시지가 스팸이라 가정한 추측의 사전 확률과...

메시지가 스팸일 경우 '친애하는'과 '친구에게' 단어가 등장할 확률과 곱한 값과 비교합니다.

⑥ 점수score라고 부르는 식의 결과값이 큰 식을 토대로 최종 분류를 진행합니다.

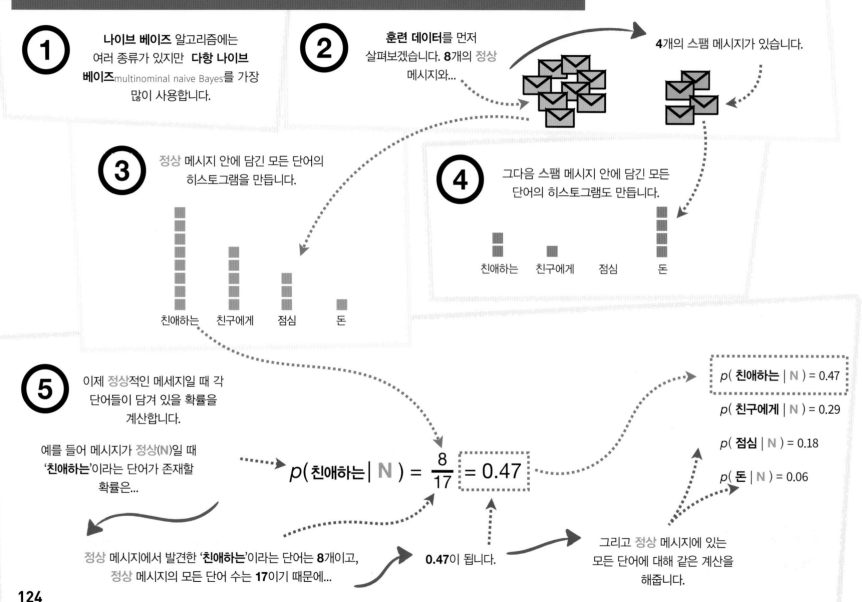

① **나이브 베이즈** 알고리즘에는 여러 종류가 있지만 **다항 나이브 베이즈**multinominal naive Bayes를 가장 많이 사용합니다.

② **훈련 데이터**를 먼저 살펴보겠습니다. **8**개의 정상 메시지와...

4개의 스팸 메시지가 있습니다.

③ 정상 메시지 안에 담긴 모든 단어의 히스토그램을 만듭니다.

친애하는 친구에게 점심 돈

④ 그다음 스팸 메시지 안에 담긴 모든 단어의 히스토그램도 만듭니다.

친애하는 친구에게 점심 돈

⑤ 이제 정상적인 메세지일 때 각 단어들이 담겨 있을 확률을 계산합니다.

예를 들어 메시지가 정상(N)일 때 '**친애하는**'이라는 단어가 존재할 확률은...

$$p(\text{친애하는} \mid N) = \frac{8}{17} = 0.47$$

정상 메시지에서 발견한 '**친애하는**'이라는 단어는 **8**개이고, 정상 메시지의 모든 단어 수는 **17**이기 때문에...

0.47이 됩니다.

그리고 정상 메시지에 있는 모든 단어에 대해 같은 계산을 해줍니다.

$p(\text{친애하는} \mid N) = 0.47$

$p(\text{친구에게} \mid N) = 0.29$

$p(\text{점심} \mid N) = 0.18$

$p(\text{돈} \mid N) = 0.06$

⑥ 그리고 메시지가 스팸일 때 각 단어들이 담겨 있을 확률을 계산합니다.

친애하는   친구에게   점심   돈

예를 들어 메시지가 스팸(S)일 때 '**친애하는**dear'이라는 단어가 존재할 확률은...

$$p(\text{친애하는} \mid S) = \frac{2}{7} = 0.29$$

스팸 메시지에서 발견한 '친애하는'이라는 단어는 **2**개이고, 스팸 메시지의 모든 단어 수는 **7**이기 때문에...

0.29가 됩니다.

$p(\text{친애하는} \mid S) = 0.29$

$p(\text{친구에게} \mid S) = 0.14$

$p(\text{점심} \mid S) = 0.00$

$p(\text{돈} \mid S) = 0.57$

그리고 스팸 메시지에 있는 모든 단어에 대해 같은 계산을 해줍니다.

⑦ 이제 **사전 확률**을 계산합니다. 예시에서의 **사전 확률**을 설명하면, 사전 확률이란 메세지가 정상인지 스팸인지 여부를 메시지 단어를 보지 않고 단순하게 추측한 내용이라 할 수 있습니다.

NOTE: 사전 확률은 우리가 원하는 어떤 확률이든 사용할 수 있지만 일반적으로 **훈련 데이터**로부터 계산합니다.

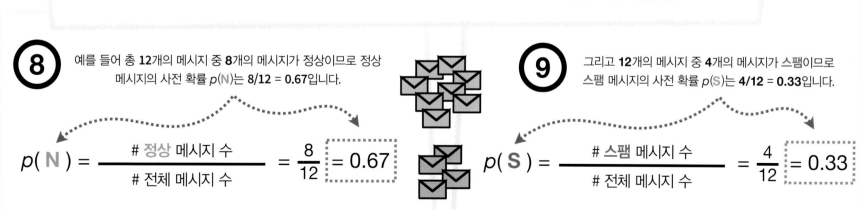

⑧ 예를 들어 총 **12**개의 메시지 중 **8**개의 메시지가 정상이므로 정상 메시지의 사전 확률 $p(N)$는 8/12 = **0.67**입니다.

$$p(N) = \frac{\#\ \text{정상 메시지 수}}{\#\ \text{전체 메시지 수}} = \frac{8}{12} = 0.67$$

⑨ 그리고 **12**개의 메시지 중 **4**개의 메시지가 스팸이므로 스팸 메시지의 사전 확률 $p(S)$는 **4/12 = 0.33**입니다.

$$p(S) = \frac{\#\ \text{스팸 메시지 수}}{\#\ \text{전체 메시지 수}} = \frac{4}{12} = 0.33$$

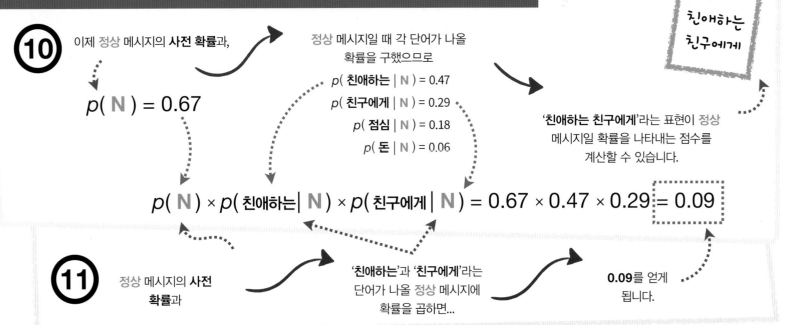

⑩ 이제 정상 메시지의 **사전 확률**과,

$p(N) = 0.67$

정상 메시지일 때 각 단어가 나올 확률을 구했으므로

$p(친애하는 \mid N) = 0.47$
$p(친구에게 \mid N) = 0.29$
$p(점심 \mid N) = 0.18$
$p(돈 \mid N) = 0.06$

친애하는
친구에게

'**친애하는 친구에게**'라는 표현이 정상 메시지일 확률을 나타내는 점수를 계산할 수 있습니다.

$p(N) \times p(친애하는 \mid N) \times p(친구에게 \mid N) = 0.67 \times 0.47 \times 0.29 = 0.09$

⑪ 정상 메시지의 **사전 확률**과

'**친애하는**'과 '**친구에게**'라는 단어가 나올 정상 메시지에 확률을 곱하면...

0.09를 얻게 됩니다.

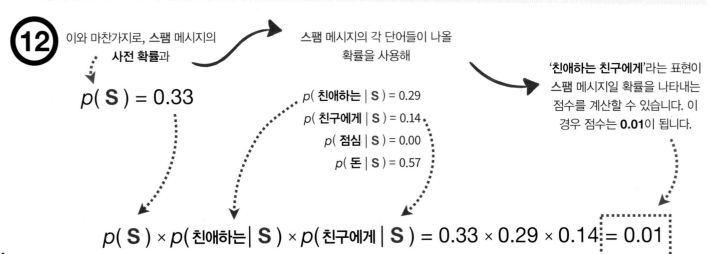

⑫ 이와 마찬가지로, 스팸 메시지의 **사전 확률**과

$p(S) = 0.33$

스팸 메시지의 각 단어들이 나올 확률을 사용해

$p(친애하는 \mid S) = 0.29$
$p(친구에게 \mid S) = 0.14$
$p(점심 \mid S) = 0.00$
$p(돈 \mid S) = 0.57$

'**친애하는 친구에게**'라는 표현이 스팸 메시지일 확률을 나타내는 점수를 계산할 수 있습니다. 이 경우 점수는 **0.01**이 됩니다.

$p(S) \times p(친애하는 \mid S) \times p(친구에게 \mid S) = 0.33 \times 0.29 \times 0.14 = 0.01$

⑬ 다시 복습해봅시다. 우리의 목표는 '**친애하는 친구에게**'라는 메시지가 정상 메시지인지 스팸인지 여부를 구별하는 것입니다.

8개의 정상 메시지와 4개의 스팸 메시지가 있는 **훈련 데이터**를 사용했습니다.

$$p(\,N\,) = \frac{\#정상\ 메시지\ 수}{\#\ 전체\ 메시지\ 수} = 0.67$$

$$p(\,S\,) = \frac{\#스팸\ 메시지\ 수}{\#\ 전체\ 메시지\ 수} = 0.33$$

먼저 정상 혹은 스팸일 수 있는 메시지에 담긴 내용을 보지 않고 추측한 확률인 **사전 확률**을 계산했습니다.

그다음 메시지에 담긴 각 단어의 히스토그램을 만들었습니다.

친애하는   친구에게   점심   돈

그리고 히스토그램을 사용해 확률을 계산했습니다.

$p(\,$**친애하는**$\,|\,N\,) = 0.47$

$p(\,$**친구에게**$\,|\,N\,) = 0.29$

$p(\,$**점심**$\,|\,N\,) = 0.18$

$p(\,$**돈**$\,|\,N\,) = 0.06$

$p(\,$**친애하는**$\,|\,S\,) = 0.29$

$p(\,$**친구에게**$\,|\,S\,) = 0.14$

$p(\,$**점심**$\,|\,S\,) = 0.00$

$p(\,$**돈**$\,|\,S\,) = 0.57$

이제 '**친애하는 친구에게**'라는 메시지를 분류할 수 있게 되었습니다. 왜냐하면 정상 메시지일 확률, 즉 점수는 **0.09**로 해당 메시지가 스팸일 점수(**0.01**)보다 크기 때문에 우리는 이 메시지를 정상 메시지로 구분합니다.

그다음 메시지가 정상 혹은 스팸일 조건에 따라 **사전 확률**과 각 단어가 나올 확률로 '**친애하는 친구에게**'라는 메시지의 점수를 계산합니다.

$p(N) \times p(\,$**친애하는**$\,|\,N\,) \times p(\,$**친구에게**$\,|\,N\,) = 0.67 \times 0.47 \times 0.29 = 0.09$

$p(S) \times p(\,$**친애하는**$\,|\,S\,) \times p(\,$**친구에게**$\,|\,S\,) = 0.33 \times 0.29 \times 0.14 = 0.01$

친애하는 친구에게

BAM!!!

⑭ **나이브 베이즈**라는 명칭에서 **나이브**란 모든 단어를 단순하게 독립적으로 취급하기에 붙여졌습니다. 즉, 단어 순서나 문장 자체를 고려하진 않는다는 뜻입니다.

따라서 '**친애하는 친구에게**'와 '**친구에게 친애하는**'의 점수는 **0.09**로 동일합니다.

$$p(N) \times p(\text{친구에게} \mid N) \times p(\text{친애하는} \mid N) = 0.67 \times 0.47 \times 0.29 = 0.09$$

$$p(N) \times p(\text{친애하는} \mid N) \times p(\text{친구에게} \mid N) = 0.67 \times 0.29 \times 0.47 = 0.09$$

⑮ 또한 이론적으로 **결측치**missing data가 문제를 야기할 수 있습니다. 마지막 예제에서 **점심**lunch이라는 단어는 어떠한 스팸에서도 나타나지 않았습니다.

이 뜻은 스팸 메시지에서 **점심**이라는 단어가 나올 확률이 **0**이라는 뜻입니다.

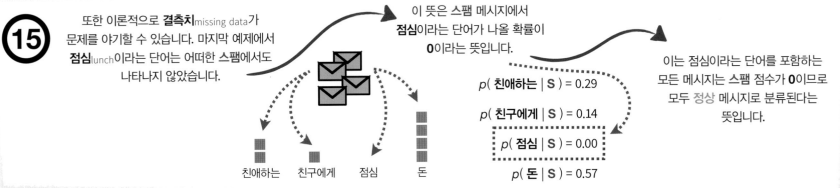

$$p(\text{친애하는} \mid S) = 0.29$$
$$p(\text{친구에게} \mid S) = 0.14$$
$$p(\text{점심} \mid S) = 0.00$$
$$p(\text{돈} \mid S) = 0.57$$

친애하는 친구에게 점심 돈

이는 점심이라는 단어를 포함하는 모든 메시지는 스팸 점수가 **0**이므로 모두 정상 메시지로 분류된다는 뜻입니다.

⑯ 예를 들어 이 메시지를 살펴보면... ·······▶ **돈 돈 돈 돈 점심**

$$p(S) \times p(\text{돈} \mid S) \times p(\text{돈} \mid S) \times p(\text{돈} \mid S) \times p(\text{돈} \mid S) \times p(\text{점심} \mid S)$$

돈이라는 단어가 많고 반복적으로 나와 **스팸**일 확률이 높아보입니다.

점수를 계산해보면...

하지만 $p(\text{점심} \mid S) =$ **0**이고, **0**에 어떤 값을 곱하든 **0**이므로 항상 **0**이라는 값을 얻게 됩니다.

$$= 0.33 \times 0.57 \times 0.57 \times 0.57 \times 0.57 \times 0 = 0$$

다행히도 결측치 문제를 다룰 수 있는 쉬운 방법이 있습니다!!! 계속 다음 페이지를 읽어주세요.

다항 나이브 베이즈: 결측치 다루기

 결측치는 **나이브 베이즈** 혹은 히스토그램에 기반하는 알고리즘에 문제를 야기할 수 있습니다. **3장**에서 살펴봤듯 **훈련 데이터**가 충분히 크지 않다면 결측치를 갖기 쉽습니다.

따라서 **나이브 베이즈**는 결측치 문제를 각 단어에 대한 **근사수**pseudo-count(혹은 가짜 빈도 수)를 추가하는 방법으로 제거했습니다.

 근사수란 각 단어에 더해지는 추가 값이며, 일반적으로 **근사수**를 더한다고 하면 각 단어에 **1**을 더하는 것이라 간주할 수 있습니다. 그림에서는 **검은색 박스**로 **근사수**를 표현했습니다.

NOTE: 결측치가 있는 단어는 하나뿐이지만 모든 단어에 **근사수**를 더합니다.

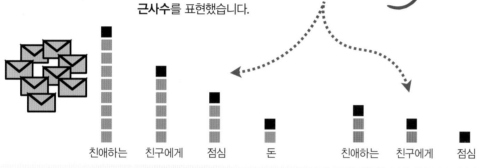

친애하는　친구에게　점심　돈　　친애하는　친구에게　점심　돈

3 히스토그램에 **근사수**를 더한 후 이전과 동일한 방식으로 확률을 계산합니다. 다른 점은 **근사수**가 계산에 포함되어 있다는 것뿐입니다.

$$p(\text{친애하는} \mid \mathbf{N}) = \frac{8+1}{17+4} = 0.43$$

$p(\text{친애하는} \mid \mathbf{N}) = 0.43$	$p(\text{친애하는} \mid \mathbf{S}) = 0.27$
$p(\text{친구에게} \mid \mathbf{N}) = 0.29$	$p(\text{친구에게} \mid \mathbf{S}) = 0.18$
$p(\text{점심} \mid \mathbf{N}) = 0.19$	$p(\text{점심} \mid \mathbf{S}) = 0.09$
$p(\text{돈} \mid \mathbf{N}) = 0.10$	$p(\text{돈} \mid \mathbf{S}) = 0.45$

4 이제 이 메시지의 점수를 계산합니다.

돈 돈 돈 돈 점심

5 **돈 돈 돈 돈 점심**이라는 메시지는 스팸 점수(**0.00122**)가 정상 점수(**0.00001**)보다 월등히 높기 때문에 **스팸**으로 분류합니다.

$$p(\mathbf{N}) \times p(\text{돈} \mid \mathbf{N})^4 \times p(\text{점심} \mid \mathbf{N}) = 0.67 \times 0.10^4 \times 0.19 = 0.00001$$

$$p(\mathbf{S}) \times p(\text{돈} \mid \mathbf{S})^4 \times p(\text{점심} \mid \mathbf{S}) = 0.33 \times 0.45^4 \times 0.09 = 0.00122$$

SPAM!!!

129

다항 나이브 베이즈 vs. 가우스 나이브 베이즈

① 앞에서 우리는 각 단어와 같은 **이산형** 데이터에 **나이브 베이즈**를 적용하는 방법을 살펴보았습니다.

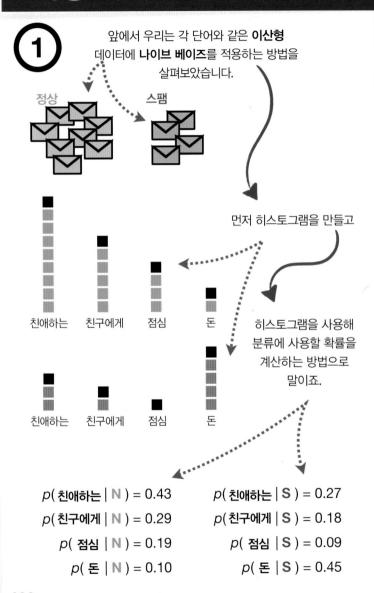

정상   스팸

먼저 히스토그램을 만들고

친애하는   친구에게   점심   돈

히스토그램을 사용해 분류에 사용할 확률을 계산하는 방법으로 말이죠.

친애하는   친구에게   점심   돈

$p($ 친애하는 $|$ **N** $) = 0.43$ $p($ 친애하는 $|$ **S** $) = 0.27$

$p($ 친구에게 $|$ **N** $) = 0.29$ $p($ 친구에게 $|$ **S** $) = 0.18$

$p($ 점심 $|$ **N** $) = 0.19$ $p($ 점심 $|$ **S** $) = 0.09$

$p($ 돈 $|$ **N** $) = 0.10$ $p($ 돈 $|$ **S** $) = 0.45$

② 반대로 **트롤 2**를 좋아하는 **4**명의 팝콘, 탄산음료, 캔디 섭취량 같은 **연속형** 데이터와

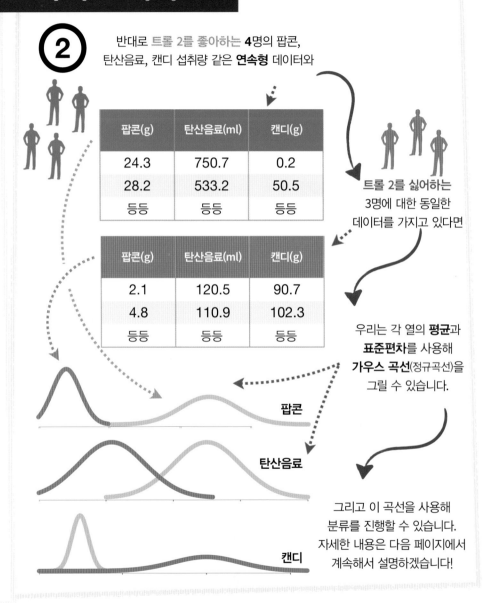

팝콘(g)	탄산음료(ml)	캔디(g)
24.3	750.7	0.2
28.2	533.2	50.5
등등	등등	등등

트롤 2를 싫어하는 3명에 대한 동일한 데이터를 가지고 있다면

팝콘(g)	탄산음료(ml)	캔디(g)
2.1	120.5	90.7
4.8	110.9	102.3
등등	등등	등등

우리는 각 열의 **평균**과 **표준편차**를 사용해 **가우스 곡선**(정규곡선)을 그릴 수 있습니다.

팝콘

탄산음료

캔디

그리고 이 곡선을 사용해 분류를 진행할 수 있습니다. 자세한 내용은 다음 페이지에서 계속해서 설명하겠습니다!

① 먼저 각 **변수**(예측을 위해 사용한 훈련 데이터의 각 열column)의 **가우스 곡선**을 그립니다.

팝콘에서부터 시작해 **트롤 2를 싫어하는** 사람들의 **평균**인 **4**와 **표준편차**인 **2**를 계산하고, 이를 활용해 **가우스 곡선**을 그립니다.

그리고 **트롤 2를 좋아하는** 사람들을 대상으로 평균인 **24**와 표준편차인 **4**를 계산해 **가우스 곡선**을 그립니다.

이와 같은 방식으로 탄산음료와...

캔디 변수도 동일한 계산을 진행합니다.

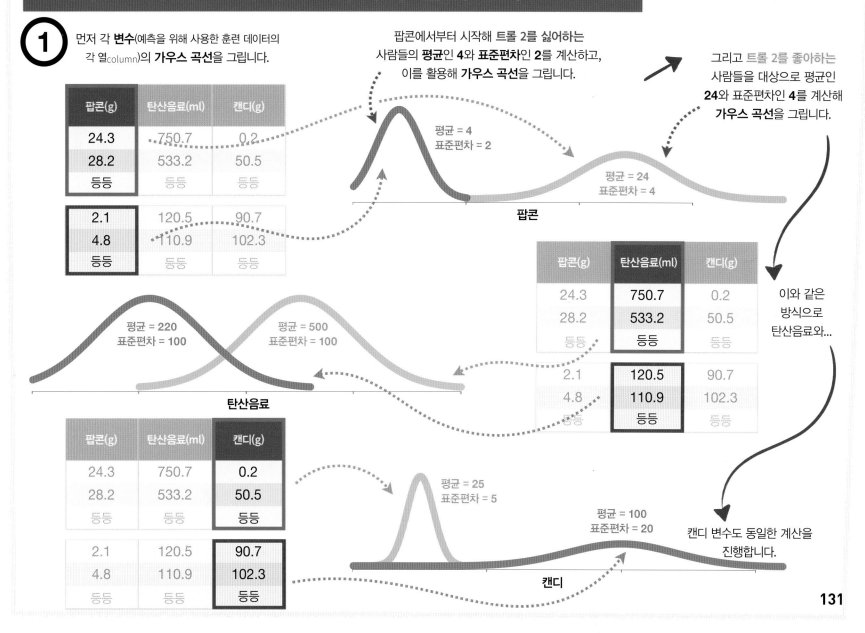

팝콘(g)	탄산음료(ml)	캔디(g)
24.3	750.7	0.2
28.2	533.2	50.5
등등	등등	등등
2.1	120.5	90.7
4.8	110.9	102.3
등등	등등	등등

평균 = 4
표준편차 = 2

팝콘

평균 = 24
표준편차 = 4

팝콘(g)	탄산음료(ml)	캔디(g)
24.3	750.7	0.2
28.2	533.2	50.5
등등	등등	등등
2.1	120.5	90.7
4.8	110.9	102.3
등등	등등	등등

평균 = 220
표준편차 = 100

평균 = 500
표준편차 = 100

탄산음료

팝콘(g)	탄산음료(ml)	캔디(g)
24.3	750.7	0.2
28.2	533.2	50.5
등등	등등	등등
2.1	120.5	90.7
4.8	110.9	102.3
등등	등등	등등

평균 = 25
표준편차 = 5

평균 = 100
표준편차 = 20

캔디

131

② 이제 누군가가 **트롤 2**를 좋아할 **사전 확률**을 계산합니다.

다항 나이브 베이즈에서 했던 것처럼 **사전 확률**은 추측이나, 우리가 원하는 어떤 확률이 될 수 있습니다. 하지만 일반적으로 우리는 이러한 추측을 **훈련 데이터**를 기반으로 합니다.

이 예제에 사용하는 훈련 데이터는 **트롤 2**를 좋아하는 사람 **4명**, 싫어하는 사람 **3명**으로 구성되어 있습니다.

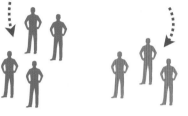

$$p(\text{트롤 2를 좋아함}) = \frac{\text{트롤 2를 좋아하는 사람 수}}{\text{모든 사람 수}} = \frac{4}{4+3} = 0.6$$

③ 누군가가 **트롤 2**를 싫어할 **사전 확률**을 구합니다.

$$p(\text{트롤 2를 싫어함}) = \frac{\text{트롤 2를 싫어하는 사람 수}}{\text{모든 사람 수}} = \frac{3}{4+3} = 0.4$$

④ 새로운 사람(데이터)이 들어왔을 때,

이 사람이 **20g**의 팝콘을 먹고

팝콘

500ml의 탄산음료를 마시고

탄산음료

100g의 캔디를 먹는다고 한다면

캔디

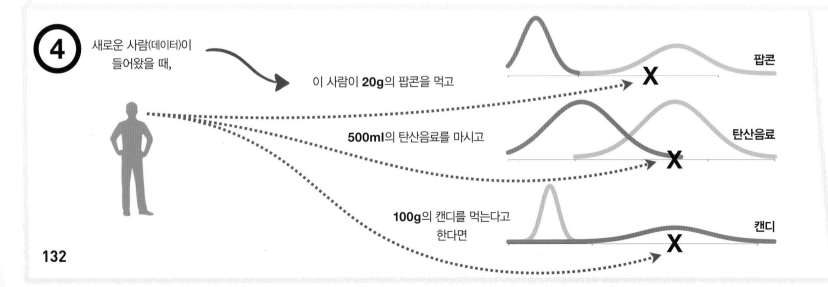

⑤ 우리는 **트롤 2를 좋아할 사전 확률**과

$p($ 트롤 2를 좋아함 $)$

$\times L($ **팝콘** = 20 | 트롤 2를 좋아함 $)$

$\times L($ **탄산음료** = 500 | 트롤 2를 좋아함 $)$

$\times L($ **캔디** = 100 | 트롤 2를 좋아함 $)$

트롤 2를 좋아한다는 조건이 주어졌을 때 **20g**의 팝콘, **500ml**의 탄산음료, **100g**의 캔디에 대응하는 y축 좌푯값인 **우도**를 곱해 트롤 2 선호에 대한 점수를 계산할 수 있습니다.

팝콘

탄산음료

캔디

⑥ **NOTE**: 실젯값을 대입했을 때,

$p($ 트롤 2를 좋아함 $)$ ⟶ 0.6

$\times L($ **팝콘** = 20 | 트롤 2를 좋아함 $)$ ⟶ $\times 0.06$

$\times L($ **탄산음료** = 500 | 트롤 2를 좋아함 $)$ ⟶ $\times 0.004$

$\times L($ **캔디** = 100 | 트롤 2를 좋아함 $)$ ⟶ $\times 0.000000000...001$

캔디의 **우도**는 매우 작은 값인데, **y축 좌표값**이 **0**에 매우 가깝기 때문입니다.

이렇게 되면 연산 과정에서 **0**에 아주 가까워지는 **언더플로** 문제가 발생하게 됩니다.

⑦ **0**에 매우 가까운 수를 곱할 때 발생하는 이러한 문제를 피하기 위해 **로그값**을 취해줍니다(일반적으로 **자연로그**를 취해줍니다). 즉, 다음과 같이 로그값을 취해...

0에 가까운 값을 **0**과 멀어지게 만듭니다.

계산을 하면 트롤 2 선호에 대한 점수는 **-124**입니다.

$\log(0.6 \times 0.06 \times 0.004 \times$ 아주 작은 숫자$) = \log(0.06) + \log(0.004) + \log($아주 작은 숫자$)$

$= -0.51 + -2.8 + -5.52 + -115 \boxed{= -124}$

⑧ 이와 동일하게 트롤 2에 대한 비선호 점수를 계산할 수 있습니다. **사전 확률**에...

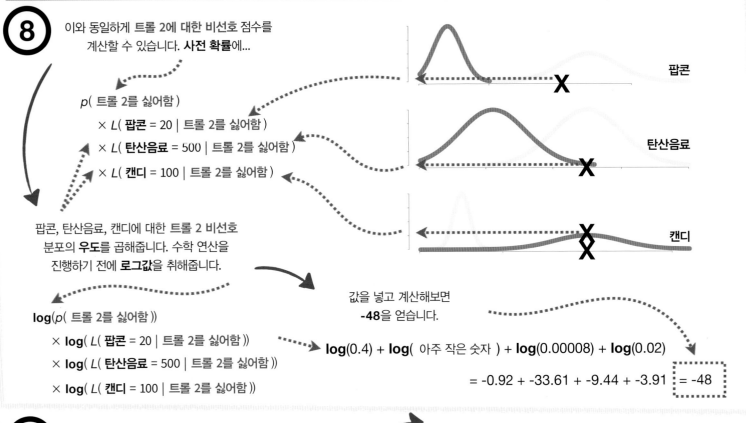

$p($ 트롤 2를 싫어함 $)$

$\times L($ **팝콘** = 20 | 트롤 2를 싫어함 $)$

$\times L($ **탄산음료** = 500 | 트롤 2를 싫어함 $)$

$\times L($ **캔디** = 100 | 트롤 2를 싫어함 $)$

팝콘

탄산음료

캔디

팝콘, 탄산음료, 캔디에 대한 트롤 2 비선호 분포의 **우도**를 곱해줍니다. 수학 연산을 진행하기 전에 **로그값**을 취해줍니다.

값을 넣고 계산해보면 **-48**을 얻습니다.

$\log(p($ 트롤 2를 싫어함 $))$

$\times \log(L($ **팝콘** = 20 | 트롤 2를 싫어함 $))$

$\times \log(L($ **탄산음료** = 500 | 트롤 2를 싫어함 $))$

$\times \log(L($ **캔디** = 100 | 트롤 2를 싫어함 $))$

$\log(0.4) + \log($ 아주 작은 숫자 $) + \log(0.00008) + \log(0.02)$

$= -0.92 + -33.61 + -9.44 + -3.91 = -48$

⑨ 마지막으로, 트롤 2 비선호에 대한 점수(**-48**)가 트롤 2 선호에 대한 점수(**-124**)보다 높으므로 우리는 이 사람을...

트롤 2를 싫어하는 사람으로 분류합니다.

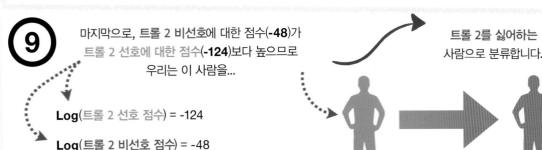

$\mathrm{Log}($트롤 2 선호 점수$) = -124$

$\mathrm{Log}($트롤 2 비선호 점수$) = -48$

DOUBLE BAM!!!

이제 **다항 나이브 베이즈**와 **가우스 나이브 베이즈**에 대해 이해했으니, **자주 묻는 질문(FAQ)**으로 넘어가 보겠습니다.

만약 연속형 데이터가 가우스 분포가 아니라면 계속해서 가우스 나이브 베이즈를 사용해야 할까요?

비록 **가우스 분포**(정규분포)가 가장 자주 보이는 분포이기는 하지만, **나이브 베이즈**는 다른 어떤 통계 분포와도 함께 사용이 가능합니다.

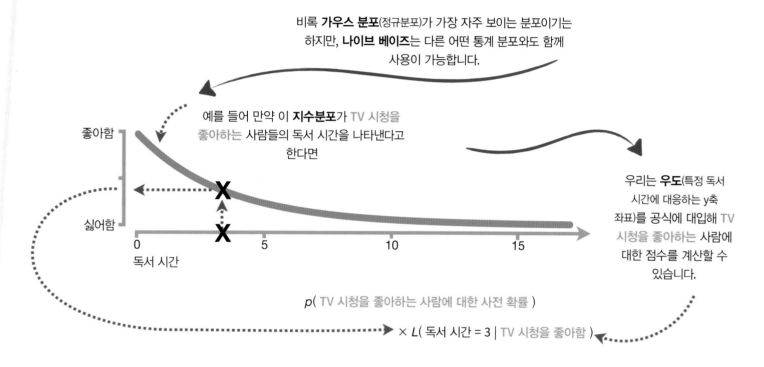

예를 들어 만약 이 **지수분포**가 TV 시청을 좋아하는 사람들의 독서 시간을 나타낸다고 한다면

좋아함

싫어함

0   5   10   15

독서 시간

우리는 **우도**(특정 독서 시간에 대응하는 y축 좌표)를 공식에 대입해 TV 시청을 좋아하는 사람에 대한 점수를 계산할 수 있습니다.

p(TV 시청을 좋아하는 사람에 대한 사전 확률)

× L(독서 시간 = 3 | TV 시청을 좋아함)

하지만 지수분포를 사용하는 데 발생할 수 있는 문제는...

우리는 더 이상 이를 **가우스 나이브 베이즈**라 부를 수 없습니다!!!
그러니 그냥 **지수 나이브 베이즈**exponential naive Bayes라 부릅시다.

멍청한 Bam :)

이산형 데이터와 연속형 데이터를 모두 포함해도 나이브 베이즈를 사용할 수 있나요?

네! **다항 나이브 베이즈**에서 사용했던 히스토그램을 활용한 방법과 **가우스 나이브 베이즈**에서 사용했던 분포적 접근법을 함께 활용하면 됩니다!

나이브 베이즈 방법을 섞으면 어떻게 불러야 할까?

나도 잘 모르겠어. 아마 "나이브 베이즈 디럭스"라고 부르면 되지 않을까?

예를 들어 **정상** 메시지아 **스팸** 메시지에 존재하는 단어를 세어 히스토그램과 확률을 만든 후,

정상 메시지와 **스팸** 메시지를 받고 경과한 시간을 나타내는 지수분포로부터 **우도**를 취해 함께 사용할 수 있습니다.

정상

이산형 데이터인 '**친애하는 친구에게**'라는 내용이 담긴 메시지의 **정상** 점수와 **스팸** 점수를 계산한 후, **연속형** 데이터인 **25초**라는 메시지를 받고 경과한 시간을 결합하여 사용 가능합니다.

시간
24.3
28.2
등등

친애하는   친구에게   점심   돈

$\log(p(\text{정상}))$

$\times \log(p(\text{친애하는} = 20 \mid \text{정상}))$

$\times \log(p(\text{친구에게} = 500 \mid \text{정상}))$

$\times \log(L(\text{시간} = 100 \mid \text{정상}))$

우도

정상 메시지 수신 후 경과한 시간

스팸

친애하는   친구에게   점심   돈

$\log(p(\text{스팸}))$

$\times \log(p(\text{친애하는} = 20 \mid \text{스팸}))$

$\times \log(p(\text{친구에게} = 500 \mid \text{스팸}))$

$\times \log(L(\text{시간} = 100 \mid \text{스팸}))$

시간
5.3
7.1
등등

우도

스팸 메시지 수신 후 경과한 시간

TRIPLE SPAM!!!

나이브 베이즈와 베이즈 정리_{Bayes' theorem} **사이에는 어떤 관계가 있나요?**

결과를 바꾸지 않는 선에서 추가적인 수학 계산을 통해 **베이즈 정리**를 도출할 수 있습니다. 앞에서 계산했던 각 점수를 점수의 총합으로 나누면 베이즈 정리가 됩니다.

두 방정식의 분모가 같기 때문에 결과는 전적으로 분자에 의해 결정됩니다. 따라서 시간을 아끼거나 불필요한 계산 오류를 방지하기 위해 일반적으로 분모는 생략합니다.

small bam.

$$p(\,\text{N}\mid\text{친애하는}\,) = \frac{p(\text{N}) \times p(\,\text{친애하는}\mid\text{N}\,) \times p(\,\text{친구에게}\mid\text{N}\,)}{p(\text{N}) \times p(\,\text{친애하는}\mid\text{N}\,) \times p(\,\text{친구에게}\mid\text{N}\,) + p(\text{S}) \times p(\,\text{친애하는}\mid\text{S}\,) \times p(\,\text{친구에게}\mid\text{S}\,)}$$

$$p(\,\text{S}\mid\text{친애하는}\,) = \frac{p(\text{S}) \times p(\,\text{친애하는}\mid\text{S}\,) \times p(\,\text{친구에게}\mid\text{S}\,)}{p(\text{N}) \times p(\,\text{친애하는}\mid\text{N}\,) \times p(\,\text{친구에게}\mid\text{N}\,) + p(\text{S}) \times p(\,\text{친애하는}\mid\text{S}\,) \times p(\,\text{친구에게}\mid\text{S}\,)}$$

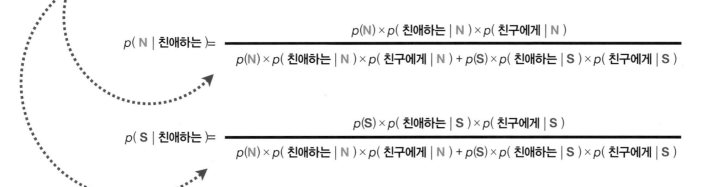

이봐, 노말사우르스. 분류 알고리즘 두 가지를 배웠는데 어떤 알고리즘을 선택할지는 어떻게 정하지?

좋은 질문이야! 질문에 대한 답은 다음 장에 있어. 계속 읽어보자.

137

Chapter 08

모델 성능 평가하기!!!

모델 성능 평가하기: 주요 개념

① **문제**: 여기 아래와 같은 데이터셋이 있고, 이 데이터를 사용해 심장병을 예측하고 싶습니다. 우리는 사전에 어떤 모델이 가장 좋은 예측을 할지 모르는 상태입니다.

가슴 통증	혈액 순환	동맥경화	몸무게	심장병
No	No	No	125	No
Yes	Yes	Yes	180	Yes
Yes	Yes	No	210	No
...	...	...	...	...

우리는 **나이브 베이즈**를 선택해야 할까요...

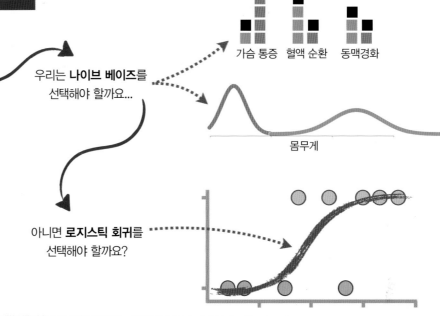

가슴 통증   혈액 순환   동맥경화

몸무게

아니면 **로지스틱 회귀**를 선택해야 할까요?

② **해답**: 어떤 모델이 가장 좋을지 미리 걱정하기보다는 다양한 도구로 두 모델을 모두 사용해보고 성능을 평가할 수 있습니다.

어떤 부분에서 잘했고 잘못했는지를 알려주는 격자 모양의 **혼동 행렬**confusion matrix부터...

	예측값	
	심장병 있음	심장병 없음
심장병 있음	142	22
심장병 없음	29	110

(실젯값)

서로 다른 임곗값에 따른 각 모델의 성능을 쉽게 알려주는 **수신자 조작 특성**receiver operator characteristic(이하 ROC) **곡선** 등 다양한 도구를 사용할 수 있습니다.

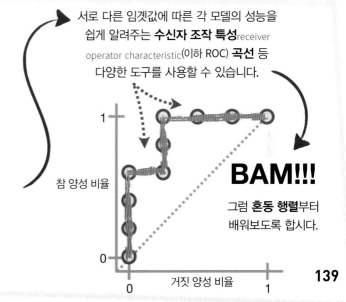

참 양성 비율

거짓 양성 비율

BAM!!!

그럼 **혼동 행렬**부터 배워보도록 합시다.

혼동 행렬: 주요 개념

① 심장병 예측에 활용할 수 있는 다음과 같은 데이터가 있습니다. 우리는 **나이브 베이즈**를 사용할지 **로지스틱 회귀**를 사용할지 정해야 합니다.

가슴 통증	혈액 순환	동맥경화	몸무게	심장병
No	No	No	125	No
Yes	Yes	Yes	180	Yes
Yes	Yes	No	210	No
...	...	...	...	...

② 먼저 모델을 두 블록block으로 나눕니다.

그리고 첫 번째 블록을 사용해 **교차검증법**으로 두 모델을 최적화합니다.

가슴 통증	혈액 순환	동맥경화	몸무게	심장병
No	No	No	125	No
...	...	...	...	...

가슴 통증	혈액 순환	동맥경화	몸무게	심장병
Yes	Yes	No	210	No
...	...	...	...	...

③ 그다음 최적화된 **나이브 베이즈** 모델을 두 번째 블록에 적용해 **혼동 행렬**을 만듭니다. 혼동 행렬은 다음 4가지 정보를 제공합니다. **1)** 심장병이 있는 사람들 중에 **정확히** 심장병을 앓고 있을 것이라 예측된 사람 수와...

...**2)** 심장병이 있지만 심장병을 앓고 있지 않을 것이라 **잘못** 예측된 사람 수...

3) 심장병이 없으며, 심장병이 없을 것이라 **정확히** 예측된 사람 수...

		예측값	
		심장병 있음	심장병 없음
실제값	심장병 있음	**142**	22
	심장병 없음	29	**110**

그리고 마지막으로 **4)** 심장병이 없는데 심장병이 있을 것이라 **잘못** 예측된 사람 수입니다.

④ 이제 최적화된 **로지스틱 회귀** 모델로 혼동 행렬을 만들어봅시다.

		예측값	
		Yes	No
실제값	Yes	**137**	22
	No	29	**115**

로지스틱 회귀는 **심장병이 없는** 사람들을 정확히 맞힌 반면에 **나이브 베이즈**는 **심장병을 가진** 사람들을 더 정확히 예측했습니다.

이제 **심장병을 가진 사람**을 예측할지, 아니면 **심장병이 없는 사람**을 예측할지에 따라 사용할 모델을 결정하면 됩니다.

BAM!!

① 실젯값과 예측값이 모두 'Yes'라면 **참 양성**true positive(혹은 실제 양성)이라 부릅니다.

실젯값은 'Yes'지만 예측값이 'No'일 때는 **거짓 음성**false negative이라 합니다.

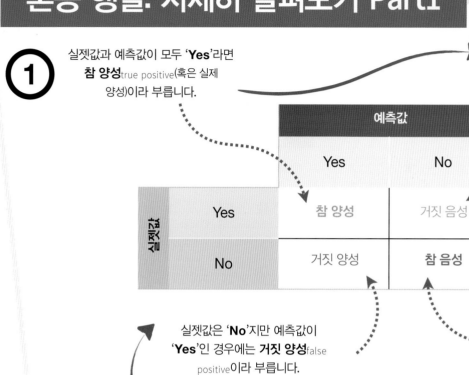

		예측값	
		Yes	No
실젯값	Yes	참 양성	거짓 음성
	No	거짓 양성	참 음성

실젯값은 'No'지만 예측값이 'Yes'인 경우에는 **거짓 양성**false positive이라 부릅니다.

실젯값과 예측값이 모두 'No'로 일치할 경우 **참 음성**true negative (혹은 실제 음성)이라 부릅니다.

이봐, **노말사우르스**. 살아오면서 많은 행렬을 봐왔지만 **혼동 행렬**이 가장 혼동되지 않는 행렬인 것 같아.

맞아!

혼동 행렬: 자세히 알아보기 Part2

② 'Yes'와 'No'처럼 두 가지가 가능한 결괏값만 있다면

이에 해당하는 혼동 행렬은 각각 Yes와 No 2개의 행과 2개의 열을 가진 2 × 2 형태 행렬입니다.

가슴 통증	혈액 순환	동맥경화	몸무게	심장병
No	No	No	125	No
Yes	Yes	Yes	180	Yes
Yes	Yes	No	210	No
…	…	…	…	…

		예측값	
		심장병 있음	심상병 없음
실젯값	심장병 있음	142	22
	심장병 없음	29	110

③ 만약 가능한 결과가 여기 이 데이터의 '**트롤 2**Troll2', '**고어 폴리스**Gore Police', '**사랑과 음악**Cool as Ice'처럼 선택 가능한 **3**종류 영화라면…

이에 해당하는 **혼동 행렬**은 3개의 행과 3개의 열을 가질 것입니다.

설국열차	기생충	옥자	미나리	좋아하는 영화
Yes	No	Yes	Yes	트롤 2
No	No	Yes	No	고어 폴리스
No	Yes	Yes	Yes	사랑과 음악
…	…	…	…	…

		예측값		
		트롤 2	고어 폴리스	사랑과 음악
실젯값	트롤 2	142	22	..
	고어 폴리스	29	110	..
	사랑과 음악	..	..	…

④ 일반적으로 행렬의 크기는 우리가 예측하려는 분류 수에 해당합니다.

Bam.

⑤ 안타깝게도 **혼동 행렬**에 대한 정해진 양식은 없습니다. 많은 경우에 열은 실젯값 혹은 알려진 분류를 반영하고, 열은 예측값을 나타냅니다.

어떤 경우에는 행이 예측값을 반영하고 열에는 실제 혹은 알려진 분류 값을 나타냅니다.

따라서 **혼동 행렬**을 해석하기 전에 레이블label을 잘 확인해야 합니다.

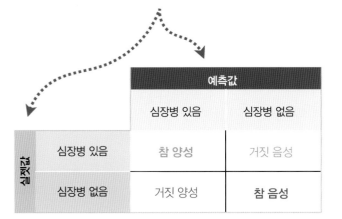

		예측값	
		심장병 있음	심장병 없음
실젯값	심장병 있음	참 양성	거짓 음성
	심장병 없음	거짓 양성	참 음성

		실젯값	
		심장병 있음	심장병 없음
예측값	심장병 있음	참 양성	거짓 양성
	심장병 없음	거짓 음성	참 음성

이봐, **노말사우르스**. **혼동 행렬**은 조심하지 않으면 정말 혼동될 것 같아.

맞아!

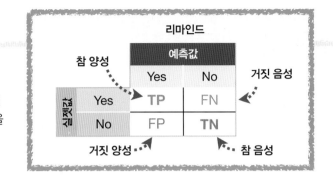

리마인드

실젯값	예측값	Yes	No
	Yes	**TP**	FN
	No	FP	**TN**

참 양성 → TP · 거짓 음성 → FN · 거짓 양성 → FP · 참 음성 → TN

⑥ 마지막으로, 우리가 **나이브 베이즈**와 **로지스틱 회귀**의 혼동 행렬을 비교할 때...

두 행렬이 동일한 숫자의 **거짓 음성**(22개)과 **거짓 양성**(29개)을 가지고 있기 때문에

나이브 베이즈

실젯값	예측값	Yes	No
	Yes	**142**	22
	No	29	**110**

로지스틱 회귀

실젯값	예측값	Yes	No
	Yes	**137**	22
	No	29	**115**

우리는 **참 양성**(142 vs. 137) 개수만 보고 **나이브 베이즈**가 심장병이 있는 사람들을 예측하는 데 더 뛰어나다고 판단할 수 있었습니다. 마찬가지로 **참 음성**(110 vs. 115)을 비교함으로써 **로지스틱 회귀**가 심장병이 없는 사람들을 예측하는 데 더 뛰어나다는 사실도 쉽게 알 수 있었습니다.

⑦ 그러면 만약에 서로 개수가 다른 **거짓 음성**과 **거짓 양성**을 가지고 있다면 어떨까요?

우리는 **나이브 베이즈**가 심장병이 있는 사람을 더 잘 예측한다고 알 수 있지만 얼마나 더 뛰어난지 정량적으로 설명하기엔 조금 복잡해졌습니다. 왜냐하면 **참 양성**(142 vs. 139)과 **거짓 음성**(29 vs. 32)을 비교해야 하기 때문이죠.

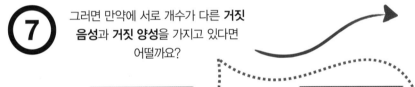

나이브 베이즈

실젯값	예측값	Yes	No
	Yes	**142**	29
	No	22	**110**

로지스틱 회귀

실젯값	예측값	Yes	No
	Yes	**139**	32
	No	20	**112**

마찬가지로 **로지스틱 회귀**가 심장병이 없는 사람을 예측하는 데 뛰어나다고 말할 수는 있지만 **참 음성**(110 vs. 112)과 **거짓 양성**(22 vs. 20)을 고려했을 때 정량화하기에는 복잡해집니다.

⑧ 좋은 소식은 **참 양성**과 **거짓 양성**, 그리고 **참 음성**과 **거짓 음성**의 여러 조합을 포함해 알고리즘 성능 차이를 쉽게 정량화해주는 **지표**metric가 있다는 사실입니다. 먼저 살펴볼 지표는 **민감도**sensitivity와 **특이도**specificity입니다.

BAM!!!

민감도와 특이도: 주요 개념

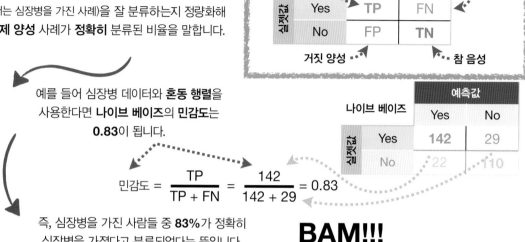

리마인드

실제값		예측값 Yes	예측값 No
	Yes	TP	FN
	No	FP	TN

참 양성 → TP, 거짓 음성 → FN, 거짓 양성 → FP, 참 음성 → TN

① 나이브 베이즈와 같은 알고리즘이 **실제 양성**(예제에서는 심장병을 가진 사례)을 잘 분류하는지 정량화해 알고 싶다면 **민감도**를 계산해야 합니다. 민감도란 **실제 양성** 사례가 **정확히** 분류된 비율을 말합니다.

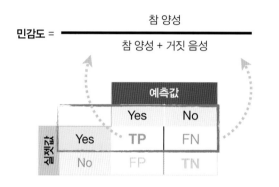

$$민감도 = \frac{참\ 양성}{참\ 양성 + 거짓\ 음성}$$

실제값		예측값 Yes	예측값 No
	Yes	TP	FN
	No	FP	TN

예를 들어 심장병 데이터와 **혼동 행렬**을 사용한다면 **나이브 베이즈의 민감도**는 **0.83**이 됩니다.

나이브 베이즈

실제값		예측값 Yes	예측값 No
	Yes	**142**	29
	No	22	110

$$민감도 = \frac{TP}{TP + FN} = \frac{142}{142 + 29} = 0.83$$

즉, 심장병을 가진 사람들 중 **83%**가 정확히 심장병을 가졌다고 분류되었다는 뜻입니다.

BAM!!!

② **로지스틱 회귀**와 같은 알고리즘이 **실제 음성**(이 예제에서는 심장병이 없는 사례)을 잘 분류하는지 정량화해 알고 싶다면 **특이도**를 계산해야 합니다. 특이도란 **실제 음성** 사례가 정확히 분류된 비율을 말합니다.

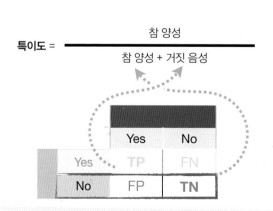

$$특이도 = \frac{참\ 양성}{참\ 양성 + 거짓\ 음성}$$

		Yes	No
	Yes	TP	FN
	No	FP	TN

예를 들어 심장병 데이터와 **혼동 행렬**을 사용한다면 **로지스틱 회귀의 특이도는 0.85**가 됩니다.

로지스틱 회귀

실제값		예측값 Yes	예측값 No
	Yes	139	32
	No	20	**112**

$$특이도 = \frac{TN}{TN + FP} = \frac{112}{112 + 20} = 0.85$$

즉, 심장병이 없는 사람들 중 **85%**가 정확히 심장병이 없다고 분류되었다는 뜻입니다.

DOUBLE BAM!!!

이제 **정밀도**와 **재현율**에 대해 알아봅시다.

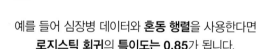

정밀도와 재현율: 주요 개념

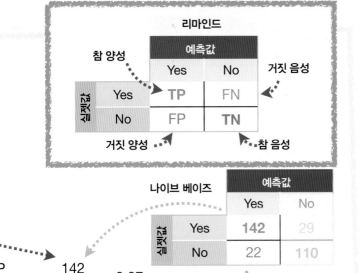

① 정밀도precision는 **혼동 행렬**을 요약할 수 있는 지표 중 하나입니다. 정밀도는 **양성**으로 예측된 결과 중(즉, **참 양성과 거짓 양성** 모두) **정확히** 분류된 비율을 나타냅니다.

$$\text{정밀도} = \frac{\text{참 양성}}{\text{참 양성} + \text{거짓 음성}}$$

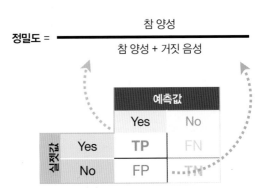

예를 들어 심장병 데이터와 **혼동 행렬**을 사용한다면 **나이브 베이즈**의 정밀도는 **0.87**이 됩니다.

$$\text{정밀도} = \frac{TP}{TP + FP} = \frac{142}{142 + 22} = 0.87$$

즉, 우리가 심장병이 있을 것이라 예측한 **164명** 중 **87%**가 실제로 심장병을 가지고 있었다는 뜻입니다. 다른 말로, **정밀도**는 양성 결과에 대한 **퀄리티**quality를 말해줍니다. 즉, 높은 **정밀도**는 높은 퀄리티의 양성 결과를 뜻합니다.

② 재현율recall의 또 다른 이름은 **실제 양성** 중 **정확히** 양성으로 분류된 비율을 뜻하는 **민감도**입니다. 왜 같은 지표에 대해 두 가지 다른 이름을 사용하는 것일까요? 사실 답은 저도 모릅니다.

$$\text{재현율} = \text{민감도} = \frac{\text{참 양성}}{\text{참 양성} + \text{거짓 음성}}$$

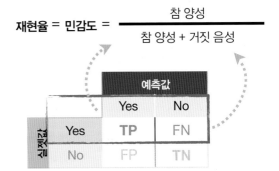

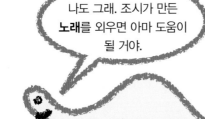

이봐, **노말사우르스**. 민감도, 특이도, **정밀도, 재현율**의 의미가 너무 헷갈려.

나도 그래. 조시가 만든 **노래**를 외우면 아마 도움이 될 거야.

민감도, 특이도, 정밀도, 재현율 노래!

민감도는 정확히 예측된 참 양성 비율이야 ~
특이도는 정확히 예측된 참 음성 비율이야 ~

정밀도는 조금 달라. 정밀도는 정확히 예측된 양성 비율이야

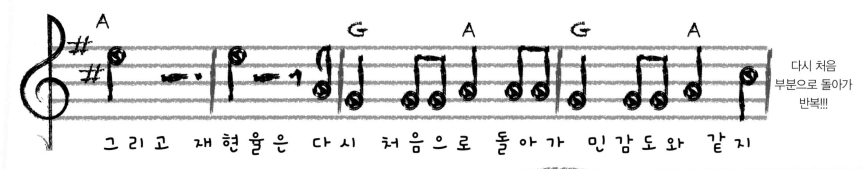

그리고 재현율은 다시 처음으로 돌아가 민감도와 같지

다시 처음 부분으로 돌아가 반복!!!

만세!!!

이제 **참 양성 비율**과 **거짓 양성 비율**에 대해 알아보자.

147

① **참 양성 비율**true positive rate은 **재현율**과 같은 뜻입니다. 그리고 재현율은 **민감도**와 같은 뜻이죠. 정말입니다. 우리는 정확히 분류된 실제 양성 비율이라는 뜻의 3가지 다른 이름을 배운 것입니다.

$$\text{실제 양성 비율} = \text{재현율} = \text{민감도} = \frac{\text{참 양성}}{\text{참 양성} + \text{거짓 음성}}$$

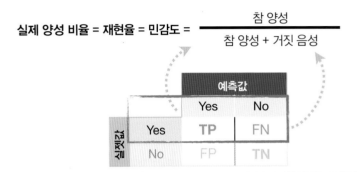

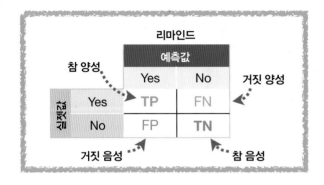

리마인드

② **거짓 양성 비율**false positive rate은 잘못 분류된 **실제 음성** 비율을 뜻합니다. 예제에서는 실제로 심장병이 없지만 잘못 분류된 사람들이 여기 속합니다.

$$\text{거짓 양성 비율} = \frac{\text{거짓 양성}}{\text{거짓 양성} + \text{실제 음성}}$$

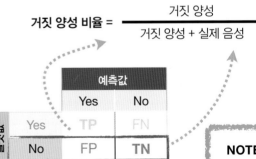

③ 이제 각 혼동 행렬을 요약하는 데 사용할 수 있는 멋진 용어들을 배웠습니다. BAM?

솔직히 말하면 **재미있는 노래**와 함께라도 이 모든 멋진 용어들을 외우는 일은 쉽지 않습니다. 하지만 이후 매우 유용하게, 그리고 무척 자주 사용될 지표의 기본이 됩니다. 바로 **ROC**와 **정밀도 재현율 그래프**precision-recall graph(혹은 **P-R** 곡선)입니다.

NOTE: 특이도는 정확하게 분류된 실제 **음성** 비율입니다. 따라서 **거짓 양성 비율 = 1 – 특이도**입니다...
그리고...
특이도 = 1 – 거짓 양성 비율
이 됩니다.

BAM!!!

① 6장에서 우리는 **로지스틱 회귀**를 사용해 누군가가 트롤 2를 좋아할지 여부를 예측했습니다. 그리고 분류의 임곗값은 일반적으로 **50%**로 설정한다고 이야기했죠.

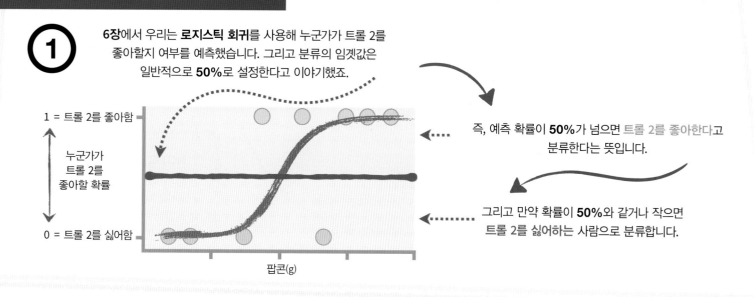

1 = 트롤 2를 좋아함

누군가가
트롤 2를
좋아할 확률

0 = 트롤 2를 싫어함

팝콘(g)

즉, 예측 확률이 **50%**가 넘으면 트롤 2를 좋아한다고 분류한다는 뜻입니다.

그리고 만약 확률이 **50%**와 같거나 작으면 트롤 2를 싫어하는 사람으로 분류합니다.

② 이제 **50%** 분류 임곗값을 사용해 **훈련 데이터를 분류**할 수 있습니다.

그리고 **혼동 행렬**을 만듭니다.

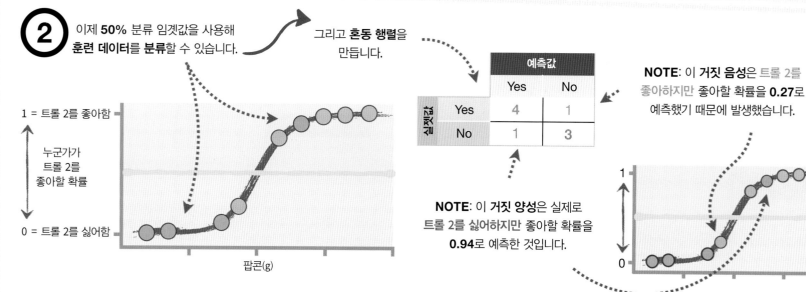

1 = 트롤 2를 좋아함

누군가가
트롤 2를
좋아할 확률

0 = 트롤 2를 싫어함

팝콘(g)

		예측값	
		Yes	No
실젯값	Yes	4	1
	No	1	3

NOTE: 이 **거짓 음성**은 트롤 2를 좋아하지만 좋아할 확률을 **0.27**로 예측했기 때문에 발생했습니다.

NOTE: 이 **거짓 양성**은 실제로 트롤 2를 싫어하지만 좋아할 확률을 **0.94**로 예측한 것입니다.

1

0

3 이제 누군가가 **트롤 2**를 좋아하는지 여부를 판단할 때 다른 분류 임곗값을 사용하면 어떻게 되는지 살펴보겠습니다.

예를 들어 만약 **트롤 2**를 좋아하는 사람을 분류하는 것이 매우 중요한 작업이라면 우리는 임곗값을 **0.01**로 설정할 수 있습니다.

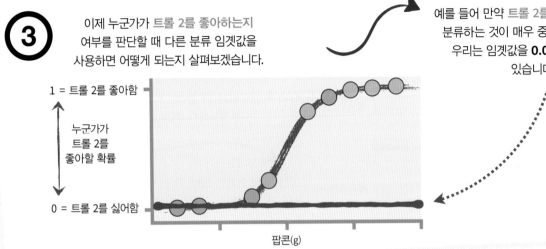

1 = 트롤 2를 좋아함

누군가가 트롤 2를 좋아할 확률

0 = 트롤 2를 싫어함

팝콘(g)

NOTE: 만약 **0.5**가 아닌 다른 분류 임곗값을 사용하는 것이 혼란스럽다면, 에볼라 바이러스를 가진 사람들을 분류하고자 한다고 상상해 보세요. 이 경우 발병 위험을 최소화하기 위해 바이러스를 가진 모든 사람을 정확하게 식별하는 것이 절대적으로 중요합니다. 이는 더 많은 **거짓 양성**이 발생하더라도 임곗값을 낮춘다는 것을 의미합니다.

4 임곗값이 **0.01**일 때 우리는 **트롤 2를 좋아하는** 사람들을 모두 정확하게 구분할 수 있습니다.

이는 **거짓 음성**이 **0**이라는 뜻입니다.

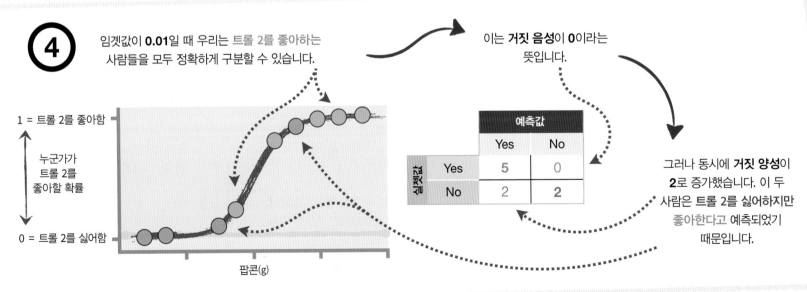

1 = 트롤 2를 좋아함

누군가가 트롤 2를 좋아할 확률

0 = 트롤 2를 싫어함

팝콘(g)

		예측값	
		Yes	No
실젯값	Yes	5	0
	No	2	2

그러나 동시에 **거짓 양성**이 **2**로 증가했습니다. 이 두 사람은 트롤 2를 싫어하지만 좋아한다고 예측되었기 때문입니다.

⑤ 반대로 **트롤 2**를 싫어하는 사람을 구분하는 것이 매우 중요한 작업이라면 분류 임곗값을 **0.95**로 지정할 수 있습니다.

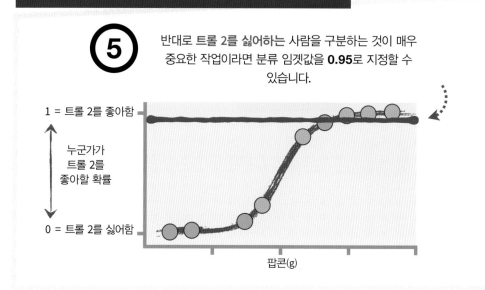

1 = 트롤 2를 좋아함

누군가가
트롤 2를
좋아할 확률

0 = 트롤 2를 싫어함

팝콘(g)

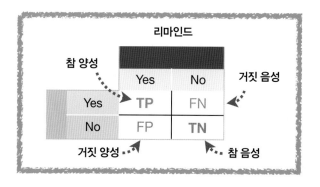

리마인드

	Yes	No
Yes	**TP**	FN
No	FP	**TN**

참 양성 → TP
거짓 음성 → FN
거짓 양성 → FP
참 음성 → TN

⑥ 이 경우 **트롤 2**를 싫어하는 모든 사람을 정확하게 분류했으므로 **거짓 양성**은 **0**건이 됩니다.

그러나 **트롤 2**를 좋아하는 사람을 **트롤 2**를 싫어한다고 잘못 분류했기 때문에 **거짓 음성**은 **2**건이 됩니다.

결과적으로 이러한 **혼동 행렬**이 나오게 됩니다.

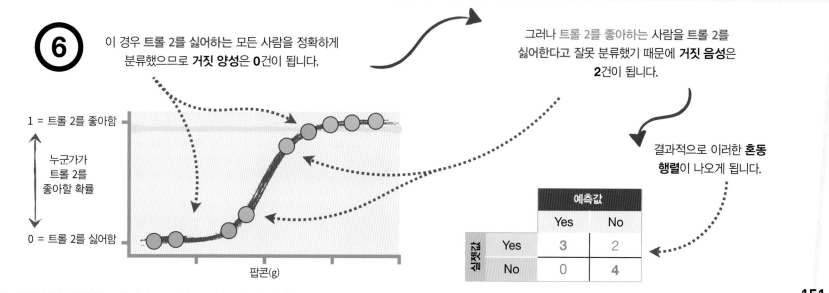

1 = 트롤 2를 좋아함

누군가가
트롤 2를
좋아할 확률

0 = 트롤 2를 싫어함

팝콘(g)

		예측값	
		Yes	No
실젯값	Yes	3	2
	No	0	4

⑦ 물론 분류 임곗값을 **0**으로 설정할 수도 있습니다. 그리고 모든 사람이 트롤 2를 좋아한다고 분류할 수 있겠죠.

그러면 다음과 같은 **혼동 행렬**이 나오게 됩니다.

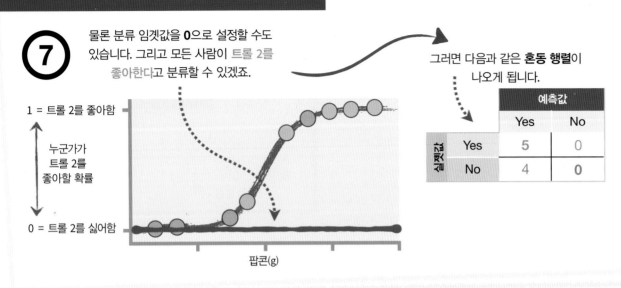

		예측값	
		Yes	No
실젯값	Yes	5	0
	No	4	0

⑧ 혹은 분류 임곗값을 **1**로 설정해 모든 사람이 트롤 2를 싫어한다고 분류할 수도 있습니다.

그렇게 된다면 **혼동 행렬** 모양은 아래와 같을 것입니다.

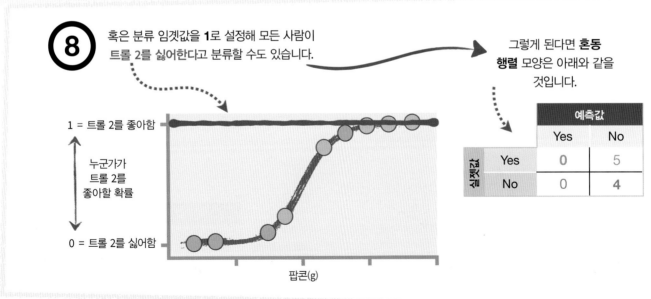

		예측값	
		Yes	No
실젯값	Yes	0	5
	No	0	4

⑨ 결론적으로, 우리는 **0**에서 **1** 사이의 어떤 분류 임곗값이든 실험해볼 수 있습니다.

우리는 **10**개의 서로 다른 **혼동 행렬**을 만들 수 있을 것입니다. (**NOTE**: 각 **혼동 행렬**의 임곗값은 정확히 동일한 **혼동 행렬**을 만드는 여러 원인 중 하나입니다)

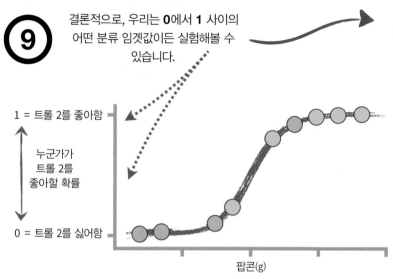

1 = 트롤 2를 좋아함

누군가가 트롤 2를 좋아할 확률

0 = 트롤 2를 싫어함

팝콘(g)

예측값		
	Yes	No
실젯값 Yes	5	0
실젯값 No	4	0

임곗값 = 0

예측값		
	Yes	No
실젯값 Yes	5	0
실젯값 No	3	1

임곗값 = 0.007

예측값		
	Yes	No
실젯값 Yes	5	0
실젯값 No	2	2

임곗값 = 0.0645

예측값		
	Yes	No
실젯값 Yes	5	0
실젯값 No	1	3

임곗값 = 0.195

예측값		
	Yes	No
실젯값 Yes	4	1
실젯값 No	1	3

임곗값 = 0.5

예측값		
	Yes	No
실젯값 Yes	3	2
실젯값 No	1	3

임곗값 = 0.87

예측값		
	Yes	No
실젯값 Yes	3	2
실젯값 No	0	4

임곗값 = 0.95

예측값		
	Yes	No
실젯값 Yes	2	3
실젯값 No	0	4

임곗값 = 0.965

예측값		
	Yes	No
실젯값 Yes	1	4
실젯값 No	0	4

임곗값 = 0.975

예측값		
	Yes	No
실젯값 Yes	0	5
실젯값 No	0	4

임곗값 = 1

윽!!! 모든 **혼동 행렬** 중에 가장 이상적인 분류 임곗값을 찾아내는 일은 매우 지루하고 귀찮습니다. 이 모두를 합쳐 하나의 해석하기 쉬운 그래프로 만들 수는 없을까요?

YES!!!

운 좋게도 이것이 바로 **ROC** 그래프가 하는 일입니다!!!

ROC는 **수신자 조작 특성**receiver operating characteristic의 약자입니다. 이 이름은 세계 2차 대전 중 수신된 레이더 신호에서 전투기 신호를 정확하게 찾기 위해 요약한 그래프에서 유래되었습니다.

⑩ **ROC** 그래프는 좋은 분류 임곗값을 찾고자 할 때 큰 도움을 줍니다. ROC 그래프는 **참 양성 비율**true positive rate과 **거짓 양성 비율**false positive rate 관점에서 각 임곗값이 얼마나 좋은 성능을 내는지 한 번에 요약해주기 때문입니다.

ⓐ **ROC** 그래프의 각 **회색 점**은 특정 분류 임곗값에 해당하는 **참 양성 비율**과 **거짓 양성 비율**을 나타냅니다.

ⓔ 동일한 높이에 있는 점들 중에는 왼쪽에 위치할수록 더 좋은 성능을 낸다는 사실을 한눈에 알 수 있습니다. 왜냐하면 **참 양성 비율**은 모두 동일하지만 왼쪽에 있을수록 **거짓 양성 비율**이 더 낮기 때문입니다.

ⓑ y축을 따라 더 높은 위치에 있는 점은 **정확하게** 분류된 실제 **양성** 비율이 더 높습니다.

참 양성 비율(혹은 민감도 or 재현율)

1

0

0   거짓 양성 비율   1
(혹은 1-특이도)

ⓓ 대각선은 **참 양성 비율**과 **거짓 양성 비율**이 동일함을 나타냅니다.

ⓒ 그리고 x축을 따라 왼쪽으로 갈수록 **잘못** 분류된 실제 **음성** 비율이 낮아집니다.

⑪ 이제 **ROC** 그래프의 주요 개념을 이해했으니 자세한 내용을 살펴보도록 하겠습니다!!!

ROC: 자세히 살펴보기 Part 1

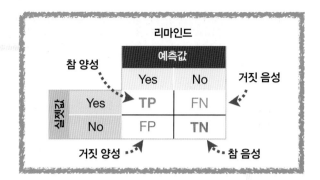

리마인드

		예측값	
		Yes	No
실젯값	Yes	**TP**	FN
	No	FP	**TN**

참 양성 → TP
거짓 음성 → FN
거짓 양성 → FP
참 음성 → TN

① ROC 그래프가 어떻게 작동하는지 더 잘 이해하기 위해 처음부터 차근차근 그려보겠습니다. 먼저 모든 사람을 트롤 2를 싫어하는 사람으로 분류하는 분류 임곗값인 **1**을 사용해보겠습니다.

1 = 트롤 2를 좋아함

누군가가
트롤 2를
좋아할 확률

0 = 트롤 2를 싫어함

팝콘(g)

분류 임곗값을 **1**로 설정하면 얻게 되는 **혼동 행렬**은 다음과 같습니다.

		예측값	
		Yes	No
실젯값	Yes	**0**	5
	No	0	**4**

임곗값 = 1

② **혼동 행렬** 값을 사용하면 **참 양성 비율**을 계산할 수 있습니다.

$$참\ 양성\ 비율 = \frac{참\ 양성}{참\ 양성 + 거짓\ 음성}$$

$$= \frac{0}{0 + 5} = 0$$

③ 그리고 **거짓 양성 비율**도 계산할 수 있습니다.

$$거짓\ 양성\ 비율 = \frac{거짓\ 양성}{거짓\ 양성 + 참\ 음성}$$

$$= \frac{0}{0 + 4} = 0$$

④ 그리고 **(0, 0)** 점을 **ROC** 그래프 위에 그려봅니다.

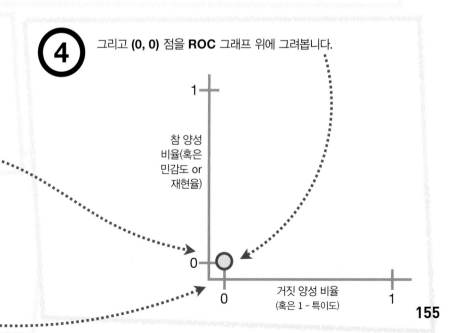

참 양성
비율(혹은
민감도 or
재현율)

거짓 양성 비율
(혹은 1 – 특이도)

155

ROC: 자세히 살펴보기 Part 2

⑤ 이제 한 사람을 트롤 2를 좋아하는 사람으로 분류할 수 있도록 분류 임곗값을 **0.975**로 낮춰보겠습니다.

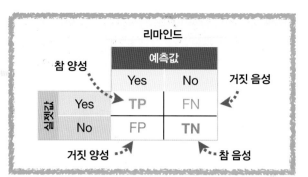

리마인드

		예측값	
		Yes	No
실젯값	Yes	**TP**	FN
	No	FP	**TN**

참 양성 ↗ TP
거짓 음성 ↘ FN
거짓 양성 ↗ FP
참 음성 ↘ TN

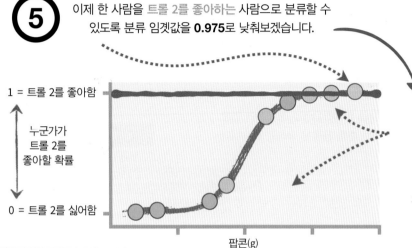

1 = 트롤 2를 좋아함

누군가가
트롤 2를
좋아할 확률

0 = 트롤 2를 싫어함

팝콘(g)

나머지 사람들은 모두 트롤 2를 싫어하는 사람으로 분류됩니다.

혼동 행렬은 다음과 같습니다.

		예측값	
		Yes	No
실젯값	Yes	1	4
	No	0	4

임곗값 = 0.975

⑥ **혼동 행렬** 값을 사용하면 **참 양성 비율**을 계산할 수 있습니다.

$$참\ 양성\ 비율 = \frac{참\ 양성}{참\ 양성\ +\ 거짓\ 음성}$$

$$= \frac{1}{1+4} = 0.2$$

⑦ 그리고 **거짓 양성 비율**도 계산할 수 있습니다.

$$거짓\ 양성\ 비율 = \frac{거짓\ 양성}{거짓\ 양성\ +\ 참\ 음성}$$

$$= \frac{0}{0+4} = 0$$

⑧ 그리고 **(0, 0.2)** 점을 ROC 그래프 위에 그려봅니다.

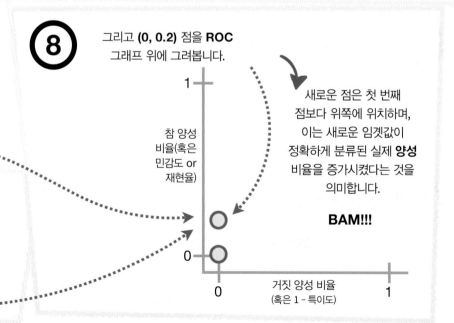

새로운 점은 첫 번째 점보다 위쪽에 위치하며, 이는 새로운 임곗값이 정확하게 분류된 실제 **양성** 비율을 증가시켰다는 것을 의미합니다.

BAM!!!

참 양성
비율(혹은
민감도 or
재현율)

1

0

0

거짓 양성 비율
(혹은 1 - 특이도)

1

(9) 이제 두 사람을 트롤 2를 좋아하는 사람으로 분류할 수 있도록 분류 임곗값을 **0.965**로 낮춰보겠습니다.

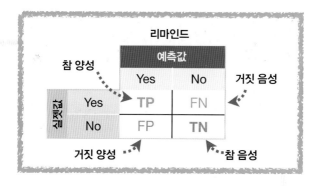

리마인드

		예측값	
		Yes	No
실젯값	Yes	TP	FN
	No	FP	TN

참 양성 → TP
거짓 음성 → FN
거짓 양성 → FP
참 음성 → TN

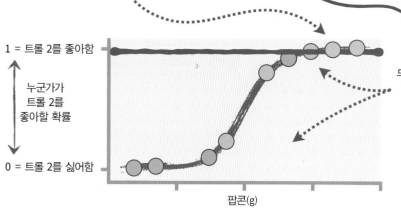

1 = 트롤 2를 좋아함

누군가가 트롤 2를 좋아할 확률

0 = 트롤 2를 싫어함

팝콘(g)

두 명을 제외한 나머지 사람들은 모두 트롤 2를 싫어하는 사람으로 분류됩니다.

혼동 행렬은 다음과 같습니다.

		예측값	
		Yes	No
실젯값	Yes	2	3
	No	0	4

임곗값 = 0.965

(10) **혼동 행렬** 값을 사용하면 **참 양성 비율**을 계산할 수 있습니다.

$$\text{참 양성 비율} = \frac{\text{참 양성}}{\text{참 양성 + 거짓 음성}}$$

$$= \frac{2}{2 + 3} = 0.4$$

(11) 그리고 **거짓 양성 비율**도 계산할 수 있습니다.

$$\text{거짓 양성 비율} = \frac{\text{거짓 양성}}{\text{거짓 양성 + 참 음성}}$$

$$= \frac{0}{0 + 4} = 0$$

(12) 그리고 **(0, 0.4)** 점을 ROC 그래프 위에 그려봅니다.

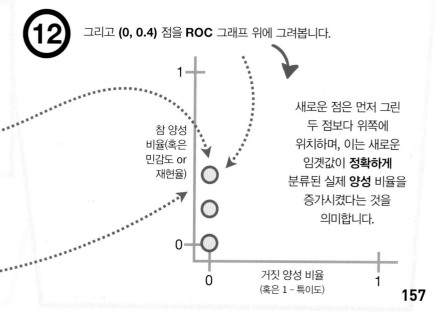

참 양성 비율(혹은 민감도 or 재현율)

새로운 점은 먼저 그린 두 점보다 위쪽에 위치하며, 이는 새로운 임곗값이 **정확하게** 분류된 실제 **양성** 비율을 증가시켰다는 것을 의미합니다.

거짓 양성 비율 (혹은 1 - 특이도)

ROC: 자세히 살펴보기 Part 4

⑬ 이와 같이 **양성**(예제에서는 트롤 2를 좋아하는 사람을 뜻함) 분류 숫자를 증가시키는 각 임곗값에 대해 모든 사람이 양성으로 분류될 때까지 **참 양성 비율**과 **거짓 양성 비율**을 계산할 수 있습니다.

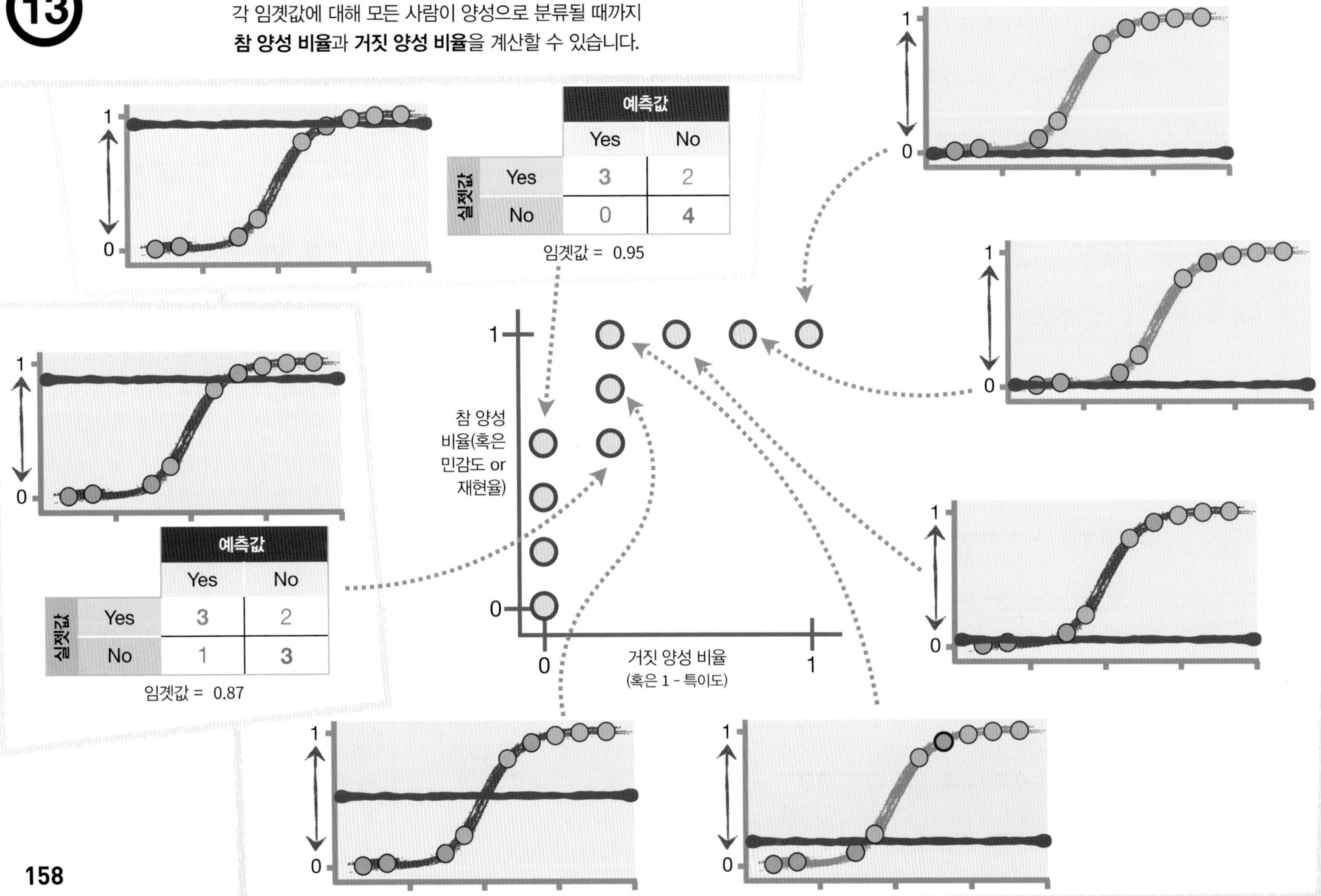

예측값		
	Yes	No
실젯값 Yes	3	2
No	0	4

임곗값 = 0.95

예측값		
	Yes	No
실젯값 Yes	3	2
No	1	3

임곗값 = 0.87

참 양성 비율(혹은 민감도 or 재현율)

거짓 양성 비율 (혹은 1 - 특이도)

158

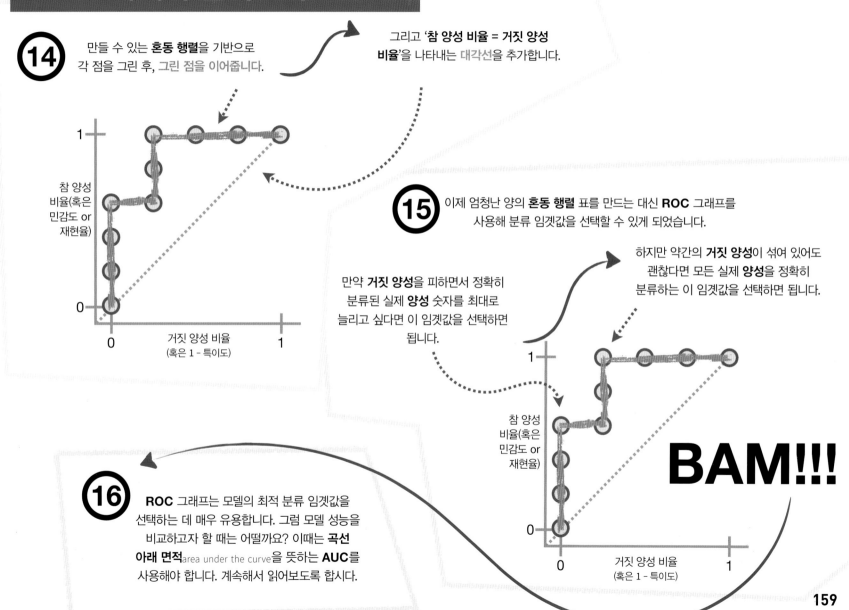

⑭ 만들 수 있는 **혼동 행렬**을 기반으로 각 점을 그린 후, 그린 점을 이어줍니다.

그리고 '**참 양성 비율 = 거짓 양성 비율**'을 나타내는 **대각선**을 추가합니다.

참 양성 비율(혹은 민감도 or 재현율)

거짓 양성 비율 (혹은 1 - 특이도)

⑮ 이제 엄청난 양의 **혼동 행렬** 표를 만드는 대신 **ROC** 그래프를 사용해 분류 임곗값을 선택할 수 있게 되었습니다.

만약 **거짓 양성**을 피하면서 정확히 분류된 실제 **양성** 숫자를 최대로 늘리고 싶다면 이 임곗값을 선택하면 됩니다.

하지만 약간의 **거짓 양성**이 섞여 있어도 괜찮다면 모든 실제 **양성**을 정확히 분류하는 이 임곗값을 선택하면 됩니다.

참 양성 비율(혹은 민감도 or 재현율)

거짓 양성 비율 (혹은 1 - 특이도)

BAM!!!

⑯ **ROC** 그래프는 모델의 최적 분류 임곗값을 선택하는 데 매우 유용합니다. 그럼 모델 성능을 비교하고자 할 때는 어떨까요? 이때는 **곡선 아래 면적**area under the curve을 뜻하는 **AUC**를 사용해야 합니다. 계속해서 읽어보도록 합시다.

AUC: 주요 개념

① **로지스틱 회귀**와 **나이브 베이즈** 두 모델을 만들어 동일한 데이터로 테스트를 한다고 가정해봅시다. 우리는 어떤 모델의 성능이 더 좋은지 알고 싶습니다.

이론적으로 우리는 각 모델의 **ROC** 그래프를 비교해볼 수 있을 것입니다. 만약 우리가 비교할 모델이 두 개뿐이라면 이 방법은 아마도 좋은 옵션이 될 수 있겠죠.

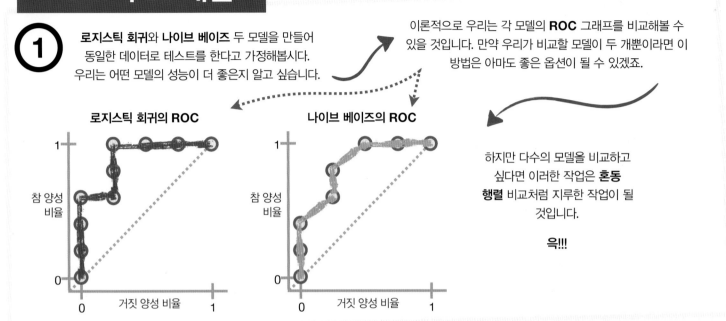

로지스틱 회귀의 ROC

참 양성 비율

거짓 양성 비율

나이브 베이즈의 ROC

참 양성 비율

거짓 양성 비율

하지만 다수의 모델을 비교하고 싶다면 이러한 작업은 **혼동 행렬** 비교처럼 지루한 작업이 될 것입니다.

윽!!!

② 여러 개의 **ROC** 그래프를 비교하는 대신 **AUC**(즉, **각 곡선 아래의 면적**)를 계산해 비교하면 결과를 한 번에 요약할 수 있습니다.

그리고 **나이브 베이즈**의 **AUC**는 **0.85**입니다.

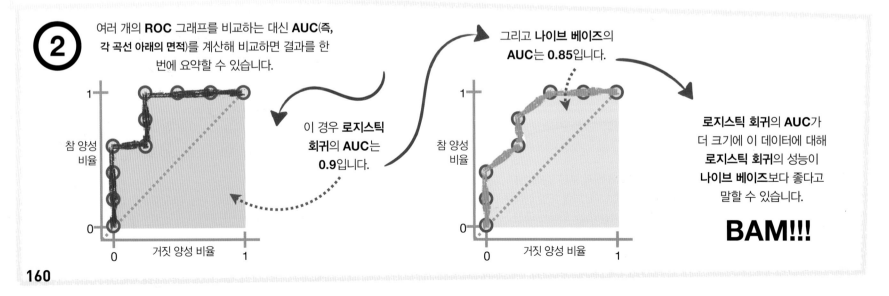

참 양성 비율

거짓 양성 비율

이 경우 **로지스틱 회귀**의 AUC는 **0.9**입니다.

참 양성 비율

거짓 양성 비율

로지스틱 회귀의 AUC가 더 크기에 이 데이터에 대해 **로지스틱 회귀**의 성능이 **나이브 베이즈**보다 좋다고 말할 수 있습니다.

BAM!!!

AUC는 어떻게 계산하나요?

제가 즐겨 쓰는 방법은 컴퓨터로 계산하는 것이죠.

...하지만 손으로 직접 계산하고 싶다면 영역을 **직사각형**과 **삼각형** 몇 개로 나눠 계산한 후 다시 더해줍니다.

AUC = 0.85

BAM!!!

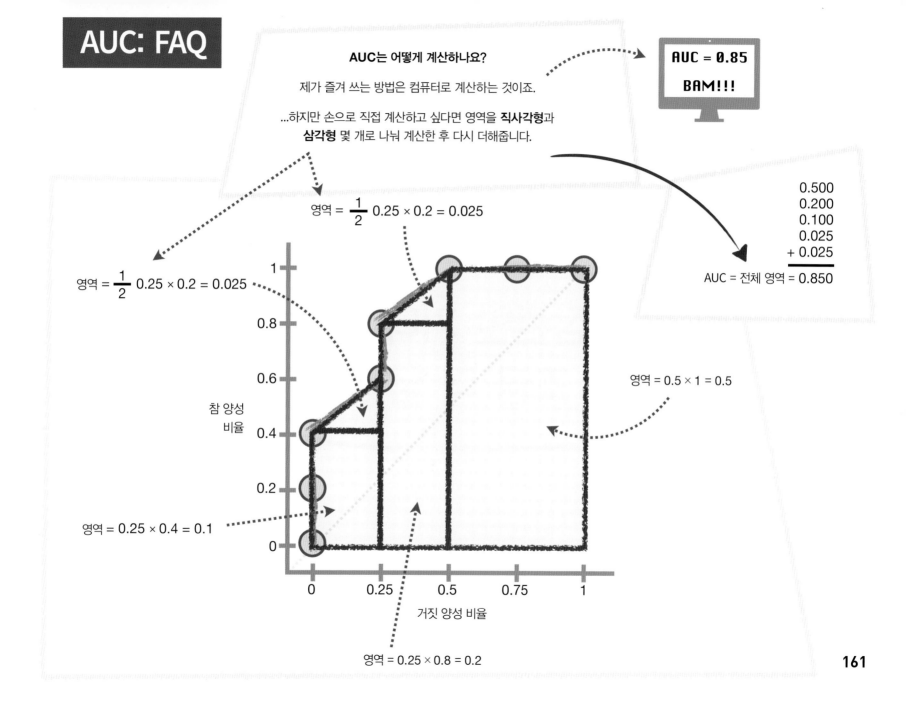

영역 = $\frac{1}{2}$ 0.25 × 0.2 = 0.025

영역 = $\frac{1}{2}$ 0.25 × 0.2 = 0.025

영역 = 0.5 × 1 = 0.5

영역 = 0.25 × 0.4 = 0.1

영역 = 0.25 × 0.8 = 0.2

참 양성 비율

거짓 양성 비율

0.500
0.200
0.100
0.025
+ 0.025
_____
AUC = 전체 영역 = 0.850

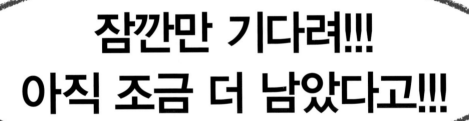

잠깐만 기다려!!!
아직 조금 더 남았다고!!!

162

① **ROC** 그래프는 **거짓 양성 비율**을 x축으로 설정합니다. 이 방법은 데이터가 균형적balanced일 때, 즉 **트롤 2를 좋아하는 사람**과 **트롤 2를 싫어하는 사람**의 비율이 비슷하다는 가정에서는 문제가 없습니다.

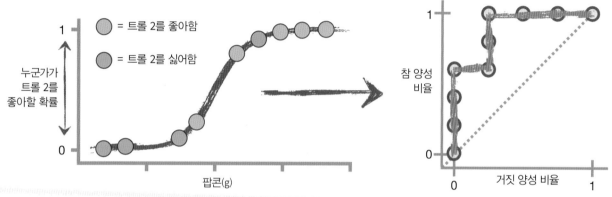

② 하지만 **트롤 2를 싫어하는** 사람 수가 압도적으로 많은 경우처럼 데이터가 불균형형imbalanced할 때(사실 이는 놀라운 가정은 아닙니다. 트롤 2는 '최악의 영화' 상을 받은 적이 있으니까요...)...

ROC 그래프는 해석하기 어렵습니다. 왜냐하면 **참 양성 비율**이 **100%**가 되기 전까지 **거짓 양성 비율**이 **0** 이상으로 거의 움직이지 않기 때문입니다.

다르게 설명하면 **ROC** 그래프는 **100% No**라고만 예측하는 모델이라 하더라도 좋아 보이게 만듭니다.

좋은 소식은 **정밀도 재현율 그래프**(혹은 정밀도 재현율 곡선)가 이 문제를 해결해줄 수 있다는 사실입니다. 다음 페이지에서 자세한 내용을 살펴봅시다!!!

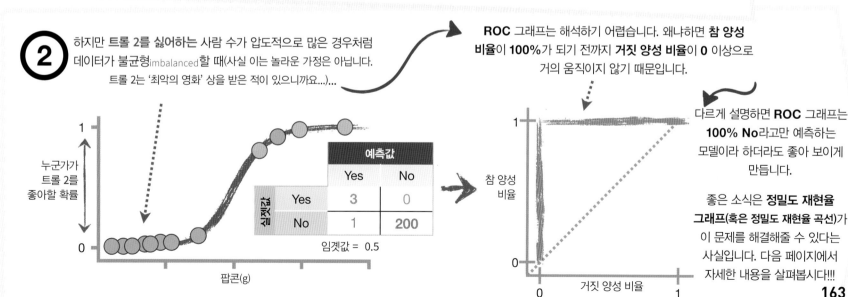

		예측값	
		Yes	No
실젯값	Yes	3	0
	No	1	200

임곗값 = 0.5

③ 간단하게 설명하면 **정밀도 재현율 그래프**는 x축의 **거짓 양성 비율**을 **정밀도**로 대체하고 y축의 이름을 **재현율**이라고 바꿔줍니다(**참 양성 비율**은 **재현율**과 같은 의미입니다).

x축이 **정밀도**이므로 좋은 분류 임곗값은 오른쪽으로 치우치게 되어 있습니다. 또한 분류 임곗값에 따라 **거짓 양성**을 보여주는 곡선 구간이 뚜렷해졌음을 알 수 있습니다.

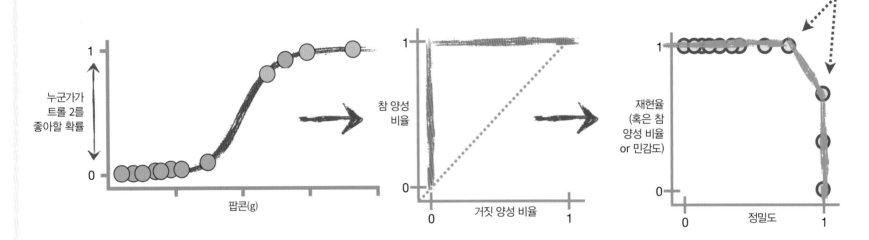

누군가가 트롤 2를 좋아할 확률 / 팝콘(g)

참 양성 비율 / 거짓 양성 비율

재현율 (혹은 참 양성 비율 or 민감도) / 정밀도

④ 데이터가 불균형할 때 **정밀도**가 **거짓 양성 비율**보다 더 잘 작동하는 이유는 **정밀도**에는 **참 음성**을 포함하지 않기 때문입니다.

$$정밀도 = \frac{참\ 양성}{참\ 양성 + 거짓\ 양성}$$

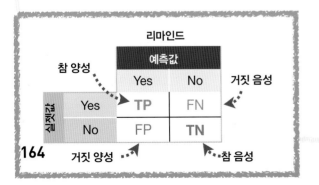

리마인드

		예측값	
		Yes	No
실젯값	Yes	**TP**	FN
	No	FP	**TN**

참 양성 → TP
거짓 음성 ← FN
거짓 양성 → FP
참 음성 → TN

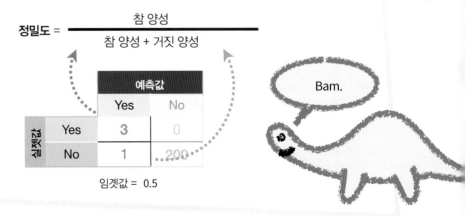

		예측값	
		Yes	No
실젯값	Yes	**3**	0
	No	1	200

임곗값 = 0.5

Bam.

164

이봐, **노말사우르스**. 이제 **혼동 행렬**과 **ROC** 그래프를 사용해 모델 성능을 요약하는 방법을 이해했으니, 다음에는 무엇을 배워야 하지?

이제 대부분의 머신러닝 방법을 개선하는 **정규화**regularization를 배울 거야.

Chapter 09
정규화로 과적합 방지하기!!!

① **문제**: 더 화려하고 유연한 머신러닝 모델일수록 **훈련 데이터**에 과적합되기 더 쉬워집니다.

다른 말로, 이 **곡선**은 **훈련 데이터**에 매우 잘 피팅되어 있지만

새로운 데이터에 대한 예측은 엉망일 것입니다.

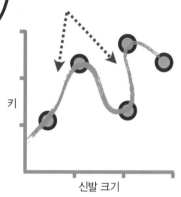

전문 용어를 사용하면 이 **곡선**은 **훈련 데이터**에 잘 피팅되었기 때문에 낮은 **편향**bias을 가지고 있습니다. 하지만 새로운 데이터에 적용했을 때 결과가 좋지 못하기에 높은 **분산**variance을 가졌다고 말할 수 있습니다.

② **해답**: 훈련 데이터 과적합을 다루는 가장 흔한 방법은 **정규화**regularization라는 기술을 사용하는 것입니다. 기본적으로 정규화는 **훈련 데이터**에 대한 모델의 민감도를 줄입니다.

예시에서 만약 **곡선**을 정규화하고자 한다면 이전에 피팅했던 것처럼 **훈련 데이터**를 잘 피팅하진 못할 것입니다.

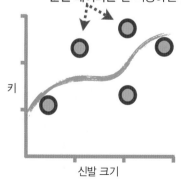

그러나 새로운 데이터에 대해 더 나은 예측을 할 수 있습니다.

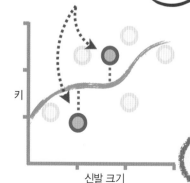

전문 용어로 표현하면 **정규화**는 **편향**을 소폭 증가시키지만 **분산**을 대폭 줄인다고 말할 수 있습니다.

BAM!!!

NOTE: 이번 장에서 우리는 **선형회귀**를 예시로 **릿지**ridge과 **라소**Lasso라는 두 가지 유형의 정규화 방법을 배울 것입니다. 정규화는 **선형회귀**가 아닌 다른 머신러닝 알고리즘에도 적용함으로써 성능 개선에 도움을 줄 수 있습니다.

좋아! 이제 **릿지 정규화**에 대해 배워보자!

167

① 먼저 **5**명의 키와 몸무게를 측정했다고 가정해봅시다.

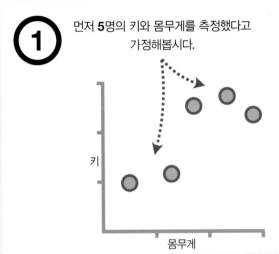

② 그리고 이 데이터를 훈련 데이터와...

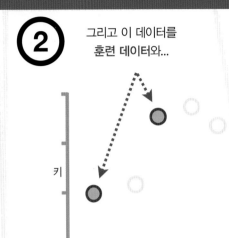

③ 테스트 데이터로 분할합니다.

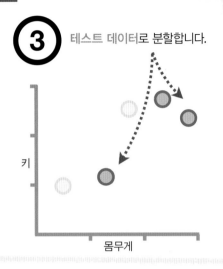

④ **잔차제곱합**을 최소화하는 선을 훈련 데이터에 **피팅**합니다. 훈련 데이터에 데이터 포인트가 **2**개뿐이므로 선을 완벽하게 피팅시킬 수 있습니다. 그러면 **잔차제곱합**은 **0**이 됩니다.

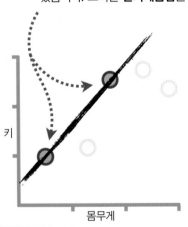

⑤ 하지만 **선**의 기울기가 가파르기 때문에 테스트 데이터에 적용할 경우 성능이 좋지 못합니다.

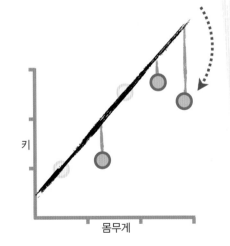

⑥ 이와 반대로, **제곱**squared 혹은 **L2 정규화**라고도 하는 **릿지 정규화**를 적용하면 새로운 선을 얻게 됩니다.

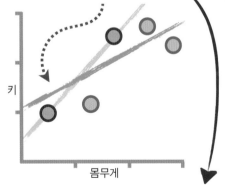

여러분이 보시는 것처럼 새로운 선은 훈련 데이터를 완벽하게 피팅하지 못하지만 테스트 데이터에는 더 좋은 성능을 보여주죠. 어떻게 이렇게 할 수 있는지 다음 페이지에서 살펴봅시다.

⑦ 일반적으로 우리가 선을 **훈련 데이터**에 피팅할 때는 **잔차제곱합**을 최소화하는 **y절편**과...

기울기를 찾고자 합니다.

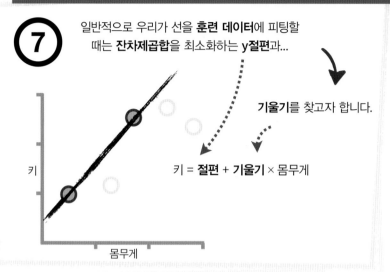

키 = **절편** + **기울기** × 몸무게

⑧ 이와 반대로, **릿지 정규화**를 사용해 파라미터를 최적화할 때는 **잔차제곱합**과 기울기의 제곱에 비례하는 **페널티**penalty를 동시에 최소화합니다.

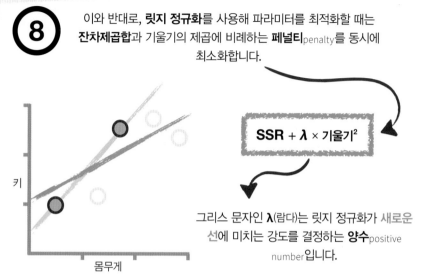

$$SSR + \lambda \times 기울기^2$$

그리스 문자인 **λ**(람다)는 릿지 정규화가 새로운 선에 미치는 강도를 결정하는 **양수**positive number입니다.

⑨ 실제로 숫자를 대입해보면 **릿지 페널티**ridge penalty가 어떻게 작동하는지 더 자세히 알 수 있습니다. 먼저 **훈련 데이터**를 완벽하게 피팅하는 **선**부터 시작해보죠.

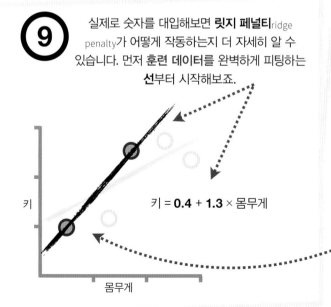

키 = **0.4** + **1.3** × 몸무게

⑩ 이제 **릿지 정규화**를 활용해 이 방정식을 최소화해야 합니다.

그러면 최종적으로 **훈련 데이터**를 완벽하게 피팅하는 이 **선**에 대해 **1.69**라는 점수를 얻게 됩니다.

$$SSR + \lambda \times 기울기^2 = 0 + 1 \times 1.3^2 = 1.69$$

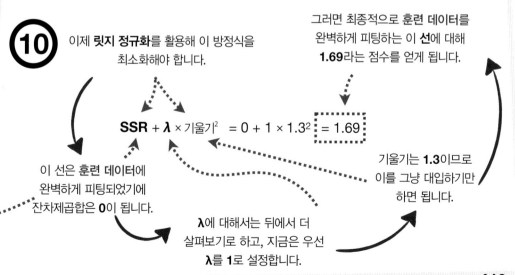

이 선은 훈련 데이터에 완벽하게 피팅되었기에 잔차제곱합은 **0**이 됩니다.

λ에 대해서는 뒤에서 더 살펴보기로 하고, 지금은 우선 **λ**를 1로 설정합니다.

기울기는 **1.3**이므로 이를 그냥 대입하기만 하면 됩니다.

⑪ 이제 **훈련 데이터**를 완벽하게 피팅하지 못하는 새로운 선에 대한 **릿지 점수**를 계산해보겠습니다. **잔차제곱합**은 0.4입니다.

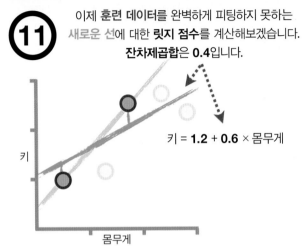

키 = **1.2** + **0.6** × 몸무게

⑫ 따라서 **잔차제곱합** 값인 **0.4**를 대입하고 **λ(람다)** 값을 **1**로 설정한 후 기울기인 **0.6**를 **릿지 페널티** 공식에 대입합니다.

수학 계산을 하면 **0.76**을 얻습니다.

$$SSR + \lambda \times 기울기^2 = 0.4 + 1 \times 0.6^2 = 0.76$$

⑭ 새로운 선은 **훈련 데이터**를 완벽하게 피팅하지는 못하지만 **테스트 데이터**에는 더 나은 성능을 보여주고 있습니다. 다른 말로 **편향**을 조금 증가시킴으로써 **분산**을 많이 낮췄습니다.

⑬ 따라서 **훈련 데이터**를 완벽하게 피팅한 이 선의 **릿지 점수**는 **1.69**고...

새로운 선의 **릿지 점수**는 **0.76**이 됩니다.

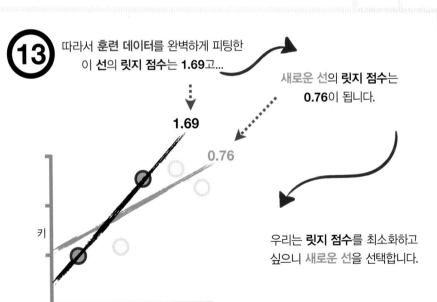

1.69

0.76

우리는 **릿지 점수**를 최소화하고 싶으니 새로운 선을 선택합니다.

BAM!!!

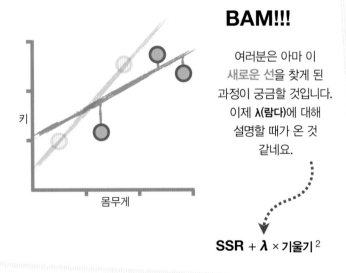

여러분은 아마 이 새로운 선을 찾게 된 과정이 궁금할 것입니다. 이제 **λ(람다)**에 대해 설명할 때가 온 것 같네요.

$$SSR + \lambda \times 기울기^2$$

⑮

λ가 0일 때...

SSR + **λ** × 기울기^2

= SSR + 0 × 기울기^2

= SSR + 0

= SSR

릿지 페널티는 **0**이 됩니다.

이는 **잔차제곱합**$_{SSR}$만 최적화하면 되며, **릿지 정규화**를 사용하지 않는다는 의미와 같습니다.

결과적으로 새로운 선은 기존의 **잔차제곱합**만 최소화하는 선과 동일할 것입니다.

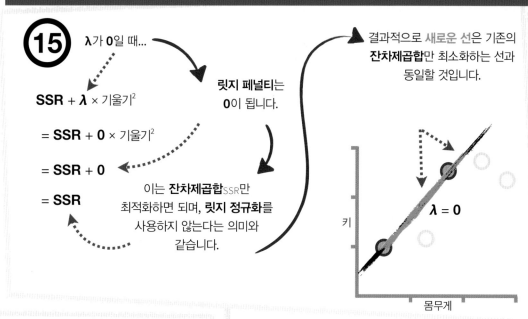

λ = 0

키 / 몸무게

⑯ 그러나 이전에 살펴본 것처럼, **λ**가 **1**일 때 우리는 **잔차제곱합**만 최소화할 때보다 더 작은 기울기를 가진 새로운 선을 얻게 됩니다.

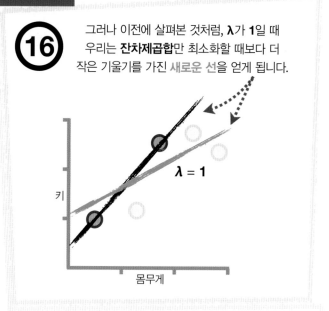

λ = 1

키 / 몸무게

⑰ **λ**를 **2**로 증가시키면 기울기는 더 작아지고

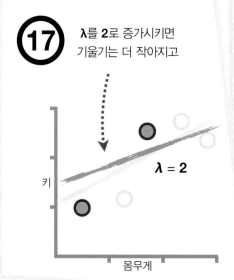

λ = 2

키 / 몸무게

⑱ **λ**를 **3**으로 증가시키면 기울기는 더 작아집니다.

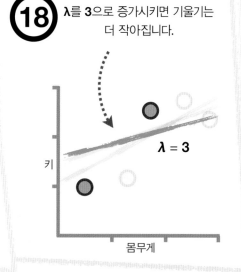

λ = 3

키 / 몸무게

⑲ **λ**를 계속 증가시킬수록 기울기는 **0**에 가까워지고 y절편은 **훈련 데이터**의 평균값(**1.8**)이 될 것입니다. 다른 말로, 몸무게 변수는 더 이상 예측에 중요한 역할을 하지 못하게 됩니다. 단순히 평균 키를 사용하게 될 뿐입니다.

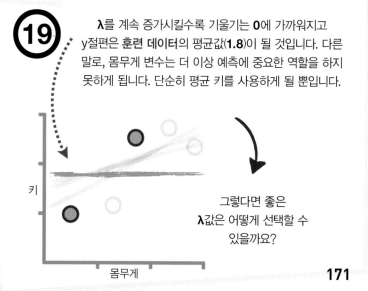

키 / 몸무게

그렇다면 좋은 **λ**값은 어떻게 선택할 수 있을까요?

171

⑳ 안타깝게도 사전에 가장 좋은 **λ**값을 알 수 있는 방법은 없습니다. 따라서 **0**을 포함한 잠재적인 값을 정해두고 **교차검증**을 통해 각 **λ**값에 따른 성능이 어떤지 확인해야 합니다.

BAM!!!

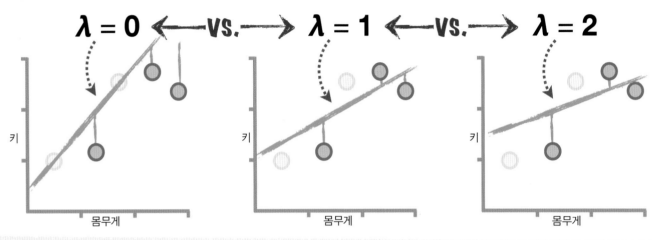

$$\lambda = 0 \longleftarrow \text{VS.} \longrightarrow \lambda = 1 \longleftarrow \text{VS.} \longrightarrow \lambda = 2$$

㉑ 지금까지 우리는 무척 단순한 예시를 살펴봤습니다. 몸무게에 기반해 키를 예측하는 단순한 모델이었기 때문에...

릿지 페널티는 단 하나의 파라미터(기울기)만 있었습니다.

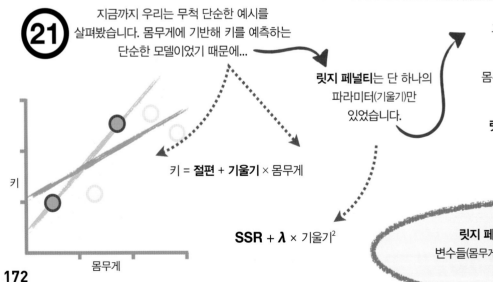

키 = **절편** + **기울기** × 몸무게

$$\text{SSR} + \lambda \times \text{기울기}^2$$

그러나 몸무게, 신발 사이즈, 나이 등이 추가된 더 복잡한 (키를 예측하는) 모델이라면...

몸무게 = **절편** + **기울기**$_w$ + 몸무게 + **기울기**$_s$ × 신발 사이즈 + **기울기**$_a$ × 나이

릿지 페널티는 이 변수들과 관련된 3개 기울기의 제곱합을 포함할 것입니다.

$$\text{SSR} + \lambda \times (\text{기울기}_w^2 + \text{기울기}_s^2 + \text{기울기}_a^2)$$

릿지 페널티는 **절편**을 포함하지 않아. **절편**은 변수들(몸무게, 신발 사이즈 혹은 나이)이 키를 예측하는 데 직접적인 영향을 주지 않거든.

172

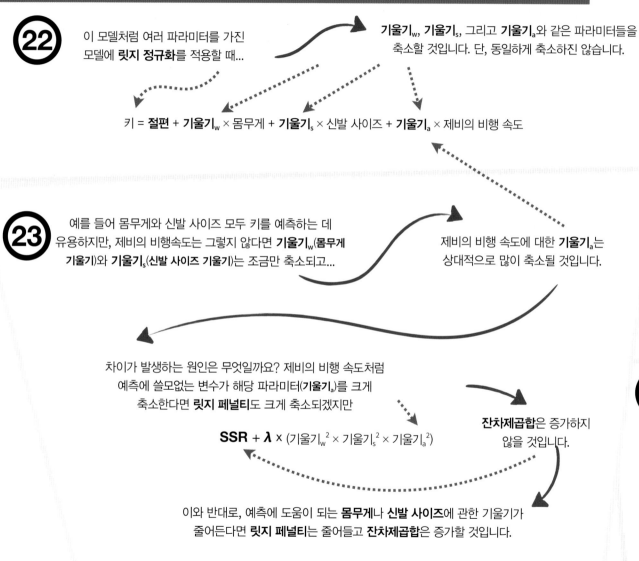

㉒ 이 모델처럼 여러 파라미터를 가진 모델에 **릿지 정규화**를 적용할 때...

기울기$_w$, **기울기**$_s$, 그리고 **기울기**$_a$와 같은 파라미터들을 축소할 것입니다. 단, 동일하게 축소하진 않습니다.

키 = **절편** + **기울기**$_w$ × 몸무게 + **기울기**$_s$ × 신발 사이즈 + **기울기**$_a$ × 제비의 비행 속도

㉓ 예를 들어 몸무게와 신발 사이즈 모두 키를 예측하는 데 유용하지만, 제비의 비행속도는 그렇지 않다면 **기울기**$_w$(**몸무게 기울기**)와 **기울기**$_s$(**신발 사이즈 기울기**)는 조금만 축소되고...

제비의 비행 속도에 대한 **기울기**$_a$는 상대적으로 많이 축소될 것입니다.

차이가 발생하는 원인은 무엇일까요? 제비의 비행 속도처럼 예측에 쓸모없는 변수가 해당 파라미터(**기울기**$_a$)를 크게 축소한다면 **릿지 페널티**도 크게 축소되겠지만

잔차제곱합은 증가하지 않을 것입니다.

SSR + **λ** × (기울기$_w^2$ × 기울기$_s^2$ × 기울기$_a^2$)

이와 반대로, 예측에 도움이 되는 **몸무게**나 **신발 사이즈**에 관한 기울기가 줄어든다면 **릿지 페널티**는 줄어들고 **잔차제곱합**은 증가할 것입니다.

㉔ 이제 **릿지 페널티**가 어떻게 작동하는지 이해했으니, 가장 자주 물어보는 **2**가지 관련 질문을 살펴봅시다. 그다음 다른 **정규화** 유형인 **라소**에 대해 알아보겠습니다. 힘내세요!!!

BAM!!!

173

살펴본 모든 예제는 λ를 증가시키자 기울기가 감소되며 상황이
개선되었습니다. 하지만 만약 기울기를 증가시켜야 한다면요?
릿지 정규화가 상황을 더 악화시키지 않을까요?

최적의 **λ값**을 찾고자 **λ**를 **0**으로 설정하면 이론적으로 **릿지
정규화**를 사용할 경우 단순히 **잔차제곱합**을 최소화하는 선을 찾는
것보다 성능이 개선될 수 있습니다.

내가 영화 **트롤 2**에 관한 사소한 사실들 중 가장
좋아하는 건 오디션을 본 사람들이 엑스트라일
거라 생각했는데 모두 주연으로 캐스팅되었다는
사실이야.

그래, 재미있네. 하지만 난
다음에 배울 **라소 정규화**가 더욱
기대되는걸.

릿지 정규화를 활용해 최적의 파라미터를 어떻게 찾을 수 있을까요?

만약 최적화해야 할 기울기가 하나라면 **경사 하강법**을 사용해 **잔차제곱합
+ 릿지 페널티**를 최소화하는 선을 찾을 수 있습니다. 이 경우 우리는 최적의
y절편과 기울기를 찾고자 할 테니 절편에 대한 미분값을 구하고...

$$\frac{d}{d\,절편}\left(\text{SSR} + \lambda \times 기울기^2\right)$$

$$= -2 \times (키 - (절편 - 기울기 \times 몸무게))$$

기울기에 대한 미분값을 구합니다.

$$\frac{d}{d\,기울기}\left(\text{SSR} + \lambda \times 기울기^2\right)$$

$$= -2 \times 몸무게(키 - (절편 + 기울기 \times 몸무게))$$

$$+ 2 \times \lambda \times 기울기$$

이 미분값을 **경사 하강법**에 대입하고 학습률을 **0.01**로
설정하면 **새로운 선**에 대한 방정식을 얻을 수 있습니다.

안타깝게도 더 복잡한 모델이나 혹은 **라소 정규화**, 혹은 이 둘을 합친 모델 같은
경우에는 이 책의 범위를 벗어나는 다른 접근 방법을 사용해야 합니다. 관심 있는
독자분들은 아래 링크에서 더 자세한 내용을 확인할 수 있습니다.

https://web.stanford.edu/~hastie/TALKS/nips2005.pdf

① 절댓값absolute value 혹은 **L1 정규화**L1 regularization라고도 하는 **라소 정규화**는 릿지 페널티에 사용한 제곱을 절댓값으로 바꿔 사용합니다.

릿지 페널티에서 파라미터의 제곱을 사용했습니다.

이와 반대로 **라소 페널티**에선 파라미터의 절댓값을 사용합니다.

$$SSR + \lambda \times 기울기^2 \quad \textbf{VS.} \quad SSR + \lambda \times |기울기|$$

② 예를 들어 훈련 데이터를 완벽하게 피팅하는 **검은색 직선의 라소 점수**와

훈련 데이터를 검은색 직선만큼 완벽하게 피팅하진 못하는 **초록색 선**의 라소 점수를 비교해보겠습니다.

키 = **0.4** + **1.3** × 몸무게

키 = **1.2** + **0.6** × 몸무게

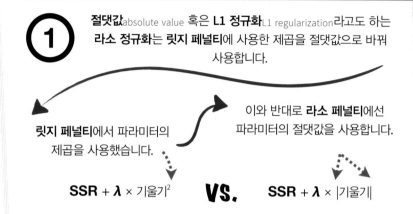

③ 훈련 데이터를 완벽하게 피팅하는 **검은색 직선의 잔차제곱합**은 **0**입니다.

지금은 일단 **λ**를 **1**로 설정하겠습니다.

그리고 기울기의 절댓값은 **1.3**입니다.

키 = **0.4** + **1.3** × 몸무게

$$SSR + \lambda \times |기울기| = 0 + 1 \times 1.3 = 1.3$$

즉, **검은색 직선**의 **라소 점수**는 **1.3**이 됩니다.

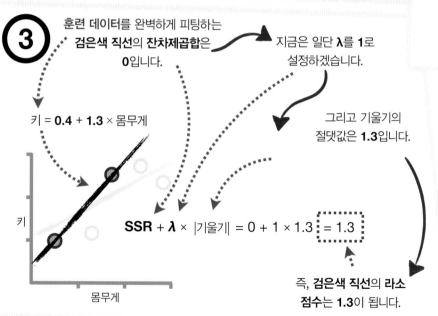

④ 이와 반대로, **초록색 선**의 **잔차제곱합**은 **0.4**입니다.

따라서 **잔차제곱합**에 **0.4**를, **λ**에 **1**을, 그리고 기울기에 **0.6**을 대입하면 **1.0**이라는 **라소 점수**를 얻게 됩니다.

키 = **1.2** + **0.6** × 몸무게

1.3이 **1**보다 크기 때문에 우리는 초록색 선을 선택하겠습니다.

$$SSR + \lambda \times |기울기| = 0.4 + 1 \times 0.6 = 1.0$$

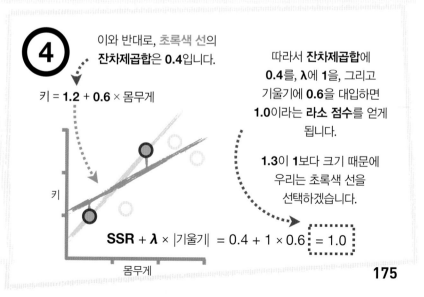

(5) **릿지 정규화**와 **라소 정규화**의 가장 큰 차이점은 **릿지 정규화**는 파라미터를
점근적으로_{asymptotically} **0**에 가까워질 때까지 축소할 수 있지만(**0**으로 만들 수는 없음),
라소 정규화는 파라미터를 **0**이 될 때까지 축소할 수 있습니다.

(6) 예를 들어 몸무게, 신발 사이즈, 제비의 비행속도로 키를 예측하는 모델에
릿지 정규화와 **라소 정규화**를 각각 적용해본다면...

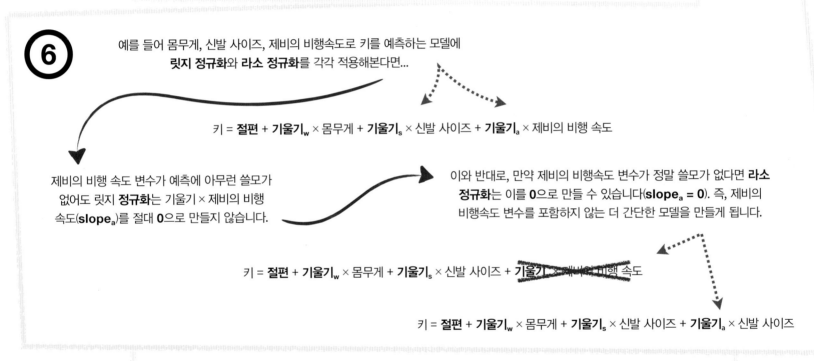

키 = **절편** + **기울기**$_w$ × 몸무게 + **기울기**$_s$ × 신발 사이즈 + **기울기**$_a$ × 제비의 비행 속도

제비의 비행 속도 변수가 예측에 아무런 쓸모가
없어도 **릿지 정규화**는 기울기 × 제비의 비행
속도(**slope**$_a$)를 절대 **0**으로 만들지 않습니다.

이와 반대로, 만약 제비의 비행속도 변수가 정말 쓸모가 없다면 **라소
정규화**는 이를 **0**으로 만들 수 있습니다(**slope**$_a$ **= 0**). 즉, 제비의
비행속도 변수를 포함하지 않는 더 간단한 모델을 만들게 됩니다.

키 = **절편** + **기울기**$_w$ × 몸무게 + **기울기**$_s$ × 신발 사이즈 + ~~**기울기**$_a$ × 제비의 비행 속도~~

키 = **절편** + **기울기**$_w$ × 몸무게 + **기울기**$_s$ × 신발 사이즈 + **기울기**$_a$ × 신발 사이즈

(7) 따라서 **라소 정규화**는 모델로부터 쓸모없는 변수를 제거할 수 있으며,
일반적으로 쓸모없는 변수가 많은 모델 같은 경우 더 좋은 성능을 내게 됩니다.

이와 반대로 **릿지 정규화**는 변수 대부분이 유용할 경우 더 좋은 성능을 보입니다. **BAM!!!**

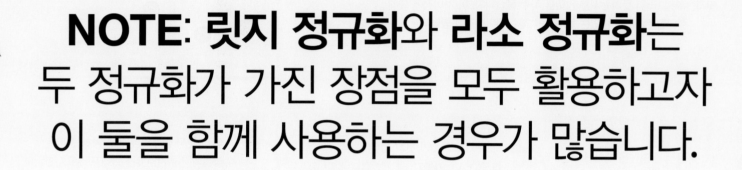

NOTE: **릿지 정규화**와 **라소 정규화**는 두 정규화가 가진 장점을 모두 활용하고자 이 둘을 함께 사용하는 경우가 많습니다.

DOUBLE BAM!!!

① **릿지 정규화**와 **라소 정규화**를 배울 때 알아야 할 가장 중요한 것은 **릿지 정규화**는 대부분의 변수들이 유용할useful 경우 성능이 좋은 반면 **라소 정규화**는 많은 변수들이 쓸모없는 경우useless 더 나은 성능을 보인다는 사실과, 이 둘의 장점을 결합해 활용하는 경우가 많다는 사실입니다. 그렇지만 **라소**는 파라미터 값을 **0**으로 만들 수 있는 반면 **릿지**는 왜 그러지 못하는지를 많이들 자주 묻습니다. 이 차이점에 대해 설명할 텐데, 관심 있는 독자라면 계속 읽어보길 바랍니다.

② 앞에서도 그랬듯 몸무게를 기반으로 키를 예측하는 아주 간단한 데이터셋에서 시작해봅시다.

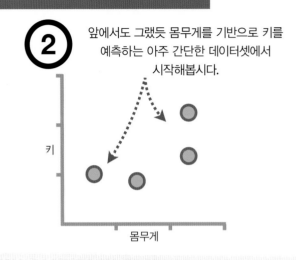

③ 먼저 **파란색 수평선**을 데이터에 피팅합니다. 아주 형편없어 보이지만 조금씩 개선할 것입니다.

그리고 λ가 0인 **릿지 점수**ridge Score (**SSR + λ × 기울기²**)를 계산합니다. 다시 말해, **λ**가 **0**이기 때문에 릿지 점수는 **잔차제곱합**과 동일합니다.

이제 **릿지 점수**와 이에 상응하는 파란색 수평선의 기울기인 **0**을 그래프에 표시합니다. y축은 릿지 점수(**SSR + λ × 기울기²**), x축은 기울기가 됩니다.

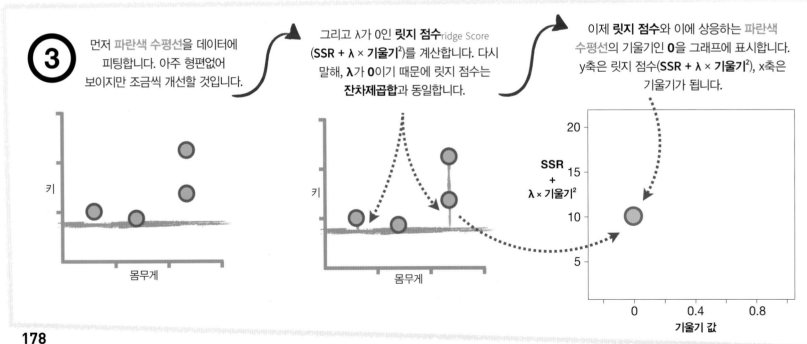

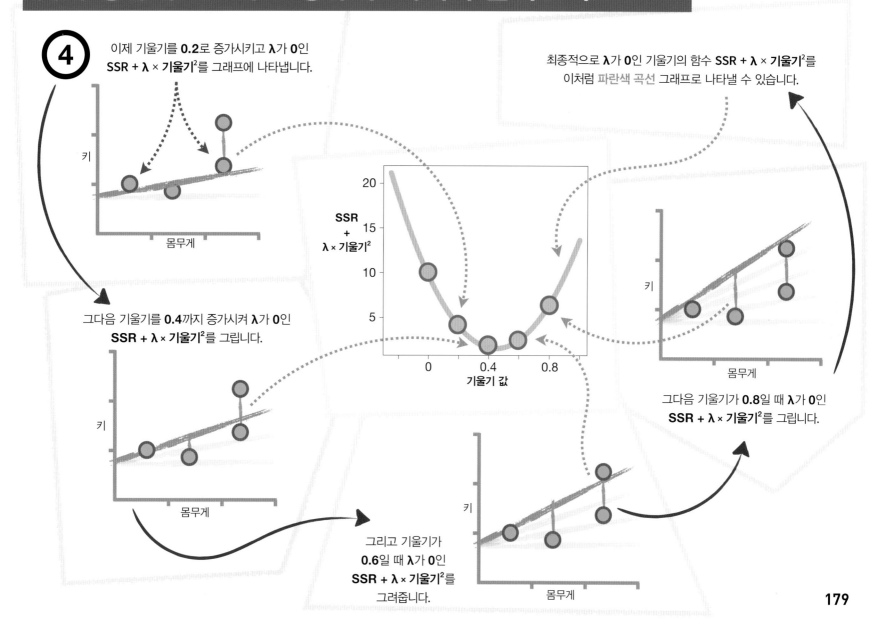

④ 이제 기울기를 **0.2**로 증가시키고 **λ**가 **0**인 **SSR + λ × 기울기²**를 그래프에 나타냅니다.

최종적으로 **λ**가 0인 기울기의 함수 **SSR + λ × 기울기²**를 이처럼 파란색 곡선 그래프로 나타낼 수 있습니다.

그다음 기울기를 **0.4**까지 증가시켜 **λ**가 **0**인 **SSR + λ × 기울기²**를 그립니다.

그리고 기울기가 **0.6**일 때 **λ**가 **0**인 **SSR + λ × 기울기²**를 그려줍니다.

그다음 기울기가 **0.8**일 때 **λ**가 **0**인 **SSR + λ × 기울기²**를 그립니다.

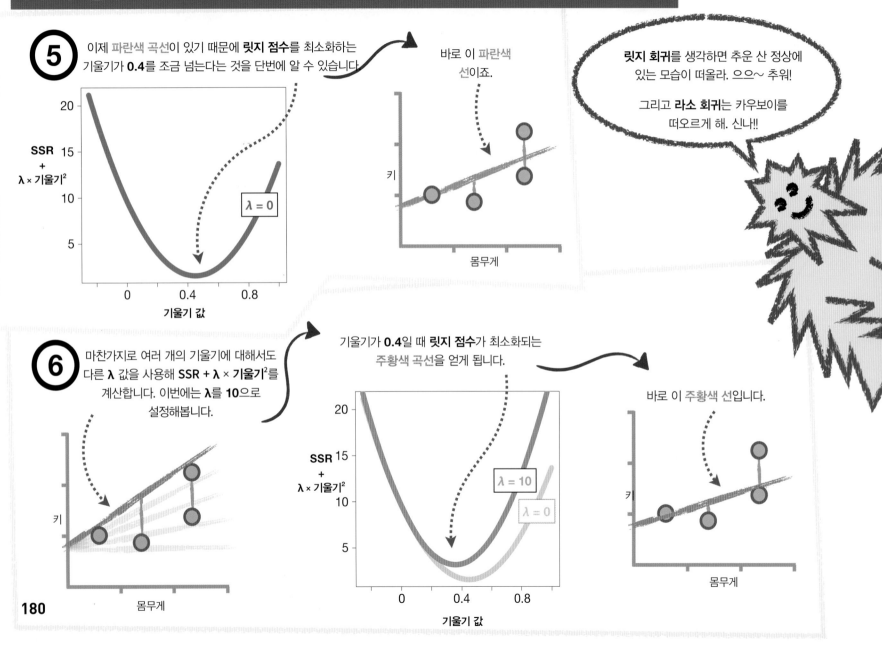

⑤ 이제 파란색 곡선이 있기 때문에 **릿지 점수**를 최소화하는 기울기가 **0.4**를 조금 넘는다는 것을 단번에 알 수 있습니다.

바로 이 파란색 선이죠.

릿지 회귀를 생각하면 추운 산 정상에 있는 모습이 떠올라. 으으~ 추워!

그리고 **라소 회귀**는 카우보이를 떠오르게 해. 신나!!

SSR + λ × 기울기² (세로축)
기울기 값 (가로축)
λ = 0

키
몸무게

⑥ 마찬가지로 여러 개의 기울기에 대해서도 다른 **λ** 값을 사용해 **SSR + λ × 기울기²**를 계산합니다. 이번에는 **λ**를 **10**으로 설정해봅니다.

기울기가 **0.4**일 때 **릿지 점수**가 최소화되는 주황색 곡선을 얻게 됩니다.

바로 이 주황색 선입니다.

SSR + λ × 기울기² (세로축)
기울기 값 (가로축)
λ = 10
λ = 0

키
몸무게

키
몸무게

⑦ λ가 **0**일 때 최적의 기울기를 가진 파란색 선과...

λ가 **10**일 때 최적의 기울기를 가진 주황색 선을 비교해보면, **릿지 점수**를 증가시킨 **λ = 10**의 경우 더 작은 기울기를 가졌음을 확인할 수 있습니다.

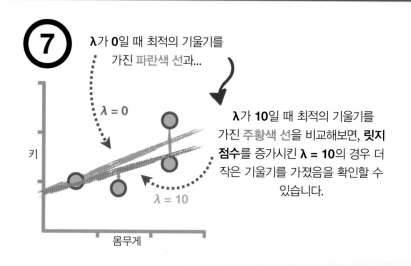

⑧ 이와 마찬가지로, **λ**가 **10**일 때 주황색 곡선의 가장 낮은 지점에 해당하는 기울기 값이 **0**에 가까워진다는 것을 알 수 있습니다.

λ가 **0**인 경우인 파란색 곡선과 비교했을 때 말이죠.

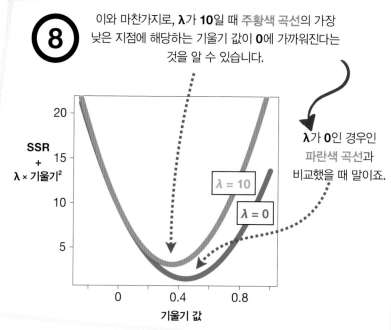

⑨ 이제 우리는 **λ**가 **20**일 때 다양한 기울기에 대한 SSR + **λ** × **기울기²**를 계산할 수 있습니다.

그러면 여기 초록색 곡선을 얻게 되는데, 앞서 설명한 것처럼 가장 낮은 지점에 해당하는 기울기의 값이 **0**에 가까워졌습니다.

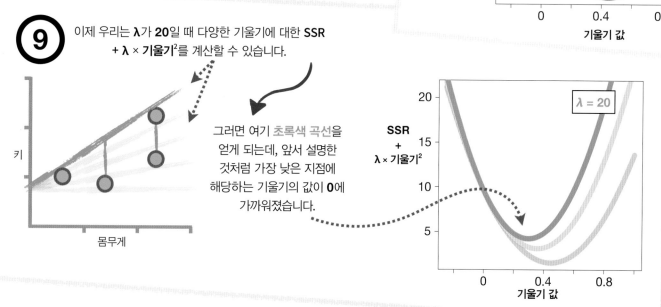

⑩ 마지막으로, **λ**가 **40**일 때 다양한 기울기에 대한
SSR + λ × 기울기²를 계산해봅시다.

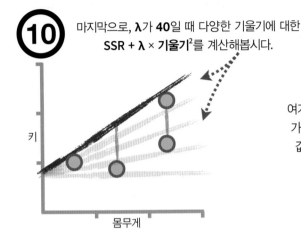

여기 이 **보라색 곡선**을 얻게 되는데,
가장 낮은 지점에 해당하는 기울기
값이 0에 더욱 가까워졌지만 **0**이
되진 않았습니다.

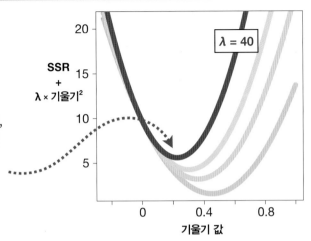

⑪ 지금까지 우리가 살펴본 내용을 정리해보죠.

1) SSR + λ × 기울기²를 계산하면 서로 다른
기울기에 대한 멋진 곡선을 얻을 수 있습니다.

2) λ값을 증가시키면 곡선의 가장 낮은 지점이
0은 아니지만 **0**에 더욱 가까운 기울기 값에
가까워집니다.

BAM!!!

이제 **라소 페널티**를 활용해 같은 방법으로 SSR +
λ × |기울기를 계산해봅시다!!!

⑫ 서로 다른 기울기 값에 대한 **라소** 점수를 계산할 때 **λ**를 **0**으로
설정하면 다음과 같은 파란색 곡선을 얻게 됩니다.

앞에서 설명했듯 **λ**가 **0**이기에
페널티는 사라지며 잔차제곱합과
동일한 값만 남습니다. 그리고
이전과 마찬가지로 파란색 곡선의
가장 아래 지점은 **0.4**가 조금 넘는
기울기 값임을 확인할 수 있습니다.

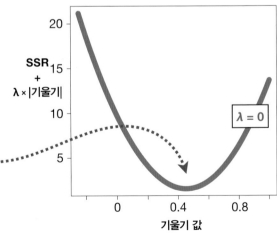

⑬ 이제 **λ**를 **10**으로 설정하고 서로 다른 기울기에 대한 **SSR + λ × |기울기|** 값을 계산하면 아래와 같은 주황색 곡선을 얻게 됩니다. 이 곡선의 가장 아래 지점은 **0.4**보다 약간 작은 값의 기울기에 해당합니다.

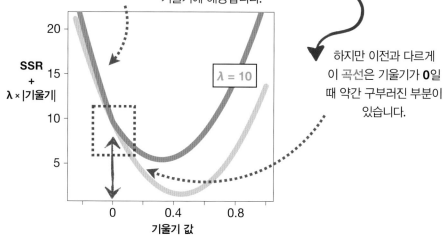

하지만 이전과 다르게 이 곡선은 기울기가 **0**일 때 약간 구부러진 부분이 있습니다.

⑭ **λ**를 **20**으로 설정하고 서로 다른 기울기에 대한 **SSR + λ × |기울기|** 값을 계산하면 아래와 같은 초록색 곡선을 얻게 됩니다. 이 곡선은 기울기가 0인 지점에서 구부러지는 현상이 보다 뚜렷해졌습니다.

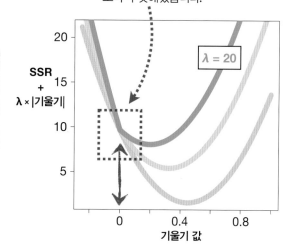

⑮ **λ**를 **40**으로 설정하고 서로 다른 기울기에 대한 **SSR + λ × |기울기|** 값을 계산하면 아래와 같은 보라색 곡선을 얻게 됩니다. 이 곡선의 가장 아래 지점은 기울기가 **0**일 때 구부러진 부분과 일치합니다.

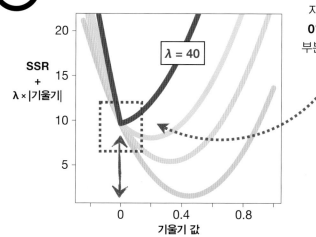

이는 **λ = 40**일 때 최적의 선의 기울기가 **0**이 된다는 뜻입니다.

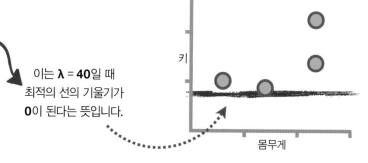

BAM!!!

⑯ 요약하면, **릿지**를 증가시키면 제곱화된 기울기의 최적값은 **0**으로 이동하지만 근사한 **포물선 모양**parabola은 계속해서 유지되며 최적 기울기는 절대 **0**이 되지 않습니다.

⑰ 이와 반대로, **라소**, **절댓값** 혹은 **L1 페널티**를 증가시키면 기울기의 최적값은 **0**을 향해가며, **0**인 지점에서 구부러진 부분이 생기므로 최적의 기울기가 **0**이 될 수 있습니다.

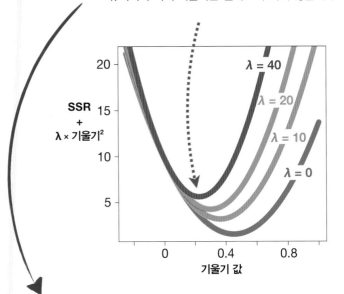

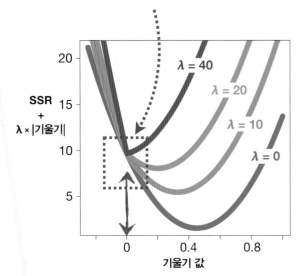

TRIPLE
BAM!!!

NOTE: λ를 **400**까지 올리더라도 **릿지 페널티**는 이렇게 생긴 **빨간 곡선**을 주게 됩니다. 이 곡선의 가장 아래 지점은 **0**보다 약간 큰 값의 기울기에 해당합니다.

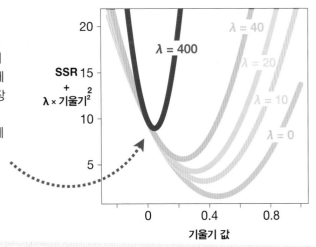

이제 의사결정 트리에 대해 배워보자!

Chapter 10

의사결정 트리!!!

분류와 회귀 트리: 핵심 개념

① 머신러닝에는 두 종류의 **트리**가 있습니다. 바로 **분류** 트리와 **회귀** 트리입니다.

② **분류 트리**는 사람 혹은 사물을 둘 혹은 그 이상의 카테고리로 분류합니다. 이 **분류 트리** 예시는 사람들을 두 그룹으로 나눕니다.

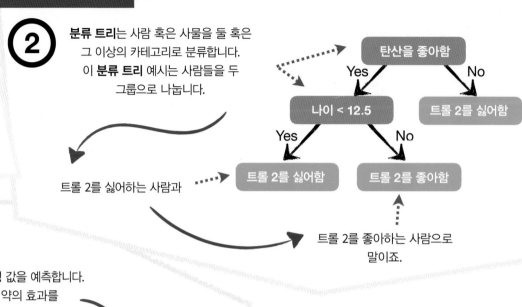

트롤 2를 싫어하는 사람과

트롤 2를 좋아하는 사람으로 말이죠.

③ 반대로 **회귀 트리**는 연속형 값을 예측합니다. 이 **회귀 트리** 예시는 약의 효과를 예측합니다.

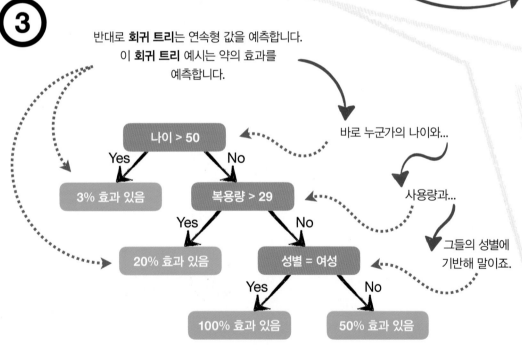

바로 누군가의 나이와...

사용량과...

그들의 성별에 기반해 말이죠.

④ 이번 장에서는 **분류 트리**와 **회귀 트리**의 **핵심 개념**을 살펴보며, 트리를 만드는 데 가장 자주 사용하는 방법에 대해 배울 것입니다. 하지만 먼저 겁먹은 사람들을 위해 준비했습니다...

전문용어 주의!!! 결정 트리 용어

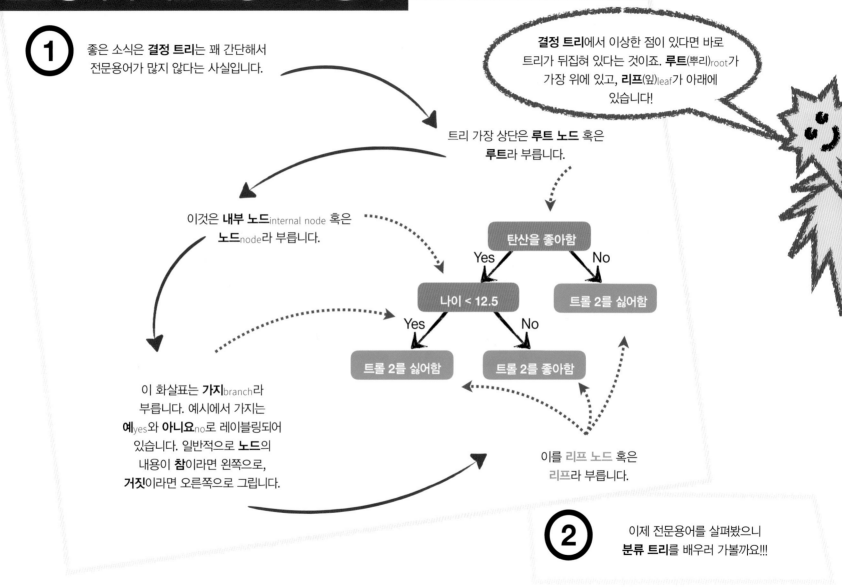

① 좋은 소식은 **결정 트리**는 꽤 간단해서 전문용어가 많지 않다는 사실입니다.

결정 트리에서 이상한 점이 있다면 바로 트리가 뒤집혀 있다는 것이죠. **루트**(뿌리)root가 가장 위에 있고, **리프**(잎)leaf가 아래에 있습니다!

트리 가장 상단은 **루트 노드** 혹은 **루트**라 부릅니다.

이것은 **내부 노드**internal node 혹은 **노드**node라 부릅니다.

탄산을 좋아함

Yes · No

나이 < 12.5

트롤 2를 싫어함

Yes · No

트롤 2를 싫어함

트롤 2를 좋아함

이 화살표는 **가지**branch라 부릅니다. 예시에서 가지는 **예**yes와 **아니요**no로 레이블링되어 있습니다. 일반적으로 **노드**의 내용이 **참**이라면 왼쪽으로, **거짓**이라면 오른쪽으로 그립니다.

이를 **리프 노드** 혹은 **리프**라 부릅니다.

② 이제 전문용어를 살펴봤으니 **분류 트리**를 배우러 가볼까요!!!

187

의사결정 트리
첫 번째 파트:

분류 트리

분류 트리: 주요 개념

① **문제**: 여기 **이산** 데이터와 **연속형** 데이터가 섞여 있습니다.

팝콘을 좋아함	탄산음료를 좋아함	나이	트롤 2를 좋아함
Yes	Yes	7	No
Yes	No	12	No
No	Yes	18	Yes
No	Yes	35	Yes
Yes	Yes	38	Yes
Yes	No	50	No
No	No	83	No

이 데이터를 사용해 트롤도, 속편도 아닌 **1990**년대 블록버스터 영화인 트롤 2를 좋아하는지 여부를 예측하고자 합니다.

안타깝게도 이 데이터로는 **로지스틱 회귀**를 사용할 수 없습니다. 나이age를 사용해 피팅할 때 **S자 곡선**을 사용하는 것은 별로 좋아 보이지 않기 때문이죠. 데이터를 살펴보면 어린 사람들과 나이 든 사람들이 트롤 2를 싫어하고 중간 나잇대에 트롤 2를 좋아하는 사람이 모여 있습니다. 예시에서 S자 모양의 로지스틱 곡선은 나이 든 사람 **모두**를 잘못 분류할 것입니다.

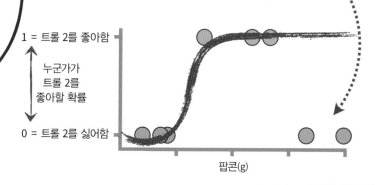

② **해답**: **분류 트리**는 모든 유형의 데이터, 독립변수(나이, 탄산음료 선호 여부 등 예측을 위해 사용되는 변수) 사이의 모든 유형 관계, 그리고 종속변수(트롤 2를 좋아하는지 여부처럼 우리가 예측하고자 하는 것)와의 모든 관계를 다룰 수 있습니다.

분류 트리는 상대적으로 쉽게 해석할 수 있으며 간단하게 사용 가능합니다. 만약 새로운 누군가를 만났고 그 사람이 트롤 2를 좋아하는지 여부를 알고 싶다면 간단히 가장 위에 있는 질문(탄산을 좋아하는지)부터 물어보면 됩니다.

BAM!!!

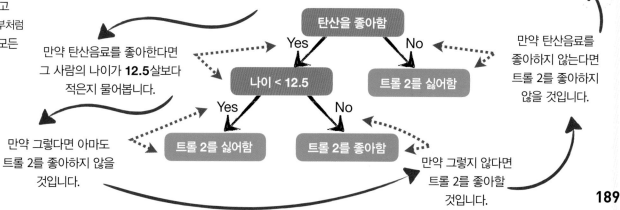

만약 탄산음료를 좋아한다면 그 사람의 나이가 **12.5**살보다 적은지 물어봅니다.

만약 그렇다면 아마도 트롤 2를 좋아하지 않을 것입니다.

만약 그렇지 않다면 트롤 2를 좋아할 것입니다.

만약 탄산음료를 좋아하지 않는다면 트롤 2를 좋아하지 않을 것입니다.

분류 트리 만들기: 한 단계씩 살펴보기

① 우리에게 아래와 같은 **훈련 데이터**셋이 주어졌을 때 팝콘, 탄산 음료를 좋아하는지 여부와 나이를 사용해 **분류 트리**를 만들어

팝콘을 좋아함	탄산음료를 좋아함	나이	트롤 2를 좋아함
Yes	Yes	7	No
Yes	No	12	No
No	Yes	18	Yes
No	Yes	35	Yes
Yes	Yes	38	Yes
Yes	No	50	No
No	No	83	No

누군가가 트롤 2를 좋아하는지 여부를 예측하고 싶습니다.

② 제일 먼저 할 일은 팝콘을 좋아하는지 여부, 탄산음료를 좋아하는지 여부, 혹은 나이 중 어떤 질문을 트리 가장 상단에 놓을지 정해야 합니다.

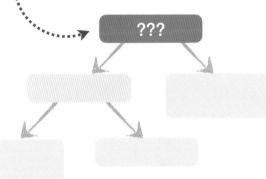

③ 이러한 의사 결정을 하기 위해서는 팝콘을 좋아하는지 여부가 트롤 2를 좋아하는지 여부를 얼마나 잘 예측하는지 살펴봐야 합니다.

바로 팝콘을 좋아하는지 여부를 묻는 질문 하나로 이루어진 아주 간단한 트리부터 시작해서 말이죠.

④ 예를 들어 **훈련 데이터**의 첫 번째 사람은 팝콘을 좋아합니다. 따라서 왼쪽 리프로 가게 되고...

이 사람은 트롤 2를 싫어하니 **No** 단어 아래에 **1**을 기입합니다.

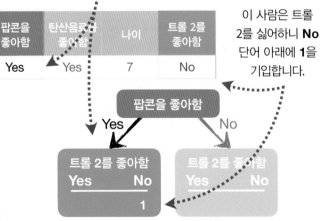

분류 트리 만들기: 한 단계씩 살펴보기

(5) 두 번째 사람도 팝콘을 좋아하므로 왼쪽 리프로 갑니다. 또, 이 사람 역시 트롤 2를 싫어하기 때문에 **No**의 숫자는 **2**로 늘어납니다.

팝콘을 좋아함	탄산음료를 좋아함	나이	트롤 2를 좋아함
Yes	Yes	7	No
Yes	No	12	No
No	Yes	18	Yes
No	Yes	35	Yes
Yes	Yes	38	Yes
Yes	No	50	No
No	No	83	No

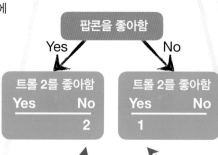

(6) 세 번째 사람은 팝콘을 좋아하지 않습니다. 따라서 리프 오른쪽으로 향합니다. 그러나 이 사람은 트롤 2를 좋아하기 때문에 **Yes** 아래 **1**이 추가됩니다.

(7) 나머지 행에 대해서도 마찬가지로 트리를 타며 트롤 2를 좋아하는지 여부를 확인해줍니다.

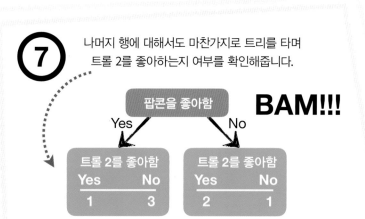

BAM!!!

(8) 그리고 탄산음료를 좋아하는지 여부에 대한 변수에도 동일한 작업을 진행합니다.

팝콘을 좋아함	탄산음료를 좋아함	나이	트롤 2를 좋아함
Yes	Yes	7	No
Yes	No	12	No
No	Yes	18	Yes
...	...	...	...

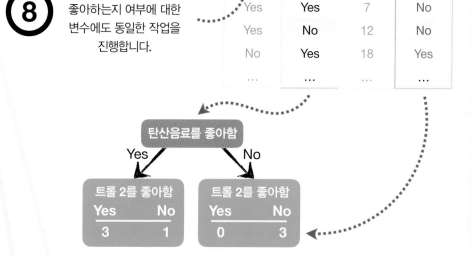

⑨ 이제 '팝콘을 좋아함' 트리와 '탄산음료를 좋아함' 트리를 살펴보겠습니다.

이 3개의 리프는 트롤 2를 좋아하는 사람과 싫어하는 사람이 섞여 있습니다.

이와 반대로 이 리프에는 트롤 2를 싫어하는 사람만 있습니다.

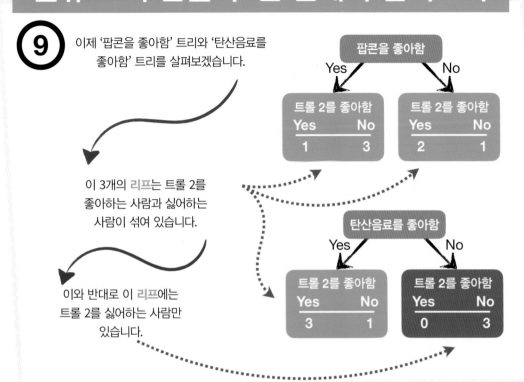

전문용어 주의!!!

여러 분류가 섞여 있는 리프를 **불순**impure하다고 부릅니다.

⑩ '팝콘을 좋아함' 트리의 두 리프는 모두 **불순**하고...

'탄산음료를 좋아함' 트리는 하나의 리프만 **불순**하기 때문에...

'탄산음료를 좋아함' 트리가 트롤 2를 좋아하는 사람을 더 잘 분류한 것처럼 보입니다. 그렇지만 두 트리의 차이를 정량화quantify할 수 있으면 더 좋을 것 같습니다.

⑪ 다행히도 **트리와 리프**의 **불순도**impurity를 정량화하는 방법이 몇 가지 존재합니다.

그중 가장 많이 사용하는 방법은 **지니 불순도**Gini impurity입니다. 물론 멋져 보이는 이름을 가진 **엔트로피**entropy와 **정보 이득**information gain 등의 방법도 있습니다.

이론적으로 이 모든 방법들은 비슷한 결과를 냅니다. 따라서 우리는 가장 유명하고 직관적인 **지니 불순도**에 초점을 맞추도록 하겠습니다.

먼저 **지니 불순도**를 계산해 '팝콘을 좋아함' 트리의 리프 **불순도**를 정량화하겠습니다.

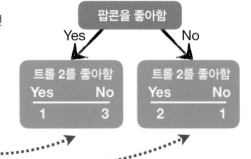

⑫ '팝콘을 좋아함' 트리의 **지니 불순도**를 계산하려면 먼저 각 개별 리프의 **지니 불순도**를 계산해야 합니다. 따라서 **지니 불순도** 공식에 왼쪽 리프의 숫자를 대입해보겠습니다.

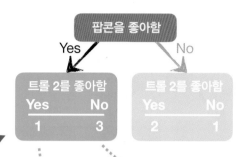

⑬ 리프의 **지니 불순도** = $1 - (\text{"yes" 확률})^2 - (\text{"no" 확률})^2$

⑭ 왼쪽 리프의 경우 **Yes = 1, No = 3**, 총합 = **1 + 3**이라는 숫자를 **지니 불순도** 공식에 대입했을 때 **0.375**를 얻습니다.

$$= 1 - \left(\frac{\text{Yes 수}}{\text{리프의 전체 수}} \right)^2 - \left(\frac{\text{No 수}}{\text{리프의 전체 수}} \right)^2$$

$$= 1 - \left(\frac{1}{1+3} \right)^2 - \left(\frac{3}{1+3} \right)^2 \quad = 0.375$$

⑮ 오른쪽 리프의 경우에는 **0.444**입니다.

리프의 **지니 불순도** = $1 - (\text{"yes" 확률})^2 - (\text{"no" 확률})^2$

$$= 1 - \left(\frac{2}{2+1} \right)^2 - \left(\frac{1}{2+1} \right)^2 \quad = 0.444$$

⑯ 왼쪽 리프에는 **4**명이 있고

오른쪽 리프에는 **3**명밖에 없으므로 리프는 동일한 사람 수를 나타내지 않습니다.

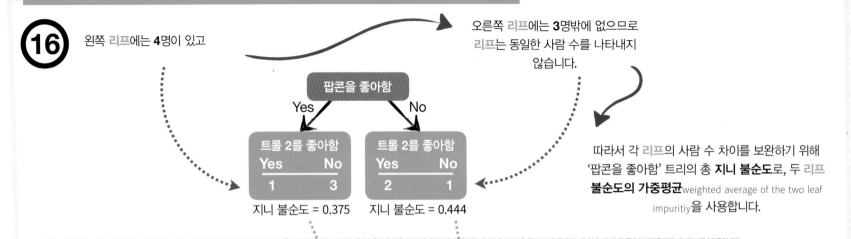

팝콘을 좋아함

Yes ／ No

트롤 2를 좋아함	
Yes	No
1	3

지니 불순도 = 0.375

트롤 2를 좋아함	
Yes	No
2	1

지니 불순도 = 0.444

따라서 각 리프의 사람 수 차이를 보완하기 위해 '팝콘을 좋아함' 트리의 총 **지니 불순도**로, 두 리프 **불순도**의 **가중평균**weighted average of the two leaf impuritiy을 사용합니다.

⑰ 총 **지니 불순도** = 모든 리프의 **지니 불순도**의 가중평균

⑱

왼쪽 리프의 가중값은 리프 전체 사람 수인 4를…

두 리프의 모든 사람 수인 **7**로 나눈 것입니다.

$$\text{총 지니 불순도} = \left(\frac{4}{4+3}\right)0.375 + \left(\frac{3}{4+3}\right)0.444 = 0.405$$

그리고 간단한 수학 계산을 하면 **0.405**를 얻게 됩니다.

BAM!!!

그다음 이 가중값을 관련 **지니 불순도**인 **0.375**와 곱해줍니다.

그리고 오른쪽 리프의 사람 수인 **3**을 두 리프의 전체 사람 수인 **7**로 나눈 가중값을…

해당 **지니 불순도**인 **0.444**와 곱해줍니다.

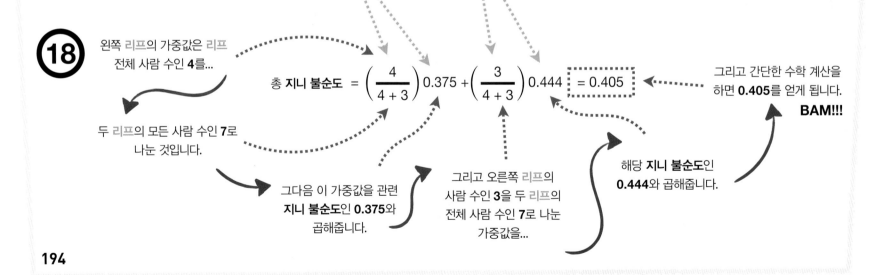

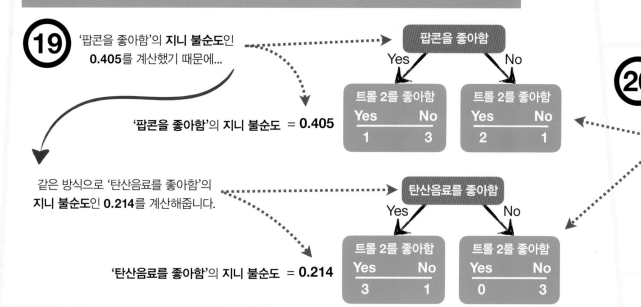

⑲ '팝콘을 좋아함'의 **지니 불순도**인 0.405를 계산했기 때문에...

'**팝콘을 좋아함**'의 지니 불순도 = **0.405**

팝콘을 좋아함

Yes / No

트롤 2를 좋아함	
Yes	No
1	3

트롤 2를 좋아함	
Yes	No
2	1

⑳ '탄산음료를 좋아함' **지니 불순도**가 **0.214**로 낮기 때문에, 우리가 예상한 것처럼 '탄산음료를 좋아함'이 트롤 2를 좋아하는 사람을 더 잘 분류한다는 사실을 확인할 수 있습니다. 이제 이러한 차이를 정량화하는 방법을 알았으니 더 이상 직감에 의존하지 않아도 됩니다.

Bam!

같은 방식으로 '탄산음료를 좋아함'의 **지니 불순도**인 0.214를 계산해줍니다.

'**탄산음료를 좋아함**'의 지니 불순도 = **0.214**

탄산음료를 좋아함

Yes / No

트롤 2를 좋아함	
Yes	No
3	1

트롤 2를 좋아함	
Yes	No
0	3

㉑ 이제 나이의 **지니 불순도**를 계산해야 합니다.

그러나 나이는 **Yes/No**와 같은 값이 아니라 수치형numeric 데이터이기 때문에 **지니 불순도** 계산이 조금 더 복잡합니다.

일반적으로 가장 처음 할 일은 나이를 기준으로 행을 오름차순 정렬해줘야 합니다. 예제의 경우 이미 정렬되어 있으니 이 단계는 건너뛰도록 하겠습니다.

팝콘을 좋아함	탄산음료를 좋아함	나이	트롤 2를 좋아함
Yes	Yes	7	No
Yes	No	12	No
No	Yes	18	Yes
No	Yes	35	Yes
Yes	Yes	38	Yes
Yes	No	50	No
No	No	83	No

㉒ 그다음 할 일은 이웃한 행의 평균 나이를 계산해주는 것입니다.

나이	트롤 2를 좋아함
7	No
9.5	
12	No
15	
18	Yes
26.5	
35	Yes
36.5	
38	Yes
44	
50	No
66.5	
83	No

195

㉓ 마지막으로, 각 평균 나이에 대한 **지니 불순도**를 계산합니다.

예를 들어 첫 번째 평균 나이는 **9.5**이기에 **9.5**를 임곗값으로 사용해 행을 **2**개의 리프로 분할합니다.

그리고 계산을 하면 **0.429**라는 값을 얻게 됩니다.

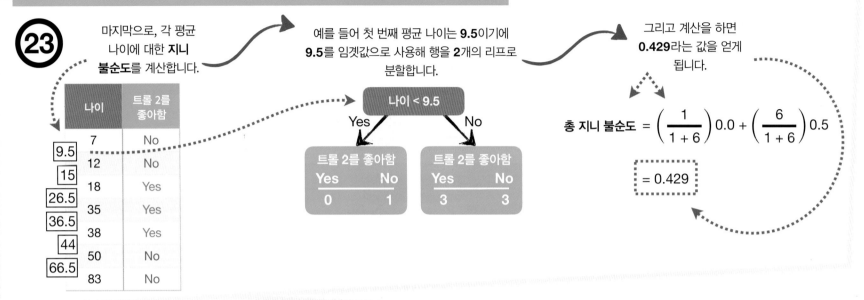

나이	트롤 2를 좋아함
7	No
12	No
18	Yes
35	Yes
38	Yes
50	No
83	No

9.5, 15, 26.5, 36.5, 44, 66.5

나이 < 9.5 / Yes / No

트롤 2를 좋아함 Yes 0 No 1

트롤 2를 좋아함 Yes 3 No 3

$$\text{총 지니 불순도} = \left(\frac{1}{1+6}\right)0.0 + \left(\frac{6}{1+6}\right)0.5$$

$$= 0.429$$

㉔ 최종적으로 나이에 대한 각 잠재 임곗값potential threshold의 **지니 불순도**를 얻게 되고...

따라서 **불순도**가 가장 낮은 임곗값을 찾을 수 있습니다. 그리고 가장 낮은 불순도를 가진 후보 임곗값인 **15**와 **44**의 불순도는 모두 **0.343**으로 동률이므로 임의로 하나를 선택해줍니다. 이번에는 **15**를 선택해보겠습니다.

BAM!!!

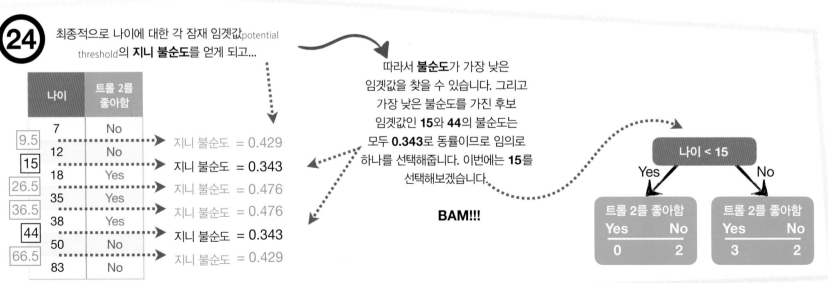

나이	트롤 2를 좋아함	
7	No	
12	No	지니 불순도 = 0.429
18	Yes	지니 불순도 = 0.343
35	Yes	지니 불순도 = 0.476
38	Yes	지니 불순도 = 0.476
50	No	지니 불순도 = 0.343
83	No	지니 불순도 = 0.429

9.5, 15, 26.5, 36.5, 44, 66.5

나이 < 15 / Yes / No

트롤 2를 좋아함 Yes 0 No 2

트롤 2를 좋아함 Yes 3 No 2

분류 트리 만들기: 한 단계씩 살펴보기

㉕ 다시 기억해봅시다. 우리의 첫 번째 목표는 가장 먼저 물어볼 질문을 정하는 일이었습니다. 즉, 팝콘을 좋아하는지 여부, 탄산음료를 좋아하는지 여부, 그리고 나이 중 어떤 질문을 먼저 할지 정했습니다.

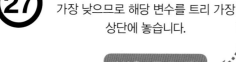

㉖ 따라서 각 변수(혹은 특성)의 **지니 불순도**를 계산했고...

'팝콘을 좋아함'에 대한 **지니 불순도** = **0.405**

'탄산음료를 좋아함'에 대한 **지니 불순도** = **0.214**

'나이'에 대한 **지니 불순도** = **0.343**

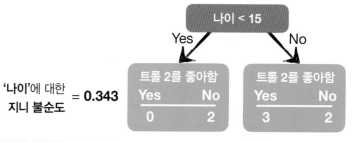

㉗ '탄산음료를 좋아함'은 **지니 불순도**가 가장 낮으므로 해당 변수를 트리 가장 상단에 놓습니다.

탄산음료를 좋아함

BAM!!!

197

㉘ '탄산음료를 좋아함'이 가장 상단에 있는 트리에서 탄산음료를 좋아하는 사람은 총 **4명**이며 왼쪽 **노드**Node로 향합니다. 이 중에 **3명**은 트롤 2를 좋아하고 **1명**은 트롤 2를 싫어합니다.

㉙ 탄산음료를 좋아하지 않는 사람 **3명**은 **오른쪽 노드**로 향합니다.

팝콘을 좋아함	탄산음료를 좋아함	나이	트롤 2를 좋아함
Yes	Yes	7	No
Yes	No	12	No
No	Yes	18	Yes
No	Yes	35	Yes
Yes	Yes	38	Yes
Yes	No	50	No
No	No	83	No

탄산음료를 좋아함
Yes → 트롤 2를 좋아함 Yes 3 / No 1
No → 트롤 2를 좋아함 Yes 0 / No 3

팝콘을 좋아함	탄산음료를 좋아함	나이	트롤 2를 좋아함
Yes	Yes	7	No
Yes	No	12	No
No	Yes	18	Yes
No	Yes	35	Yes
Yes	Yes	38	Yes
Yes	No	50	No
No	No	83	No

㉚ 왼쪽 노드가 **불순**impure하므로 여기 있는 **4명**을 '팝콘을 좋아함' 혹은 '나이' 변수에 기반해 **지니 불순도**를 계산한 후 분할합니다.

㉛ 탄산음료를 좋아하는 **4명**을 팝콘을 좋아하는지 여부에 따라 나눈다면 **지니 불순도**는 **0.25**가 됩니다.

그러나 이 **4명**을 나이가 **12.5세** 이하인지 여부에 따라 나눈다면 **지니 불순도**는 **0**이 됩니다.

팝콘을 좋아함
Yes → 트롤 2를 좋아함 Yes 1 / No 1
No → 트롤 2를 좋아함 Yes 2 / No 0
지니 불순도 = 0.25

나이 < 12.5
Yes → 트롤 2를 좋아함 Yes 0 / No 1
No → 트롤 2를 좋아함 Yes 3 / No 0
지니 불순도 = 0.0

팝콘을 좋아함	탄산음료를 좋아함	나이	트롤 2를 좋아함
Yes	Yes	7	No
Yes	No	12.5 · 12	No
No	Yes	18	Yes
No	Yes	26.5 · 35	Yes
Yes	Yes	36.5 · 38	Yes
Yes	No	50	No
No	No	83	No

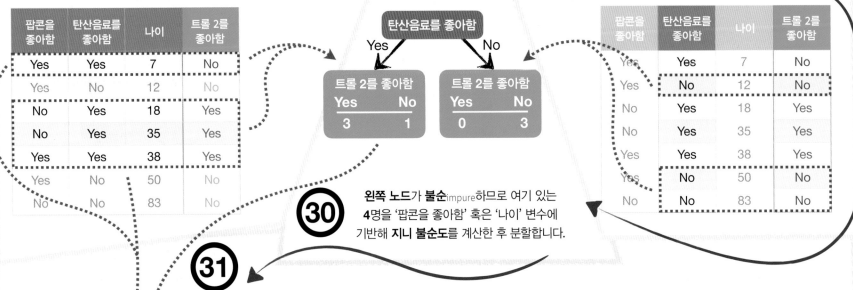

분류 트리 만들기: 한 단계씩 살펴보기

 이전에 우리가 '탄산음료를 좋아함' 변수를 **루트**root로 선택한 이유는 이 변수를 기준으로 **훈련 데이터**를 분할했을 때 가장 낮은 **지니 불순도**가 나왔기 때문이라는 것을 기억하세요. 따라서 탄산음료를 좋아하는 **4**명은 왼쪽 **노드**로 향하고...

 탄산음료를 좋아하지 않는 **3**명은 오른쪽 **노드**로 향합니다. 그리고 이 **3**명은 모두 트롤 2를 싫어합니다.

이 **노드**에 있는 모든 사람이 트롤 2를 싫어하기 때문에 이 노드는 리프leaf가 됩니다. 더 작은 그룹으로 분할할 수 없기 때문이죠.

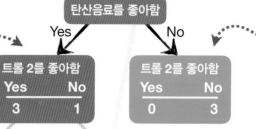

팝콘을 좋아함	탄산음료를 좋아함	나이	트롤 2를 좋아함
Yes	Yes	7	No
Yes	No	12	No
No	Yes	18	Yes
No	Yes	35	Yes
Yes	Yes	38	Yes
Yes	No	50	No
No	No	83	No

탄산음료를 좋아함
Yes / No

트롤 2를 좋아함
Yes 3 / No 1

트롤 2를 좋아함
Yes 0 / No 3

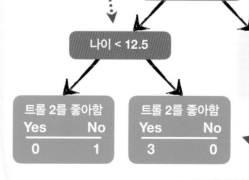 **35** '**나이 12.5세 이하**'를 선택했을 때 가장 낮은 지니 불순도인 **0**을 얻기에 이를 트리에 더해줍니다. 따라서 이 새로운 **노드**는 모두 **불순**하지 않으므로 리프와 동일해집니다.

34 이와 반대로 탄산음료를 좋아하는 4명 중에는 트롤 2를 좋아하는 사람과 싫어하는 사람이 섞여 있습니다. 따라서 '팝콘을 좋아함'이나 '나이'를 사용해 간단한 트리를 계속해서 만들 수 있습니다.

팝콘을 좋아함
Yes / No

트롤 2를 좋아함
Yes 1 / No 1

트롤 2를 좋아함
Yes 2 / No 0

지니 불순도 = 0.25

나이 < 12.5
Yes / No

트롤 2를 좋아함
Yes 0 / No 1

트롤 2를 좋아함
Yes 3 / No 0

지니 불순도 = 0.0

탄산음료를 좋아함

나이 < 12.5

트롤 2를 좋아함
Yes 0 / No 1

트롤 2를 좋아함
Yes 3 / No 0

분류 트리 만들기: 한 단계씩 살펴보기

 36 앞에서 우리는 **훈련 데이터**를 사용해 **트리**를 만들었습니다.

이제 남은 일은 각 리프의 출력값을 할당하는 것입니다.

일반적으로 리프의 출력output은 가장 많은 수의 카테고리(분류)가 됩니다.

팝콘을 좋아함	탄산음료를 좋아함	나이	트롤 2를 좋아함
Yes	Yes	7	No
Yes	No	12	No
No	Yes	18	Yes
No	Yes	35	Yes
Yes	Yes	38	Yes
Yes	No	50	No
No	No	83	No

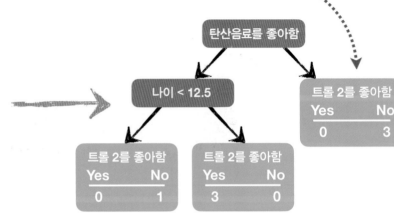

다른 말로, 이 리프의 대부분 사람들은 트롤 2를 좋아하지 않기 때문에 해당 리프의 출력값은 '트롤 2를 싫어함'이 됩니다.

 37 각 리프에 출력값을 할당하면 **분류 트리**를 만드는 작업이 끝납니다. 야호!!!

BAM?

아, 잠시만요. 아직 이야기할 내용이 더 있습니다.

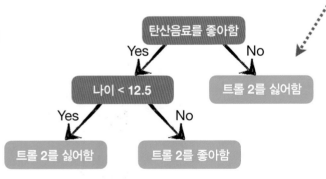

(38) 이 트리를 만들 때 **훈련 데이터**의 단 한 사람만이 여기 **리프**에 들어가게 됩니다.

팝콘을 좋아함	탄산음료를 좋아함	나이	트롤 2를 좋아함
Yes	Yes	7	No
Yes	No	12	No
No	Yes	18	Yes
No	Yes	35	Yes
Yes	Yes	38	Yes
Yes	No	50	No
No	No	83	No

훈련 데이터에 있는 사람들 중 아주 소수만 들어가는 **리프**는 이후 새로운 데이터를 만났을 때 잘 예측할 수 있을지 확신하기 어렵습니다.

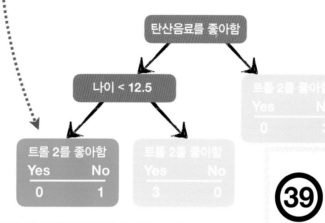

실전에서는 이 문제에 대응하기 위한 2가지 주요 방법이 존재합니다.

(39) 한 가지 방법은 **가지치기**pruning입니다. 하지만 우리는 이 주제를 《**그림으로 이해하는 StatQuest 트리 기반 머신러닝**》을 위해 아껴두겠습니다.

(40) 다른 대안은 트리의 성장을 제한하는 방법입니다. 예를 들어 각 **리프**에 **3명** 혹은 그 이상의 샘플이 들어가야 한다고 정하면, 이 **훈련 데이터**에 대해 우리는 다음과 같은 **불순**한 **리프**를 가진 트리를 얻게 될 것입니다.

리프가 불순하다 해도 해당 리프의 **75%**에 해당하는 사람들이 트롤 2를 좋아하므로 예측 정확도 상승을 기대할 수 있습니다.

NOTE: 트리를 만들 때 각 **리프**에 필요한 최적의 샘플 수를 미리 알 수 없습니다. 따라서 **교차검증**으로 여러 번 테스트한 후 최적의 숫자를 선택해야 합니다.

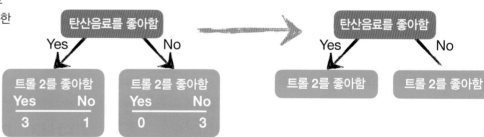

NOTE: 비록 이 **리프**가 **불순**하더라도 출력값이 필요합니다. 이 **리프**의 대부분 사람은 트롤 2를 좋아하므로 '트롤 2를 좋아함'이 출력값이 될 것입니다.

BAM!!!

이제 **분류 트리**를 만드는 방법을 다시 요약해보겠습니다.

① 전체 **훈련 데이터셋**에서 **지니 불순도**를 활용해 '탄산음료를 좋아함'을 트리의 **루트**로 선택했습니다.

팝콘을 좋아함	탄산음료를 좋아함	나이	트롤 2를 좋아함
Yes	Yes	7	No
Yes	No	12	No
No	Yes	18	Yes
No	Yes	35	Yes
Yes	Yes	38	Yes
Yes	No	50	No
No	No	83	No

그 결과로 탄산음료를 좋아하는 **4**명은 왼쪽으로, 탄산음료를 싫어하는 **3**명은 오른쪽으로 이동했습니다.

BAM!

탄산음료를 좋아함

나이 < 12.5

트롤 2를 좋아함	
Yes	No
0	3

트롤 2를 좋아함	
Yes	No
0	1

트롤 2를 좋아함	
Yes	No
3	0

② 그리고 트롤 2를 좋아하는 사람과 싫어하는 사람이 섞여 있는, 탄산음료를 좋아하는 **4**명의 샘플을 활용해 **지니 불순도**를 계산한 후 '**나이 12.5세 이하**'를 다음 **노드**로 선택했습니다.

팝콘을 좋아함	탄산음료를 좋아함	나이	트롤 2를 좋아함
Yes	Yes	7	No
Yes	No	12	No
No	Yes	18	Yes
No	Yes	35	Yes
Yes	Yes	38	Yes
Yes	No	50	No
No	No	83	No

Double BAM!!

③ 그런 다음 가장 많은 갯수를 가진 범주category를 각 리프의 출력값으로 할당합니다.

탄산음료를 좋아함
Yes / No
나이 < 12.5 / 트롤 2를 싫어함
Yes / No
트롤 2를 싫어함 / 트롤 2를 좋아함

TRIPLE BAM!!

이로써 **분류 트리**의 모든 것을 배웠습니다.
이제 **두 번째 파트**인 **회귀 트리**에 대해 배워볼 시간입니다!

의사결정 트리
파트 2:

회귀 트리

① **문제:** 다음과 같이 약물 복용량에 따른 효과에 대한 **훈련 데이터셋**이 있습니다.

이 데이터에 직선을 피팅하면 아주 끔찍한 예측 결과를 얻습니다.

왜냐하면 **효과적인** 복용량이 **효과적이지 않은** 복용량 그룹에 둘러싸여 있기 때문입니다.

② **해답: 분류 트리를** 사용해 의사 결정을 위한 변수 사이 모든 유형의 관계와 데이터를 다루었던 것처럼 **회귀 트리를** 사용할 수 있습니다. 하지만 출력은 약물 효과처럼 연속값입니다.

분류 트리와 마찬가지로 **회귀 트리** 또한 상대적으로 해석이 쉬우며 사용하기 용이합니다. 예제에서 여러분은 새로운 복용량이 주어졌을 때 해당 복용량이 얼마나 효과적일지 예측하고 싶습니다. 트리 가장 상단부터 시작해봅시다. 먼저 **복용량 < 14.5**인 경우부터 물어봅니다.

복용량이 **14.5**보다 작다면 약의 효과는 **4.2%**입니다. 만약 복용량이 **14.5**보다 크거나 같다면 **복용량이 29**보다 크거나 같은지 물어봅니다.

만약 그렇다면 약은 **2.5%** 효과적이고, 아니라면 복용량이 **23.5**보다 크거나 같은지 물어봅니다.

만약 그렇다면 약은 **52.8%** 효과적이고, 아니라면 약은 **100%** 효과적입니다.

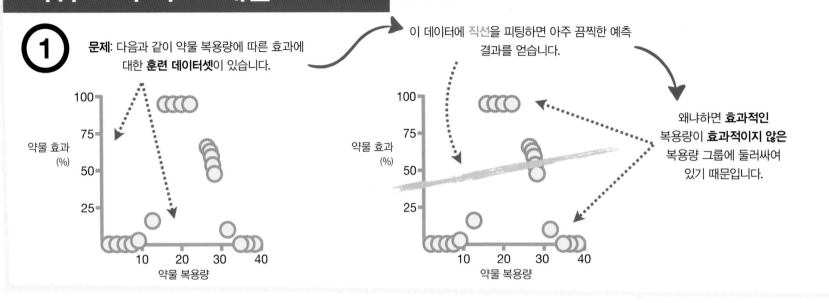

BAM!!!

③ 이 예제에서 **회귀 트리**로 어느 정도 괜찮은 예측을 할 수 있습니다. 각 리프가 그래프상 점들의 각기 다른 클러스터에 대응하기 때문입니다.

복용량이 **14.5** 이하일 때 **회귀 트리**의 출력은 이 **6**개 측정값(샘플)의 평균 효과인 **4.2%**가 됩니다.

④

복용량 > 14.5

Yes   No

4.2% 효과 있음

복용량 ≥ 29

Yes   No

2.5% 효과 있음

복용량 ≥ 23.5

Yes   No

52.8% 효과 있음

100% 효과 있음

복용량이 **14.5**에서 **23.5** 사이라면 출력은 이 **4**개 측정값의 평균 효과인 **100%**가 됩니다.

⑤ 만약 복용량이 **29**보다 크거나 같다면 출력은 이 **4**개 측정값의 평균 효과인 **2.5%**입니다.

⑥ 복용량이 **23.5**에서 **29** 사이라면 출력은 이 **5**개 측정값의 평균 효과인 **52.8%**가 됩니다.

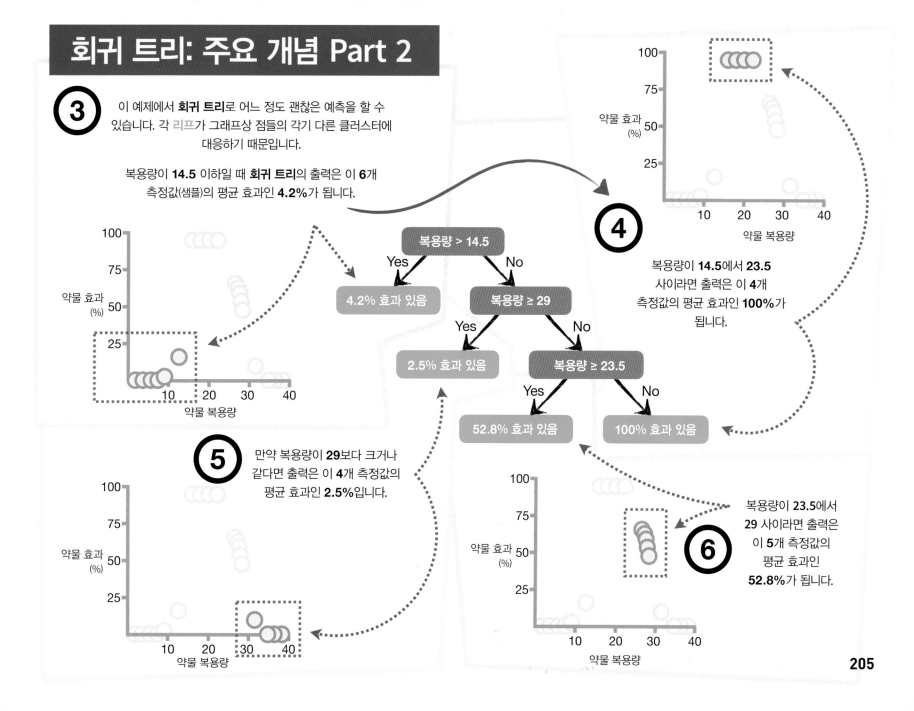

회귀 트리 만들기: 한 단계씩 살펴보기

① 아래와 같은 **훈련 데이터**로 약 복용량을 기반으로 약물 효과를 예측하는 **회귀 트리**를 만들고자 합니다.

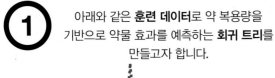
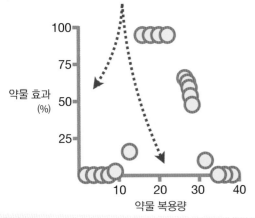

② 분류 **트리**와 마찬가지로 **회귀 트리**에서도 어떤 변수를 **루트**로 사용할지 먼저 정해야 합니다.

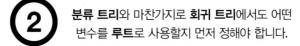

③ 결정하기 위해 먼저 첫 번째 **두 복용량**의 평균인 **3**을 계산합니다. 이는 여기 점선에 해당합니다.

그리고 '**복용량 < 3**'을 기준으로 샘플을 **두 그룹**으로 분할할 수 있도록 아주 간단한 트리를 생성합니다.

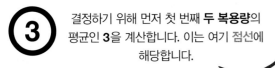
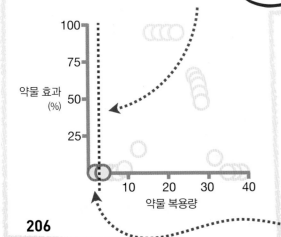

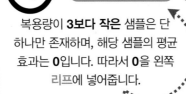

④ 복용량이 **3보다 작은** 샘플은 단 하나만 존재하며, 해당 샘플의 평균 효과는 **0**입니다. 따라서 **0**을 왼쪽 리프에 넣어줍니다.

다른 모든 점들은 **복용량**이 **3 이상**이며 평균 효과는 **38.8**입니다. 따라서 **38.3**을 오른쪽 리프에 기입합니다.

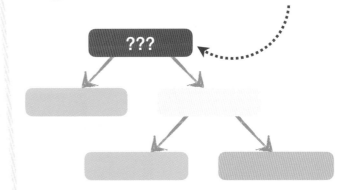
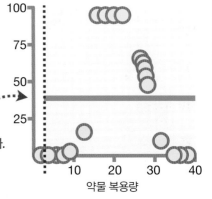

회귀 트리 만들기: 한 단계씩 살펴보기

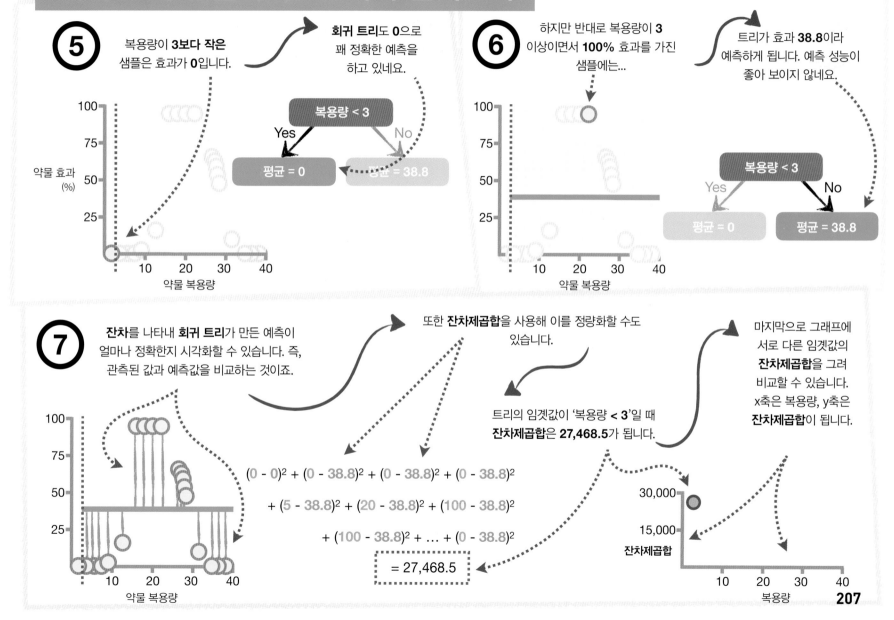

⑤ 복용량이 **3보다 작은** 샘플은 효과가 **0**입니다.

회귀 트리도 **0**으로 꽤 정확한 예측을 하고 있네요.

복용량 < 3

Yes / No

평균 = 0   평균 = 38.8

약물 효과 (%)

10 20 30 40
약물 복용량

⑥ 하지만 반대로 복용량이 **3** 이상이면서 **100%** 효과를 가진 샘플에는...

트리가 효과 **38.8**이라 예측하게 됩니다. 예측 성능이 좋아 보이지 않네요.

복용량 < 3

Yes / No

평균 = 0   평균 = 38.8

10 20 30 40
약물 복용량

⑦ **잔차**를 나타내 **회귀 트리**가 만든 예측이 얼마나 정확한지 시각화할 수 있습니다. 즉, 관측된 값과 예측값을 비교하는 것이죠.

또한 **잔차제곱합**을 사용해 이를 정량화할 수도 있습니다.

트리의 임곗값이 '복용량 < 3'일 때 **잔차제곱합**은 **27,468.5**가 됩니다.

마지막으로 그래프에 서로 다른 임곗값의 **잔차제곱합**을 그려 비교할 수 있습니다. x축은 복용량, y축은 **잔차제곱합**이 됩니다.

$$(0 - 0)^2 + (0 - 38.8)^2 + (0 - 38.8)^2 + (0 - 38.8)^2$$
$$+ (5 - 38.8)^2 + (20 - 38.8)^2 + (100 - 38.8)^2$$
$$+ (100 - 38.8)^2 + \ldots + (0 - 38.8)^2$$

$$= 27,468.5$$

10 20 30 40
약물 복용량

잔차제곱합

10 20 30 40
복용량

207

회귀 트리 만들기: 한 단계씩 살펴보기

⑧ 이제 복용량 임곗값을 그래프의 두 번째 샘플과 세 번째 샘플의 평균값인 **5**로 설정합니다.

그리고 '복용량 **< 5**'를 **루트**root로 사용해 아주 간단한 트리를 만들어줍니다.

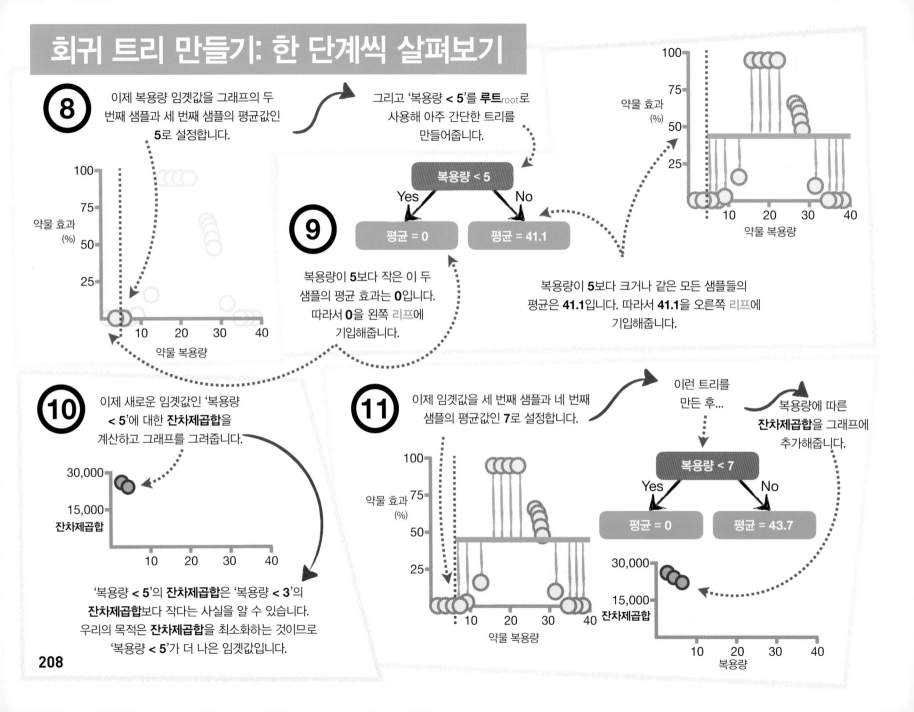

약물 효과 (%)

복용량 < 5

Yes   No

⑨

평균 = 0   평균 = 41.1

복용량이 **5**보다 작은 이 두 샘플의 평균 효과는 **0**입니다. 따라서 **0**을 왼쪽 리프에 기입해줍니다.

복용량이 **5**보다 크거나 같은 모든 샘플들의 평균은 **41.1**입니다. 따라서 **41.1**을 오른쪽 리프에 기입해줍니다.

약물 효과 (%)

약물 복용량

⑩ 이제 새로운 임곗값인 '복용량 **< 5**'에 대한 **잔차제곱합**을 계산하고 그래프를 그려줍니다.

30,000

15,000

잔차제곱합

'복용량 **< 5**'의 **잔차제곱합**은 '복용량 **< 3**'의 **잔차제곱합**보다 작다는 사실을 알 수 있습니다. 우리의 목적은 **잔차제곱합**을 최소화하는 것이므로 '복용량 **< 5**'가 더 나은 임곗값입니다.

⑪ 이제 임곗값을 세 번째 샘플과 네 번째 샘플의 평균값인 **7**로 설정합니다.

이런 트리를 만든 후...

복용량에 따른 **잔차제곱합**을 그래프에 추가해줍니다.

복용량 < 7

Yes   No

평균 = 0   평균 = 43.7

약물 효과 (%)

약물 복용량

30,000

15,000

잔차제곱합

복용량

208

⑫ 그런 다음 모든 순차적인 복용량 쌍pair에 대한 평균값으로 임곗값을 변경해가며 트리를 만들고 **잔차제곱합**을 계산해 그래프에 그려줍니다.

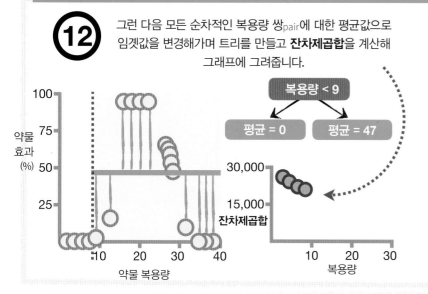

복용량 < 9
평균 = 0   평균 = 47

⑬ 임곗값을 **2번** 정도 더 옮기면 **잔차제곱합** 그래프의 모양은 아래와 같습니다.

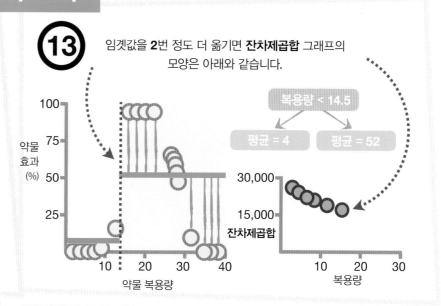

복용량 < 14.5
평균 = 4   평균 = 52

⑭ 복용량 임곗값을 **7번** 더 옮기면 **잔차제곱합** 그래프의 모양은 아래와 같습니다.

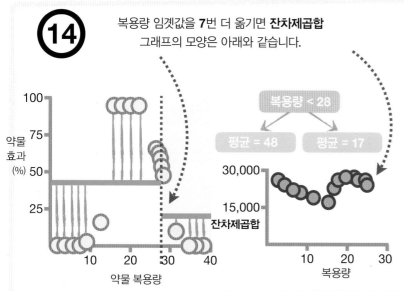

복용량 < 28
평균 = 48   평균 = 17

⑮ 마지막으로, 마지막 쌍까지 모두 옮겨가며 **잔차제곱합**을 계산하면 다음과 같은 모양의 그래프를 얻습니다.

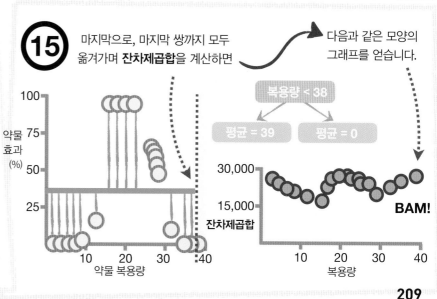

복용량 < 38
평균 = 39   평균 = 0

BAM!

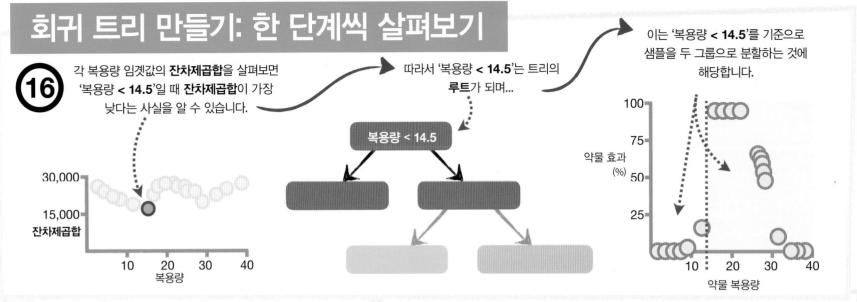

⑯ 각 복용량 임곗값의 **잔차제곱합**을 살펴보면 '복용량 < 14.5'일 때 **잔차제곱합**이 가장 낮다는 사실을 알 수 있습니다.

따라서 '복용량 < 14.5'는 트리의 **루트**가 되며...

이는 '복용량 < 14.5'를 기준으로 샘플을 두 그룹으로 분할하는 것에 해당합니다.

복용량 < 14.5

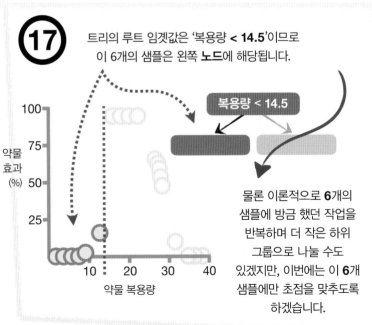

⑰ 트리의 루트 임곗값은 '복용량 < 14.5'이므로 이 6개의 샘플은 왼쪽 **노드**에 해당됩니다.

복용량 < 14.5

물론 이론적으로 **6**개의 샘플에 방금 했던 작업을 반복하며 더 작은 하위 그룹으로 나눌 수도 있겠지만, 이번에는 이 **6**개 샘플에만 초점을 맞추도록 하겠습니다.

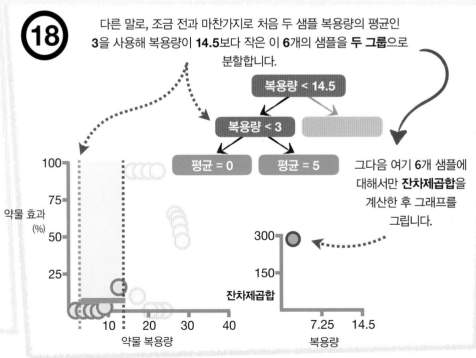

⑱ 다른 말로, 조금 전과 마찬가지로 처음 두 샘플 복용량의 평균인 3을 사용해 복용량이 **14.5**보다 작은 이 **6**개의 샘플을 **두 그룹**으로 분할합니다.

복용량 < 14.5

복용량 < 3

평균 = 0

평균 = 5

그다음 여기 6개 샘플에 대해서만 **잔차제곱합**을 계산한 후 그래프를 그립니다.

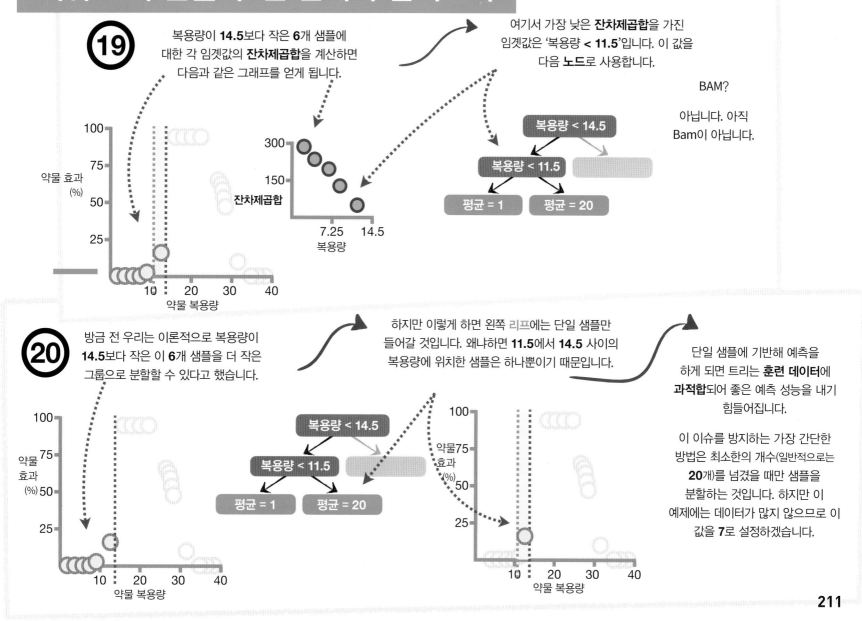

⑲ 복용량이 **14.5**보다 작은 **6**개 샘플에 대한 각 임곗값의 **잔차제곱합**을 계산하면 다음과 같은 그래프를 얻게 됩니다.

여기서 가장 낮은 **잔차제곱합**을 가진 임곗값은 '복용량 < 11.5'입니다. 이 값을 다음 **노드**로 사용합니다.

BAM?

아닙니다. 아직 Bam이 아닙니다.

약물 효과 (%)

잔차제곱합

복용량

약물 복용량

복용량 < 14.5
복용량 < 11.5
평균 = 1   평균 = 20

⑳ 방금 전 우리는 이론적으로 복용량이 **14.5**보다 작은 이 **6**개 샘플을 더 작은 그룹으로 분할할 수 있다고 했습니다.

하지만 이렇게 하면 왼쪽 리프에는 단일 샘플만 들어갈 것입니다. 왜냐하면 **11.5**에서 **14.5** 사이의 복용량에 위치한 샘플은 하나뿐이기 때문입니다.

단일 샘플에 기반해 예측을 하게 되면 트리는 **훈련 데이터**에 **과적합**되어 좋은 예측 성능을 내기 힘들어집니다.

이 이슈를 방지하는 가장 간단한 방법은 최소한의 개수(일반적으로는 **20**개)를 넘겼을 때만 샘플을 분할하는 것입니다. 하지만 이 예제에는 데이터가 많지 않으므로 이 값을 **7**로 설정하겠습니다.

약물 효과 (%)

약물 복용량

복용량 < 14.5
복용량 < 11.5
평균 = 1   평균 = 20

약물 효과 (%)

약물 복용량

㉑ 복용량이 **14.5**보다 작은 샘플은 **6개**뿐이므로 **왼쪽 노드**에는 **6개**의 샘플만 들어가게 됩니다.

하위 그룹으로 계속 나누기 위해서는 최소 샘플 개수인 **7개**를 만족해야 하는데 그렇지 않으므로 이 **왼쪽 노드**는 리프가 됩니다.

BAM!!!

이 리프의 출력값은 샘플 **6개**의 평균 효과인 **4.2%**가 됩니다.

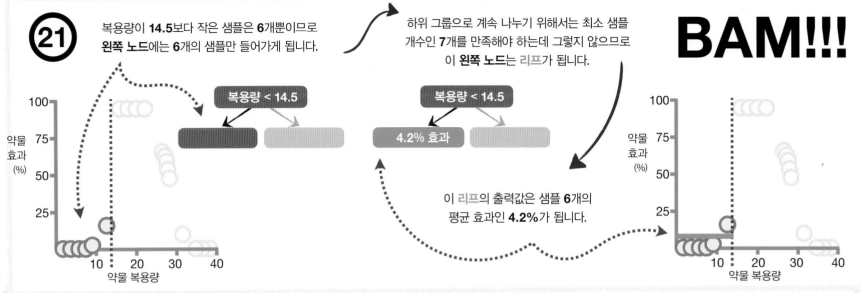

㉒ 이제 **오른쪽 노드**로 이동한, 복용량이 **14.5**보다 크거나 같은 샘플 **13개**를 살펴보겠습니다.

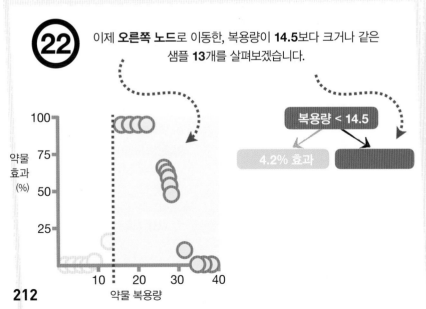

㉓ **오른쪽 노드**에는 **7개**보다 많은 샘플이 있기 때문에 이 샘플들을 다시 두 그룹으로 분할할 수 있습니다. 이를 위해 가장 낮은 **잔차제곱합**을 갖는 임곗값을 찾습니다.

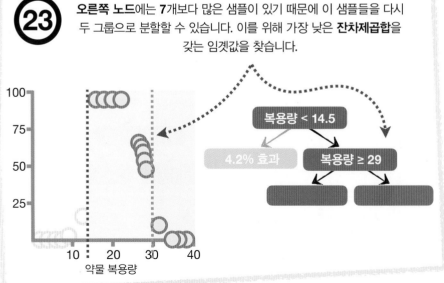

회귀 트리 만들기: 한 단계씩 살펴보기

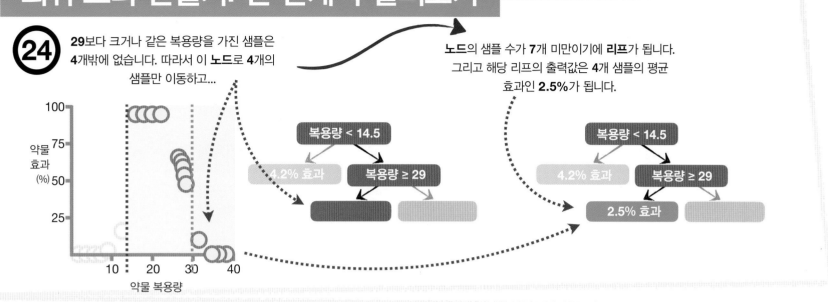

(24) 29보다 크거나 같은 복용량을 가진 샘플은 4개밖에 없습니다. 따라서 이 **노드**로 4개의 샘플만 이동하고...

노드의 샘플 수가 **7**개 미만이기에 **리프**가 됩니다. 그리고 해당 리프의 출력값은 4개 샘플의 평균 효과인 **2.5%**가 됩니다.

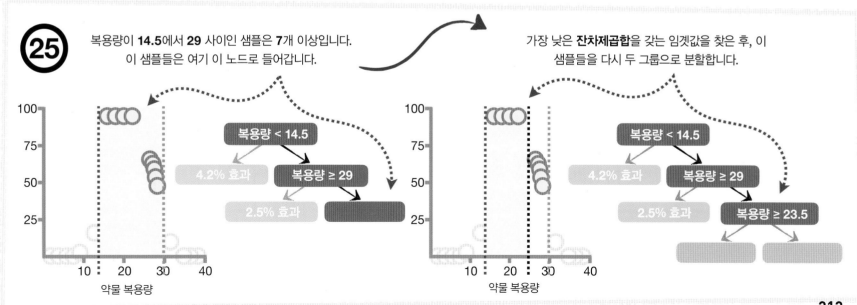

(25) 복용량이 **14.5**에서 **29** 사이인 샘플은 7개 이상입니다. 이 샘플들은 여기 이 노드로 들어갑니다.

가장 낮은 **잔차제곱합**을 갖는 임곗값을 찾은 후, 이 샘플들을 다시 두 그룹으로 분할합니다.

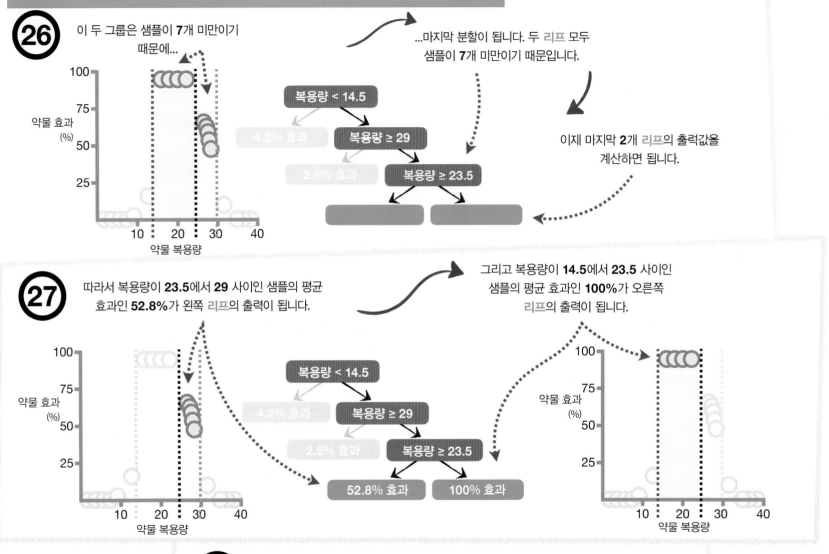

㉖ 이 두 그룹은 샘플이 **7**개 미만이기 때문에...

...마지막 분할이 됩니다. 두 리프 모두 샘플이 **7**개 미만이기 때문입니다.

복용량 < 14.5

4.2% 효과

복용량 ≥ 29

2.5% 효과

복용량 ≥ 23.5

이제 마지막 **2**개 리프의 출력값을 계산하면 됩니다.

약물 효과 (%)

약물 복용량

㉗ 따라서 복용량이 **23.5**에서 **29** 사이인 샘플의 평균 효과인 **52.8%**가 왼쪽 리프의 출력이 됩니다.

그리고 복용량이 **14.5**에서 **23.5** 사이인 샘플의 평균 효과인 **100%**가 오른쪽 리프의 출력이 됩니다.

복용량 < 14.5

4.2% 효과

복용량 ≥ 29

2.5% 효과

복용량 ≥ 23.5

52.8% 효과   100% 효과

약물 효과 (%)

약물 복용량

약물 효과 (%)

약물 복용량

㉘ 마침내 **회귀 트리**를 완성했습니다.   **DOUBLE BAM!!!**

잠깐만요!!!
아직 조금 더 남았습니다!!!

(1) 지금까지는 약물 효과를 예측하는 데 단일 변수인 복용량만으로 **회귀 트리**를 만들었습니다.

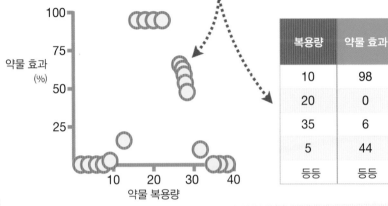

복용량	약물 효과
10	98
20	0
35	6
5	44
등등	등등

(2) 이제 복용량, 나이, 성별 변수를 활용해 약물 효과를 예측하는 **회귀 트리**를 만드는 방법을 살펴보겠습니다.

복용량	나이	성별	약물 효과
10	25	F	98
20	73	M	0
35	54	F	6
5	12	M	44
등등	등등	등등	등등

NOTE: 분류 트리와 마찬가지로 **회귀 트리** 역시 모든 유형의 변수를 예측에 사용할 수 있습니다. 하지만 **회귀 트리**로 예측하는 값은 항상 연속값입니다.

(3) 먼저 나이와 성별은 완전히 무시하고, 복용량만 활용해 약물 효과를 예측합니다.

복용량	나이	성별	약물 효과
10	25	F	98
20	73	M	0
35	54	F	6
5	12	M	44
등등	등등	등등	등등

그리고 가장 낮은 **잔차 제곱합**을 가진 임곗값을 선택합니다.

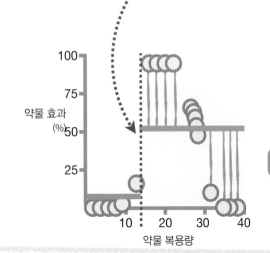

하지만 해당 임곗값을 바로 **루트**로 만드는 대신 **후보**candidate **루트**로 둡니다.

루트가 될 수도 있지만 아직 알 수 없어.

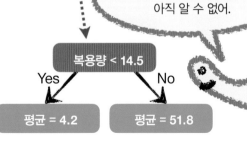

복용량 < 14.5

Yes   No

평균 = 4.2   평균 = 51.8

④ 그런 다음 복용량과 성별 변수를 무시하고 나이 변수만 사용해 효과를 예측합니다.

그리고 가장 낮은 **잔차제곱합**을 가진 임곗값을 선택합니다.

해당 값은 두 번째 **후보 루트**가 됩니다.

복용량	나이	성별	약물 효과
10	25	F	98
20	73	M	0
35	54	F	6
5	12	M	44
등등	등등	등등	등등

나이 > 50

Yes · No

평균 = 3 · 평균 = 52

⑤ 마지막으로 복용량과 나이 변수를 무시하고 성별 변수만으로 효과를 예측합니다.

성별 변수는 데이터를 분할하기 위한 임곗값이 하나뿐이지만 **잔차제곱합** 계산은 여전히 가능합니다.

해당 값은 세 번째 **후보 루트**가 됩니다.

복용량	나이	성별	약물 효과
10	25	F	98
20	73	M	0
35	54	F	6
5	12	M	44
등등	등등	등등	등등

성별 = F

Yes · No

평균 = 52 · 평균 = 40

여성 · 남성

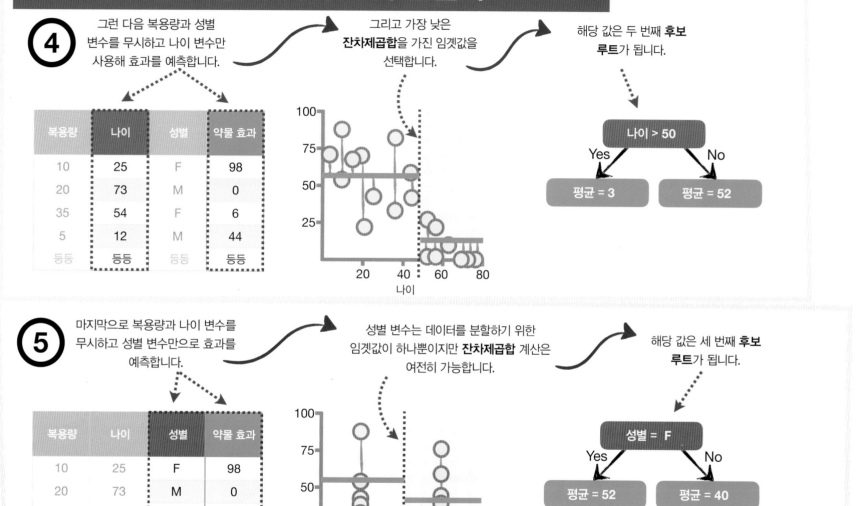

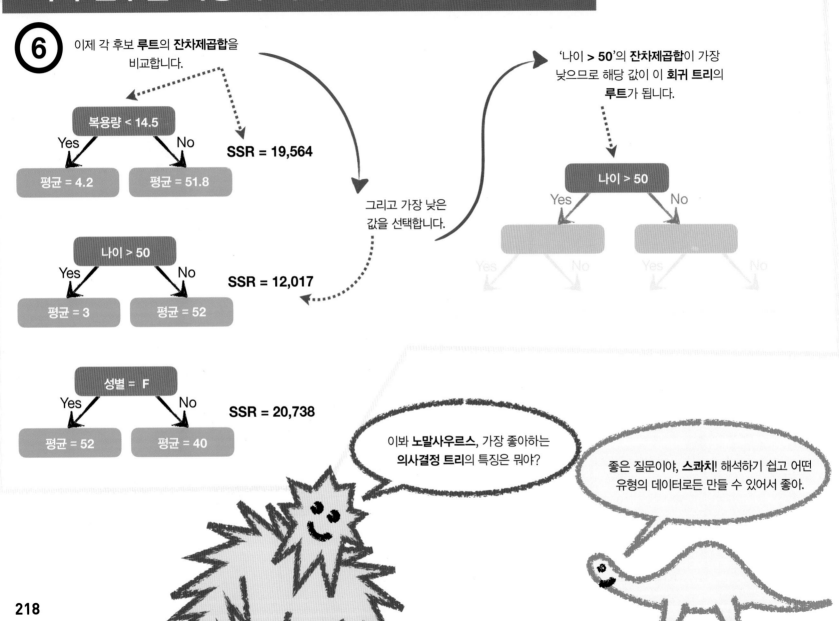

6 이제 각 후보 **루트**의 **잔차제곱합**을 비교합니다.

복용량 < 14.5
Yes / No
평균 = 4.2 / 평균 = 51.8
SSR = 19,564

나이 > 50
Yes / No
평균 = 3 / 평균 = 52
SSR = 12,017

성별 = F
Yes / No
평균 = 52 / 평균 = 40
SSR = 20,738

그리고 가장 낮은 값을 선택합니다.

'**나이 > 50**'의 **잔차제곱합**이 가장 낮으므로 해당 값이 이 **회귀 트리**의 **루트**가 됩니다.

나이 > 50
Yes / No
Yes / No / Yes / No

이봐 **노말사우르스**, 가장 좋아하는 **의사결정 트리**의 특징은 뭐야?

좋은 질문이야, **스콰치**! 해석하기 쉽고 어떤 유형의 데이터로든 만들 수 있어서 좋아.

⑦ '나이 > 50'이 루트가 되었기 때문에 **훈련 데이터**에서 나이가 **50살보다 많으면** 왼쪽 노드로 향하게 되고...

나이가 **50**살보다 작거나 같은 사람은 오른쪽 **노드**로 향합니다.

복용량	나이	성별	약물 효과
10	25	F	98
20	73	M	0
35	54	F	6
5	12	M	44
등등	등등	등등	등등

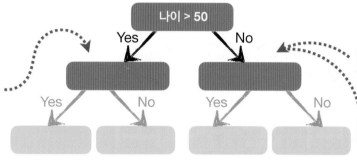

복용량	나이	성별	약물 효과
10	25	F	98
20	73	M	0
35	54	F	6
5	12	M	44
등등	등등	등등	등등

⑧ 그런 다음 이전과 마찬가지로 트리를 키웁니다. 복용량, 나이, 그리고 성별 세 후보 중 가장 낮은 **잔차제곱합**을 가지는 임곗값을 선택합니다.

데이터를 더 이상 나눌 수 없을 때까지 말이죠. 이로써 우리는 **회귀 트리**를 완성했습니다.

TRIPLE BAM!!!

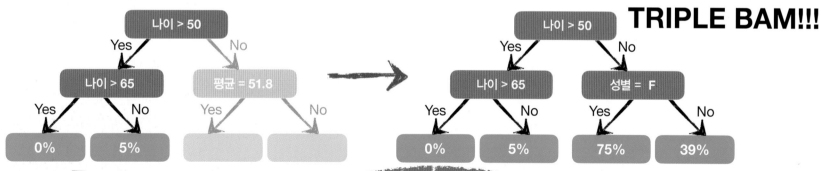

NOTE: 최종 예측은 약물 효과입니다.

이제 **의사결정 트리**를 이해했으니 **서포트 벡터 머신**에 대해 배워보자!!!

219

Chapter 11

서포트 벡터 분류기와
서포트 벡터 머신(SVM)!!!

서포트 벡터 머신(SVM) : 주요 개념

① **문제**: 우리는 사람들의 팝콘 섭취량(g)을 측정했습니다. 해당 정보를 활용해 누군가가 트롤 2를 좋아하는지 여부를 예측하고 싶습니다. **빨간색 점**과 **파란색 점**은 각각 트롤 2를 싫어하는 사람과 좋아하는 사람을 나타냅니다.

이론적으로, 우리는 y축을 만들어 트롤 2를 좋아하는지 여부를 나타내고 점들을 이에 맞게 옮긴 다음...

로지스틱 회귀를 활용해 S자 곡선을 데이터에 피팅할 수 있습니다.

하지만 이 **S자 곡선**은 팝콘을 많이 먹은 사람들을 잘못 분류하는 형편없는 분류기가 됩니다. 더 나은 방법이 있을까요?

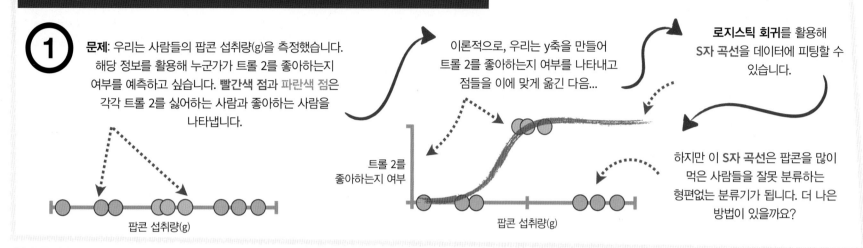

② **해답**: **서포트 벡터 머신**support vector machine, SVM은 데이터에 새로운 축을 추가해 분류를 정확히 할 수 있는 **직선**을 상대적으로 쉽게 그릴 수 있도록 점들을 이동시킵니다.

예제에서 x축은 개인의 팝콘 섭취량이며 새로운 y축은 팝콘의 제곱입니다.

이제 **직선** 왼쪽에 있는 사람들은 모두 트롤 2를 싫어하고...

냠냠!!! 난 팝콘이 좋아!!!

직선 오른쪽에 있는 모든 사람들은 트롤 2를 좋아하는 것을 확인할 수 있습니다. 즉, 이 **직선**은 트롤 2를 좋아하는 사람과 싫어하는 사람을 정확히 구분했습니다. **BAM!!!**

서포트 벡터 머신이 어떻게 작동하는지 배우려면 **서포트 벡터 분류기**support vector classifiers부터 배워야 합니다. 그럼 시작해보죠!

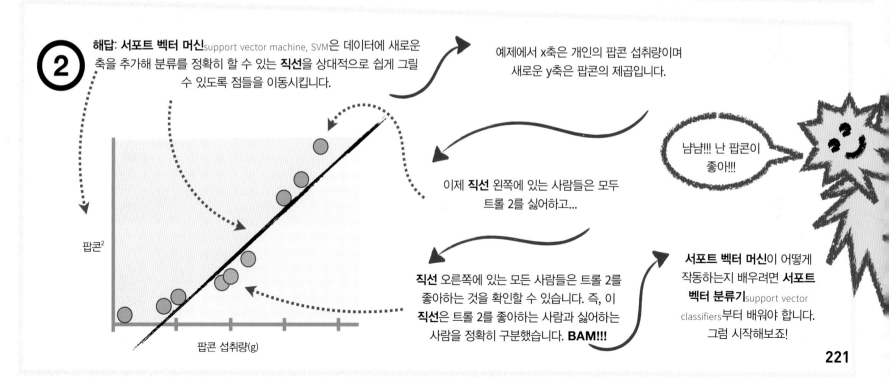

= 트롤 2를 좋아함

= 트롤 2를 싫어함

① 만약 트롤 2를 싫어하는 사람들은 팝콘을 조금만 먹었고...

트롤 2를 좋아하는 사람들은 모두 팝콘을 많이 먹었다면...

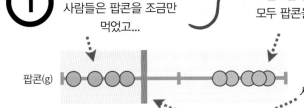

팝콘(g)

우리는 여기 이 임곗점을 사용해 사람들을 분류할 수 있습니다.

② 그러나 예상했듯 이 임곗값은 형편없습니다. 만약 새로운 사람이 팝콘을 이만큼 먹었다고 한다면...

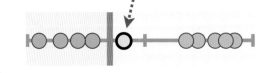

이 임곗값은 이 사람을 트롤 2를 좋아하는 사람으로 분류할 것입니다. 트롤 2를 싫어하는 사람들과 훨씬 가까운데 말이죠.

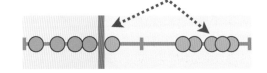

좋아요. 이제 이 임곗점이 아주 형편없다는 것을 알았습니다. 그럼 더 좋은 방법이 있을까요? **물론이죠!!!**

③ 분류기를 개선하는 한 가지 방법은 각 그룹의 사람들 중 가장자리에 있는 사람들의 중간점을 사용하는 것입니다.

방금 트롤 2를 좋아한다고 분류한 사람이...

트롤 2를 싫어하는 사람으로 분류되었습니다. 이제 좀 말이 되는 것 같습니다.

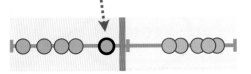

아마도 잘못 레이블링되었을 데이터인 이 이상치 때문에 각 그룹 가장자리의 중간점은 트롤 2를 좋아하는 사람들로부터 상대적으로 멀어졌습니다.

④ 그러나 이러한 중간점을 사용하면 **이상치**outlier에 영향을 받습니다. 여기 이 샘플처럼 모든 것을 망쳐버리죠.

팝콘 섭취량(g)

그러면 또 다른 이 새로운 샘플을 트롤 2를 좋아하는 사람으로 분류하게 됩니다. 트롤 2를 싫어하는 사람들과 더 가까이 있는데도 말이죠.

조금 더 잘할 수 있을까요? **물론입니다!!!**

⑤ 분류 임곗값을 이상치에 덜 민감하도록 만드는 한 가지 방법은 오분류misclassification를 허용하는 것입니다.

예를 들어 여기 이 두 샘플의 가운데로 임곗값을 설정하면...

우리는 이 사람을 트롤 2를 싫어하는 사람으로 잘못 분류할 것입니다. 아무리 이 사람이 트롤 2를 좋아한다고 말할지라도요...

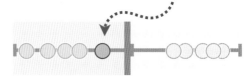

그러나 새로운 샘플이 들어왔을 때

우리는 이 사람을 트롤 2를 싫어하는 사람으로 알맞게 분류할 것입니다. 트롤 2를 싫어하는 사람들과 가까우니 일리가 있어 보입니다.

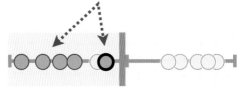

⑥ **NOTE**: 더 나은 예측을 위해...

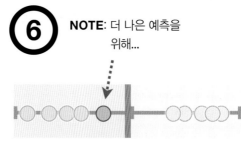

...**훈련 데이터**에 오분류를 허용한다는 것은...

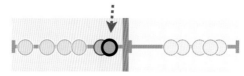

1장에서 언급한 **편향-분산 트레이드오프**bias variance trade off의 한 가지 예입니다. **오분류**를 허용함으로써 **훈련 데이터**에 **과적합**되는 것을 방지합니다. **편향**이 조금 증가되지만, 새로운 데이터를 더 잘 예측할 수 있도록 **분산**을 줄이는 효과가 있습니다.

```
⬤ = 트롤 2를 좋아함
⬤ = 트롤 2를 싫어함
```

⑦ 또는 이 두 사람 사이의 중간 지점에 임곗값을 둘 수도 있습니다.

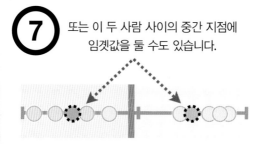

하지만 이 새로운 임곗값은 같은 결과를 내놓습니다. **훈련 데이터** 중 한 샘플은 잘못 분류했지만 또 다른 샘플은 합리적으로 분류했습니다.

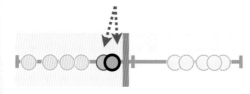

사실 나머지 샘플들의 조합도 비슷한 결과가 나올 것입니다. 따라서 어떤 **쌍**pair을 고르는지 여부는 그렇게 중요한 것이 아닙니다.

하지만 만약 좀 더 복잡한 데이터셋이라면 최적의 결과를 얻고자 **교차검증**을 통해 임곗값을 만드는 쌍을 고른 후, **훈련 데이터**에 얼마나 많은 오분류를 허용할지를 결정해야 합니다.

◯ = 트롤 2를 좋아함
◯ = 트롤 2를 싫어함

⑧ 일단 **교차검증**을 통해 여기 이 두 샘플이 최적의 결과를 냈다고 가정해봅시다.

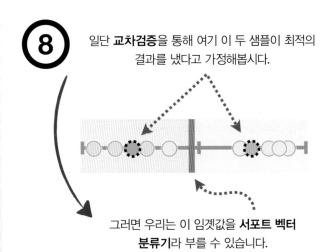

그러면 우리는 이 임곗값을 **서포트 벡터 분류기**라 부를 수 있습니다.

BAM.

NOTE: 우리는 사람들이 먹은 팝콘의 양만 측정했기 때문에...

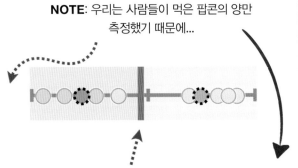

여기 이 임곗값, 즉 **서포트 벡터 분류기**는 누군가가 트롤 2를 좋아하는지 싫어하는지를 결정하는 **수직선**number line 위의 하나의 점일 뿐입니다.

⑨ 그러나 먹은 팝콘 양 외에도 이들이 마신 탄산음료의 양을 측정했다면 데이터는 **2차원**이 될 것입니다.

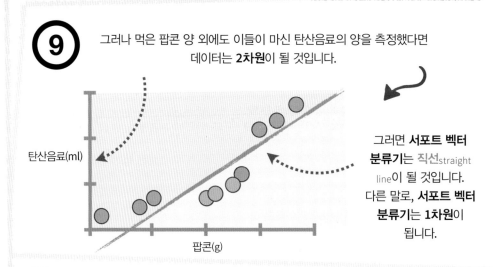

그러면 **서포트 벡터 분류기**는 직선straight line이 될 것입니다. 다른 말로, **서포트 벡터 분류기**는 1차원이 됩니다.

⑩ 만약 팝콘 섭취량, 탄산음료 섭취량, 그리고 나이까지 측정했다면 데이터는 **3차원**이 되며, **서포트 벡터 분류기**는 **2차원** 평면이 될 것입니다.

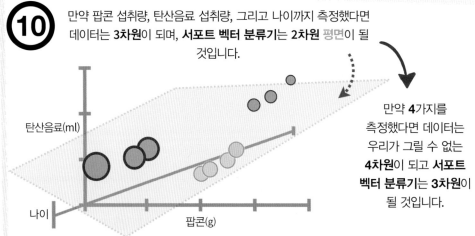

만약 **4**가지를 측정했다면 데이터는 우리가 그릴 수 없는 **4차원**이 되고 **서포트 벡터 분류기**는 **3차원**이 될 것입니다.

⑪ **서포트 벡터 분류기**는 이상치를 다룰 수 있기에 꽤 멋져 보입니다.

그러나 팝콘 섭취량으로 볼 때 트롤 2를 좋아하는 사람들을 트롤 2를 싫어하는 사람들이 둘러싸고 있는 상황이면 어떨까요?

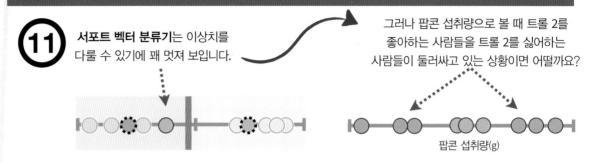

○ = 트롤 2를 좋아함

● = 트롤 2를 싫어함

팝콘 섭취량(g)

⑫ 이제 **서포트 벡터 분류기**를 어디에 두든지 우리는 많은 샘플을 잘못 분류하게 될 것입니다.

으윽!!! 이 샘플들을 잘못 분류했네요.

으아악!!! 여기 이 샘플들도 모두 잘못 분류했군요.

으아아아악!!!!!! 여기도... 저기도... 잘못 분류된 샘플들이군요. 더 나은 방법은 없을까요?

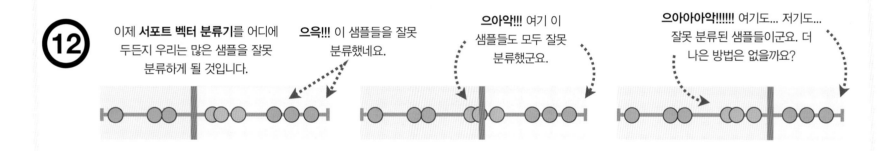

⑬ # 있습니다!!!

더 나은 방법을 찾기 위해 **서포트 벡터 머신**을 배워봅시다!

하지만 시작하기 전에 몇 가지 용어를 알아두어야 합니다...

오우, 이런! 무서운 **전문용어**가 나왔군!!!

이봐, **노말사우르스**. 트롤 2에 대한 재밌는 이야기 알아?

① **서포트 벡터 분류기**라 하는 이유는 점들이 임곗값을 결정하며,

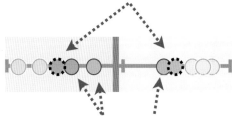

해당 임곗값에 가까운 점들을 **서포트 벡터**라 부르기 때문입니다.

○ = 트롤 2를 좋아함
● = 트롤 2를 싫어함

② 임곗값과 임곗값 자체를 정의하는 점 사이의 거리를 **마진**margin이라 합니다.

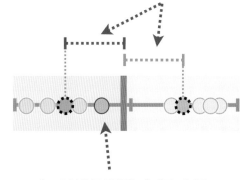

그럼! 트롤 2에서 악역은 트롤들이 아닌 고블린이었어. 영화 배급자들은 이 사실을 알고 있었지만 사람들이 트롤에 대한 영화를 좋아할 거라 생각해 제목을 트롤 2로 지었어.

그리고 오분류를 허용할 때 해당 거리를 **소프트 마진**soft margin이라 부릅니다.

이제 전문용어를 이해했으니 자세한 내용을 살펴보기 전에 **서포트 벡터 머신**이 어떻게 작동하는지 직관적으로 설명해보겠습니다.

⬤ = 트롤 2를 좋아함
⬤ = 트롤 2를 싫어함

① **서포트 벡터 머신**의 작동 방식을 조금 더 직관적으로 이해하고자, 트롤 2를 좋아하는 사람들이 트롤 2를 싫어하는 사람들에 둘러싸여 있는 데이터셋을 다시 살펴보겠습니다.

② 사람들 각각의 팝콘 섭취량만 측정했지만 이번엔 그래프에 y축을 더해보겠습니다.

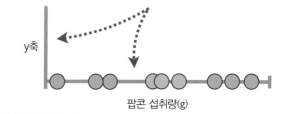

③ 구체적으로, y축에는 특정인이 섭취한 팝콘 양의 제곱 데이터를 기록합니다.

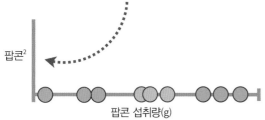

④ 예를 들어 첫 번째 사람은 팝콘 **0.5g**을 먹었기 때문에 x축 좌표는 **0.5**가 되고...

이 사람의 y축 좌표는 $0.5^2 = 0.25$가 됩니다.

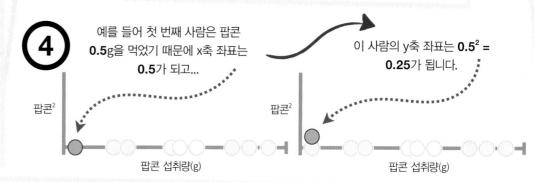

⑤ 나머지 샘플도 **팝콘²**를 y축으로 사용해 계산해보겠습니다.

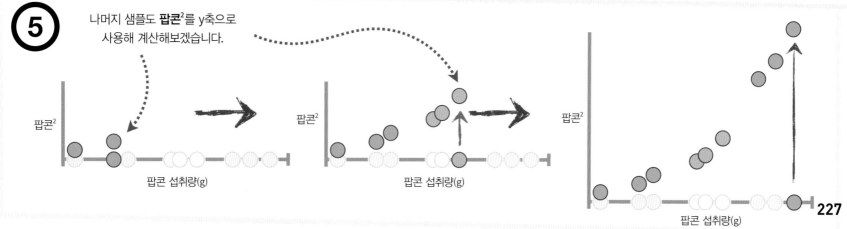

227

⑥ 한 명씩 x축과 y축 좌표를 가지고 있기에 데이터는 **2차원**입니다.

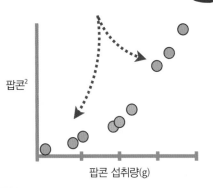

2차원 데이터이므로 이제 트롤 2를 좋아하는 사람과 싫어하는 사람을 나누는 **서포트 벡터 분류기**를 그릴 수 있게 되었습니다.

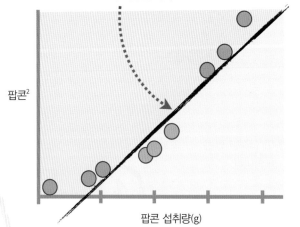

BAM!!!

3가지 주요 단계가 있어!!!

⑦ **서포트 벡터 머신**을 만들기 위한 주요 **3단계**는...

ⓐ 저차원 데이터로 시작합니다. 예시에서는 수직선상의 **1차원** 데이터를 가지고 시작합니다.

ⓑ 그리고 현재 가진 데이터로 더 높은 차원을 생성합니다. 예시에서는 기존의 팝콘 섭취량 측정값 데이터를 제곱해 새로운 **2차원** 데이터를 생성합니다.

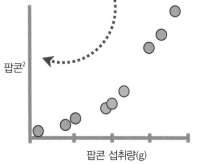

ⓒ 더 높은 차원의 데이터를 두 그룹으로 나누는 **서포트 벡터 분류기**를 찾습니다.

DOUBLE BAM!!!

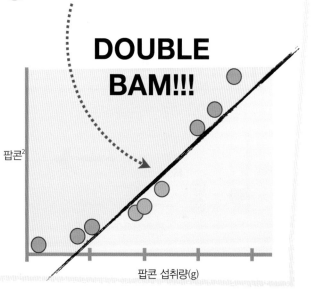

① 여러분은 아마도 앞에서 왜 **팝콘²** 데이터를 사용해 y축 좌표를 생성했는지 궁금했을 것입니다.

이렇게 더 멋진 데이터도 있을 텐데 말이죠.

$$\frac{\pi}{4}\sqrt{\text{팝콘}}$$

다시 말해 우리는 데이터 변환transform을 어떻게 정할까요?

효율적인 수학 계산을 위해 **서포트 벡터 머신**은 **커널 함수**kernel function를 사용하며, 커널 함수로 더 높은 차원에서 **서포트 벡터 분류기**를 체계적으로systematically 찾을 수 있습니다.

커널 함수 중에는 **다항식 커널**(다항 커널)polynomial kernel과, **방사 기저 함수**radial basis function라고도 하는 **방사 커널**radial kernel 두 가지가 가장 유명합니다.

옥수수 씨앗kernel으로 팝콘 만들기도 재미있지!!!

② 우리가 바로 앞에서 사용한 **다항식 커널**은 이렇게 생겼습니다.

다항 커널: $(a \times b + r)^d$

a와 **b**는 데이터의 서로 다른 두 관측값에 해당하고...

r은 다항식의 계수coefficient를 결정합니다.

$$(a \times b + r)^d$$

그리고 **d**는 다항식의 차수degree를 결정합니다.

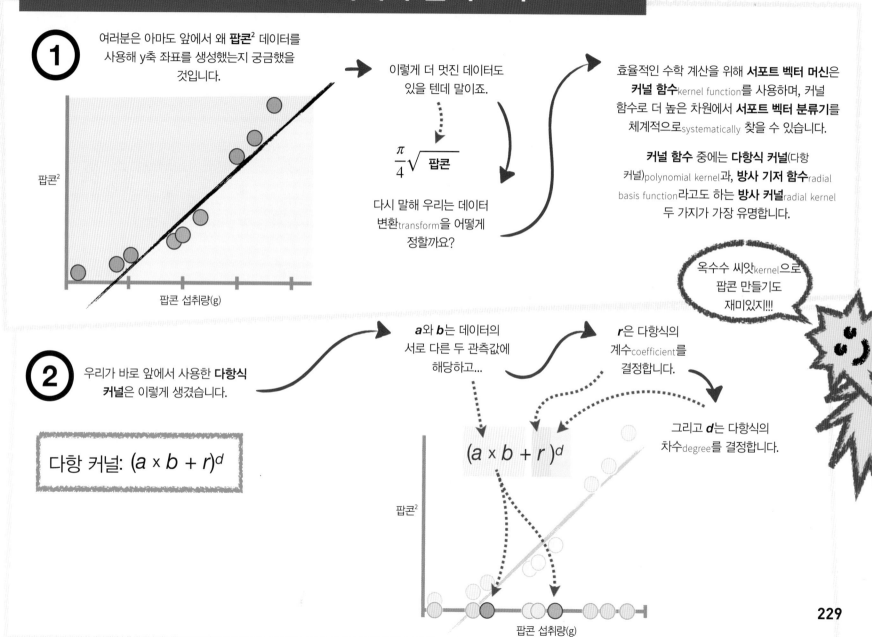

팝콘²

팝콘 섭취량(g)

③ 팝콘 예제에서 우리는 r을 **1/2**로, d를 **2**로 설정했습니다.

항term을 제곱하기 때문에, 이를 두 항의 곱으로 확장할 수 있습니다.

다항식 커널: $(a \times b + r)^d$

$$(a \times b + r)^d = (a \times b + \tfrac{1}{2})^2 = (a \times b + \tfrac{1}{2})(a \times b + \tfrac{1}{2})$$

그러면 두 항을 곱할 수 있습니다.

$$= a^2 b^2 + \tfrac{1}{2} ab + \tfrac{1}{2} ab + \tfrac{1}{4}$$

그리고 가운데 항만 묶으면...

$$= a^2 b^2 + ab + \tfrac{1}{4}$$

정리하기 편하도록 두 항의 순서를 바꿔줍니다.

$$= ab + a^2 b^2 + \tfrac{1}{4}$$

마지막으로, 이 다항식은 이 **점곱**dot product과 같습니다!

$$= (a, a^2, \tfrac{1}{2}) \cdot (b, b^2, \tfrac{1}{2})$$

이봐, **노말사우르스**. **점곱**이 뭐야?

오른쪽 **NOTE**를 읽어봐!

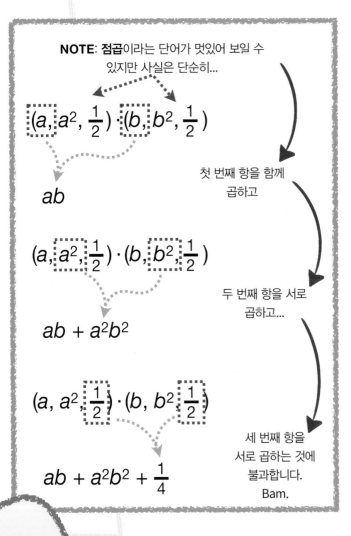

NOTE: **점곱**이라는 단어가 멋있어 보일 수 있지만 사실은 단순히...

$$(a, a^2, \tfrac{1}{2}) \cdot (b, b^2, \tfrac{1}{2})$$

첫 번째 항을 함께 곱하고

$$ab$$

$$(a, a^2, \tfrac{1}{2}) \cdot (b, b^2, \tfrac{1}{2})$$

두 번째 항을 서로 곱하고...

$$ab + a^2 b^2$$

$$(a, a^2, \tfrac{1}{2}) \cdot (b, b^2, \tfrac{1}{2})$$

세 번째 항을 서로 곱하는 것에 불과합니다. Bam.

$$ab + a^2 b^2 + \tfrac{1}{4}$$

(4) 앞에서 배운 내용을 다시 요약하면, 우리는 **다항식 커널**로부터 시작해...

r와 d를 각각 **1/2**과 **2**로 설정하고...

많은 수학 계산을 통해 이 **점곱**을 얻었습니다.

그리고 **스탯스콰치**는 **점곱**이 생각보다 대단한 것은 아니라는 사실을 배웠죠.

이제 우리는 왜 **점곱**이 유용한지 살펴보겠습니다.

$$(a \times b + r)^d = (a \times b + \tfrac{1}{2})^2 = (a, a^2, \tfrac{1}{2}) \cdot (b, b^2, \tfrac{1}{2})$$

Bam!

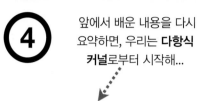

(5) a와 b는 각각 다른 데이터를 나타냅니다. 첫 번째 항은 x축 좌표고...

$$(a, a^2, \tfrac{1}{2}) \cdot (b, b^2, \tfrac{1}{2})$$

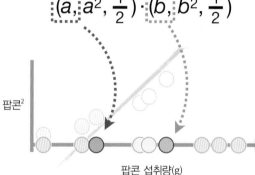

팝콘^2

팝콘 섭취량(g)

(6) 두 번째 항은 이에 대한 y축 좌표입니다...

$$(a, a^2, \tfrac{1}{2}) \cdot (b, b^2, \tfrac{1}{2})$$

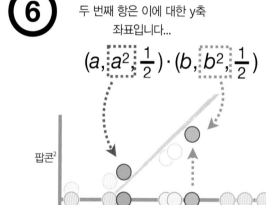

팝콘^2

팝콘 섭취량(g)

(7) 그리고 세 번째 항은 이에 대한 z축 좌표입니다.

$$(a, a^2, \tfrac{1}{2}) \cdot (b, b^2, \tfrac{1}{2})$$

하지만 둘 다(그리고 우리가 선택하는 모든 데이터 쌍에 대해서도) **1/2**이기 때문에 무시해도 됩니다.

$$(a, a^2, \cancel{\tfrac{1}{2}}) \cdot (b, b^2, \cancel{\tfrac{1}{2}})$$

(8) 따라서 우리는 데이터에 대한 x축 좌표와 y축 좌표를 가지고 있습니다.

x축 좌표는 팝콘 섭취량이고, y축 좌표는 팝콘 섭취량의 제곱(팝콘^2)입니다.

$$(a, a^2, \tfrac{1}{2}) \quad (b, b^2, \tfrac{1}{2})$$

팝콘^2

팝콘 섭취량(g)

BAM!!!

⑨ **서포트 벡터 머신**에서 **커널**을 사용하는 이유는 데이터를 실제로 낮은 차원에서 높은 차원으로 변환할 필요가 없도록 해주기 때문입니다.

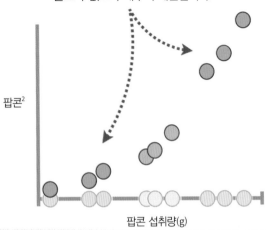

팝콘² | 팝콘 섭취량(g)

⑩ 그 대신 **커널**은 각 데이터 쌍의 **점곱**을 사용해 데이터의 고차원 관계를 계산하고 최적의 **서포트 벡터 분류기**를 찾습니다.

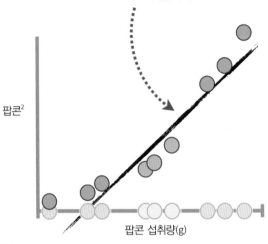

팝콘² | 팝콘 섭취량(g)

⑪ 예를 들어 **r**이 **1/2**이고 **d**가 **2**일 때...

우리는 이 **점곱**을 얻습니다.

$$(a \times b + r)^d = (a \times b + \frac{1}{2})^2 = (a, a^2, \frac{1}{2}) \cdot (b, b^2, \frac{1}{2})$$

⑫ **a**와 **b**는 각각 서로 다른 **훈련 데이터** 샘플이기에 우리는 팝콘 값을 **점곱**에 대입해 계산할 수 있는 것입니다.

팝콘 섭취량(g)

$$(a, a^2, \frac{1}{2}) \quad (b, b^2, \frac{1}{2})$$

음... 그러면 최적의 **r**과 **d** 값은 어떻게 찾을 수 있어?

그냥 **교차검증**을 사용해서 여러 값을 시도해본 후 최적의 값을 선택하면 돼.

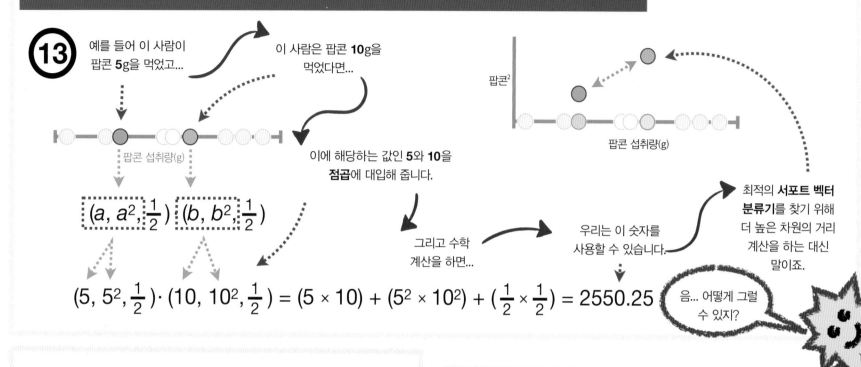

⑬ 예를 들어 이 사람이 팝콘 **5g**을 먹었고...

이 사람은 팝콘 **10g**을 먹었다면...

팝콘 섭취량(g)

이에 해당하는 값인 **5**와 **10**을 **점곱**에 대입해 줍니다.

팝콘²

팝콘 섭취량(g)

최적의 **서포트 벡터 분류기**를 찾기 위해 더 높은 차원의 거리 계산을 하는 대신 말이죠.

$$(a, a^2, \tfrac{1}{2}) \quad (b, b^2, \tfrac{1}{2})$$

그리고 수학 계산을 하면...

우리는 이 숫자를 사용할 수 있습니다.

$$(5, 5^2, \tfrac{1}{2}) \cdot (10, 10^2, \tfrac{1}{2}) = (5 \times 10) + (5^2 \times 10^2) + (\tfrac{1}{2} \times \tfrac{1}{2}) = 2550.25$$

음... 어떻게 그럴 수 있지?

⑭ **점곱**에 의해 계산된 관계는 **경사 하강법**과 같은 **라그랑주 승수법**Lagrangian multiplier method이라는 기법의 입력input으로 사용됩니다. **라그랑주 승수법**은 **경사 하강법**처럼 한 번에 한 단계씩 최적의 서포트 벡터 분류기를 찾는 반복적인 방법입니다.

안타깝지만 **라그랑주 승수법**에 대한 자세한 설명은 이 책의 범위를 넘어서기 때문에 생략합니다 :(

⑮ 좋아요! 이제 **서포트 벡터 머신**과 **다항식 커널**에 대해 자세히 살펴봤으니 **방사 커널**을 직관적으로 이해할 수 있도록 설명해보겠습니다.

BAM!!!

방사 커널: 직관적으로 이해하기

① 이 장을 시작할 때 **서포트 벡터 머신**에서 가장 유명한 **커널 함수**는 **다항식 커널**과 **방사 기저 함수**라는 **방사 커널**이라 언급했습니다.

다항식 커널은 이미 소개했으니 이제 **방사 커널**을 소개하겠습니다.

② 방사 커널의 기본 아이디어는 우리가 새로운 사람을 분류하고 싶을 때...

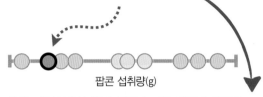
팝콘 섭취량(g)

훈련 데이터에서 해당 샘플과 가장 가까운 샘플이 어떻게 분류되었는지 확인하는 것입니다. 예시에서 가장 가까운 샘플은 트롤 2를 싫어하는 사람이네요.

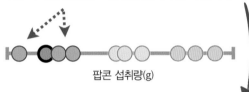
팝콘 섭취량(g)

따라서 새로운 샘플(사람)에 대해서도 트롤 2를 싫어한다고 분류하는 것입니다.

팝콘 섭취량(g)

BAM!!!

③ **방사 커널** 공식은 매우 어려워 보이지만, 자세히 살펴보면 그렇게 어렵지 않습니다.

그리스 문자 **γ**(감마)는 인접 점(샘플)이 분류에 얼마나 많은 영향을 미치는지를 결정합니다.

그리고 좋은 **γ값**은 여러 다양한 값을 **교차검증**을 통해 시도한 후 결정할 수 있습니다.

그리고 **다항식 커널**과 마찬가지로 **a**와 **b**는 각각 서로 다른 두 데이터를 의미합니다.

$$e^{-\gamma(a-b)^2}$$

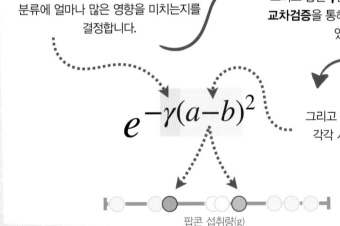
팝콘 섭취량(g)

DOUBLE BAM!!!

④ 믿기 힘들겠지만 **방사 커널**은 **r**이 **0**이고 **d**가 무한인 **다항식 커널**과 같습니다.

미친 소리처럼 들릴지 몰라도 **방사 커널**이 무한의 차원에서 **서포트 벡터 분류기**를 찾는다는 뜻입니다. 수학 계산도 가능하고 말이죠. 자세한 내용이 궁금하다면 옆에 있는 QR코드를 스캔해 **StatQuest**를 확인해주세요.

$$(a \times b + r)^d = (a \times b + 0)^\infty$$

Chapter 12

신경망!!!

신경망
첫 번째 파트:

신경망 작동 방식 이해하기

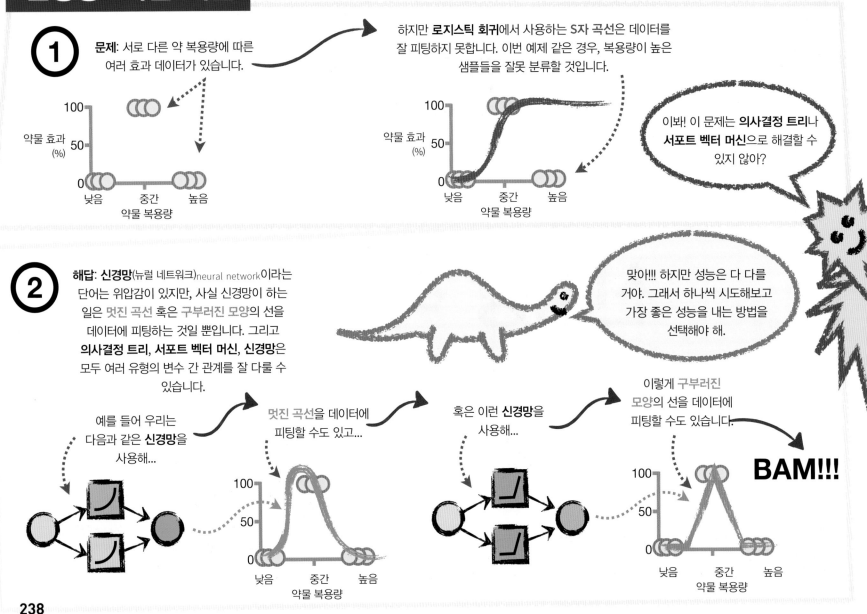

① **문제**: 서로 다른 약 복용량에 따른 여러 효과 데이터가 있습니다.

하지만 **로지스틱 회귀**에서 사용하는 S자 곡선은 데이터를 잘 피팅하지 못합니다. 이번 예제 같은 경우, 복용량이 높은 샘플들을 잘못 분류할 것입니다.

약물 효과 (%)

낮음 중간 높음
약물 복용량

이봐! 이 문제는 **의사결정 트리**나 **서포트 벡터 머신**으로 해결할 수 있지 않아?

② **해답**: **신경망**(뉴럴 네트워크)neural network이라는 단어는 위압감이 있지만, 사실 신경망이 하는 일은 멋진 곡선 혹은 구부러진 모양의 선을 데이터에 피팅하는 것일 뿐입니다. 그리고 **의사결정 트리, 서포트 벡터 머신, 신경망**은 모두 여러 유형의 변수 간 관계를 잘 다룰 수 있습니다.

맞아!!! 하지만 성능은 다 다를 거야. 그래서 하나씩 시도해보고 가장 좋은 성능을 내는 방법을 선택해야 해.

예를 들어 우리는 다음과 같은 **신경망**을 사용해...

멋진 곡선을 데이터에 피팅할 수도 있고...

혹은 이런 **신경망**을 사용해...

이렇게 구부러진 모양의 선을 데이터에 피팅할 수도 있습니다.

낮음 중간 높음
약물 복용량

BAM!!!

낮음 중간 높음
약물 복용량

전문용어 주의!!! 신경망의 구조

(오, 이런! 또 무서운 **전문용어**가 나왔군요!!!)

① **신경망**은 그 이름의 유래처럼 보통 시냅스synapses에 의해 연결된 매우 복잡한 뉴런(신경세포)neuron 그룹처럼 보이지만 사실 단순한 부분으로 구성되어 있습니다.

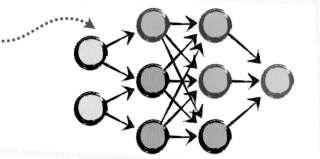

② **신경망**은 여기 네모 박스로 표시된 **노드**와...

③ **노드** 사이를 연결하는 이 화살표들과...

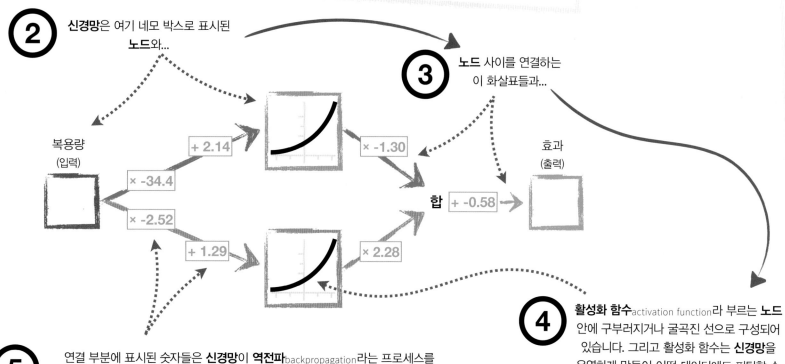

복용량 (입력)

+ 2.14

× -1.30

× -34.4

합 + -0.58

효과 (출력)

× -2.52

+ 1.29

× 2.28

④ **활성화 함수**activation function라 부르는 **노드** 안에 구부러지거나 굴곡진 선으로 구성되어 있습니다. 그리고 활성화 함수는 **신경망**을 유연하게 만들어 어떤 데이터에도 피팅할 수 있도록 해줍니다.

⑤ 연결 부분에 표시된 숫자들은 **신경망**이 **역전파**backpropagation라는 프로세스를 사용해 데이터에 피팅할 때 예측한 파라미터 값입니다. 이번 장에서 우리는 파라미터가 무슨 일을 하고, 어떻게 예측하는지 차근차근 살펴볼 것입니다.

(오, 이런! 또 다시 **전문용어**가 나왔네요!!!)

② 그리고 **출력층**output layer을 구성하는
출력 노드output node가 있습니다.

① **신경망**은 **층**(레이어)layer으로 구성됩니다.
일반적으로 **신경망**은 **입력층**input layer을
구성하는 여러 개의 **입력 노드**input
node가 있습니다.

③ **입력층**과 **출력층** 사이에 있는 노드의 층들은 **은닉층**hidden layer이라 부릅니다. 신경망의 예술적인 부분
중 하나는 몇 개의 **은닉층**을 사용할지, 또 각 층에 얼마나 많은 **노드**를 사용할지 결정하는 것입니다.
일반적으로 더 많은 **층**과 **노드**가 있으면 데이터에 피팅하는 모양이 더 복잡해집니다.

④ 우리가 살펴볼 예제는
단일 **입력 노드**와

두 개의 **노드**를 가진
하나의 **은닉층**...

그리고 단일 **출력**
노드를 가집니다.

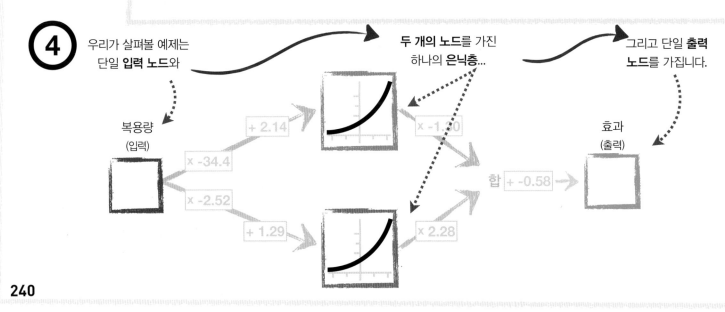

복용량
(입력)

+ 2.14

x -34.4

x -1.?0

x -2.52

+ 1.29

x 2.28

합 + -0.58

효과
(출력)

전문용어 주의!!! 활성화 함수

(오, 이런! 세 번째 **전문용어**네요!!!)

① **활성화 함수**는 구불구불한 곡선 혹은 구부러진 모양의 선을 데이터에 피팅하기 위한 기본 토대가 됩니다.

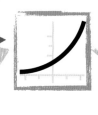

x -34.4

x -2.52

+ 2.14

x -1.30

+ 1.29

x 2.28

합 + -0.58 →

② 매우 다양한 **활성화 함수**가 있지만 여기서는 가장 자주 사용하는 3가지를 소개합니다.

로봇 이름처럼 들리는 **ReLU**(정류 선형 유닛)rectified linear unit는 아마도 큰 **신경망**에서 가장 자주 사용하는 **활성화 함수**일 것입니다. 여기 그림처럼 **구부러진 선**이며 $x = 0$ 지점에서 구부러집니다.

화장지 브랜드 이름 같아 보이는 **소프트 플러스**softPlus는 ReLU **활성화 함수**의 변형입니다. 가장 큰 차이점은 **0**에서 구부러지는 선 대신 **곡선**을 사용한다는 점입니다.

마지막으로, 신경망을 배울 때 자주 사용하지만 실전에서는 거의 사용하지 않는 **시그모이드**sigmoid **활성화 함수**는 S자 모양 **곡선**입니다.

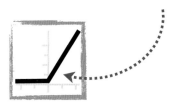

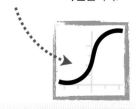

③ **활성화 함수**는 보기에는 화려해 보이지만 사실 여러분이 학생 때 배웠던 함수와 비슷합니다. x축 좌표에 대입한 후 수학 계산을 통해 y축 좌표에 결과를 기록하는 단순한 함수죠.

예를 들어 **소프트플러스 함수**는 다음과 같습니다.

SoftPlus(x) = **log**($1 + e^x$)

여기서 **log( )** 함수는 자연로그이며 **자연로그 베이스 e**는 오일러 수로, 대략 **2.72**입니다.

따라서 **x축 값**을 **2.14**로 넣으면,

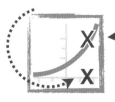

소프트플러스는 이에 대응하는 y축 좌표 **2.25**를 내놓습니다. 왜냐하면

log($1 + e^{2.14}$) = **2.25**. 이기 때문입니다.

이제 **활성화 함수**의 핵심 개념을 살펴보겠습니다.

241

활성화 함수: 핵심 개념

① **문제:** 무척 복잡한 데이터셋에도 사용할 수 있도록 **곡선**이나 **구부러진 선**을 사용해 어떤
데이터든 피팅할 수 있는 새롭고도 흥미로운 모양을 만들고 싶습니다.

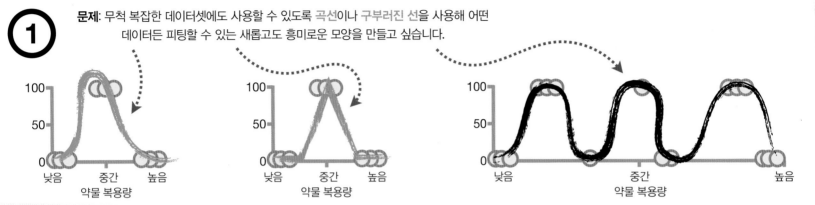

② **해답: 신경망**은 늘리고stretch, 회전시키고rotate, 자르고crop,
추가로 **활성화 함수**를 결합해 어떤 데이터에도 피팅할 수
있는 새롭고도 흥미로운 모양을 만들어냅니다.

다음 장, '**신경망 인 액션: 한
단계씩 살펴보기**'에서는 어떻게 이
신경망이...

...늘리고, 회전하고, 자르고,
소프트플러스 **활성화 함수**를
결합해...

훈련 데이터를 피팅하는 이 **곡선**을
만들 수 있는지 살펴보겠습니다.

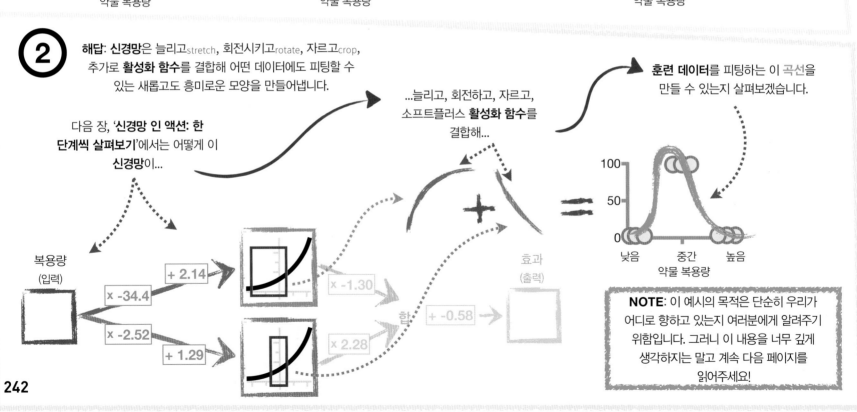

복용량
(입력)

+ 2.14

x -34.4

x -1.30

x -2.52

+ 1.29

합

x 2.28

+ -0.58

효과
(출력)

NOTE: 이 예시의 목적은 단순히 우리가
어디로 향하고 있는지 여러분에게 알려주기
위함입니다. 그러니 이 내용을 너무 깊게
생각하지는 말고 계속 다음 페이지를
읽어주세요!

① 대다수는 **신경망**이 블랙박스black box이기에 이해하기 어렵다고들 합니다. 안타깝게도 이는 크고 화려한 **신경망의 경우**에는 사실이지만, 다행히도 간단한 신경망의 경우에는 그렇지 않습니다. 이제 간단한 **신경망**을 한 단계씩 살펴보겠습니다. 복용량 값을 낮은 값에서 높은 값으로 하나씩 올려가며 신경망이 어떻게 이 복용량(입력)을 예측된 효과(출력)로 변환하는지 살펴보겠습니다.

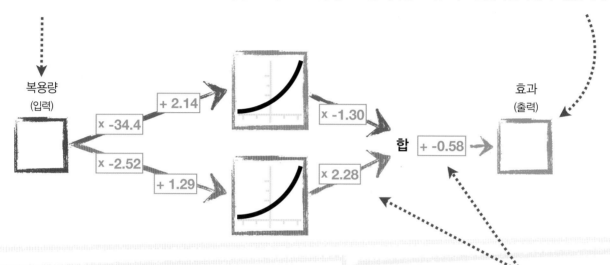

② **NOTE**: 간단한 계산을 위해 x축과 y축의 스케일을 **0**(낮은 값일 때)과 **1**(높은 값일 때) 사이 값으로 조정합니다.

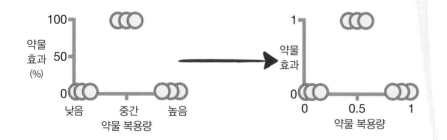

③ **NOTE**: 이 숫자들은 **역전파** 방법을 사용해 예측한 **파라미터**입니다. 파라미터는 잠시 후 다시 차근차근 살펴보겠습니다. 지금은 이 값들이 이미 최적화되었다고 가정합니다. 마치 선을 데이터에 피팅할 때 기울기와 절편을 최적화하듯 말이죠.

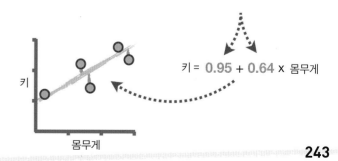

키 = **0.95** + **0.64** x 몸무게

④ 먼저 **신경망**에 가장 낮은 복용량인
0을 입력값으로 넣습니다.

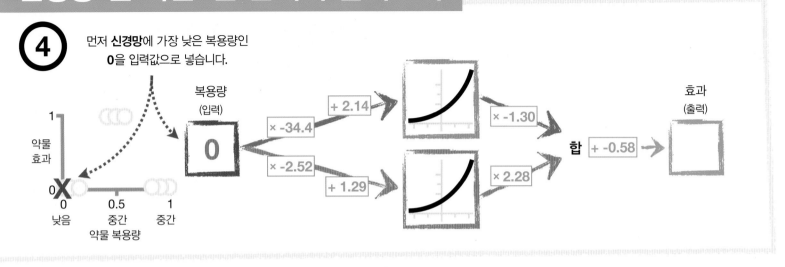

⑤ **입력 노드**로부터... → **은닉층** 가장 상단
노드까지의 연결은... → 복용량에 **-34.4**를 곱하고
2.14를 더해... → **활성화 함수**의 새로운 x축 좌푯값인
2.14를 얻습니다.

$$(\textbf{복용량} \times -34.4) + 2.14 = \text{x축 좌표}$$

$$(\textbf{0} \times -34.4) + 2.14 = \text{x축 좌표} = 2.14$$

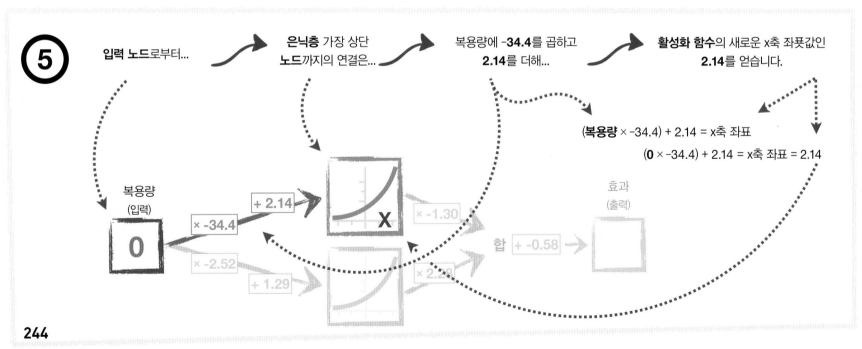

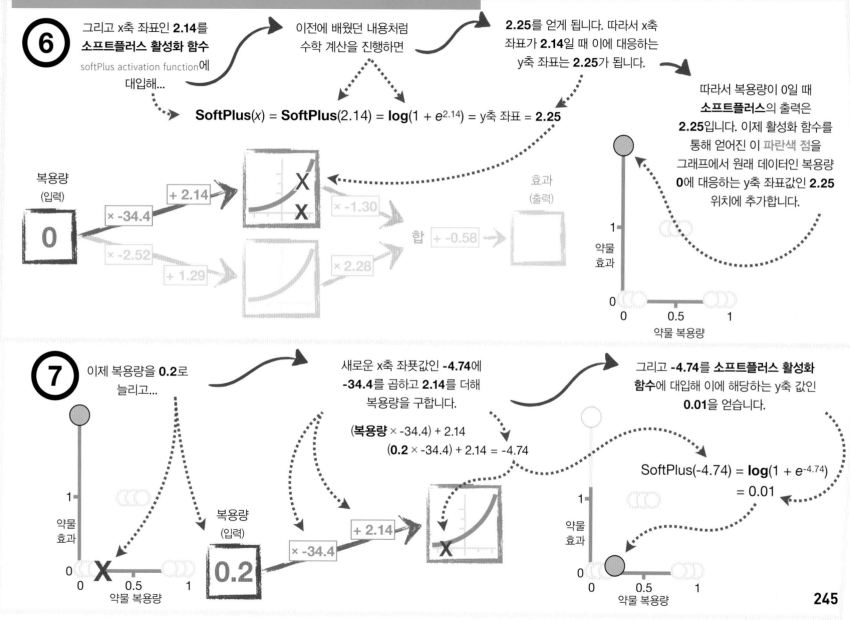

⑥ 그리고 x축 좌표인 **2.14**를 **소프트플러스 활성화 함수** softPlus activation function에 대입해...

이전에 배웠던 내용처럼 수학 계산을 진행하면

2.25를 얻게 됩니다. 따라서 x축 좌표가 **2.14**일 때 이에 대응하는 y축 좌표는 **2.25**가 됩니다.

따라서 복용량이 0일 때 **소프트플러스**의 출력은 **2.25**입니다. 이제 활성화 함수를 통해 얻어진 이 파란색 점을 그래프에서 원래 데이터인 복용량 **0**에 대응하는 y축 좌표값인 **2.25** 위치에 추가합니다.

$$\textbf{SoftPlus}(x) = \textbf{SoftPlus}(2.14) = \textbf{log}(1 + e^{2.14}) = \text{y축 좌표} = \textbf{2.25}$$

복용량 (입력) **0**

× -34.4 → + 2.14

× -2.52 → + 1.29

× -1.30

× 2.28

합 + -0.58

효과 (출력)

약물 효과

1

0

0   0.5   1
약물 복용량

⑦ 이제 복용량을 **0.2**로 늘리고...

새로운 x축 좌푯값인 **-4.74**에 **-34.4**를 곱하고 **2.14**를 더해 복용량을 구합니다.

$$(\textbf{복용량} \times -34.4) + 2.14$$
$$(\textbf{0.2} \times -34.4) + 2.14 = -4.74$$

그리고 **-4.74**를 **소프트플러스 활성화 함수**에 대입해 이에 해당하는 y축 값인 **0.01**을 얻습니다.

$$\text{SoftPlus}(-4.74) = \textbf{log}(1 + e^{-4.74})$$
$$= 0.01$$

약물 효과

1

0

X

0   0.5   1
약물 복용량

복용량 (입력) **0.2**

× -34.4 → + 2.14

약물 효과

1

0

0   0.5   1
약물 복용량

245

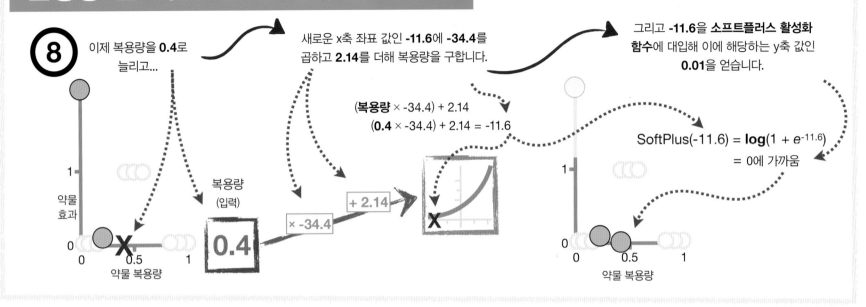

⑧ 이제 복용량을 **0.4**로 늘리고...

새로운 x축 좌표 값인 **-11.6**에 **-34.4**를 곱하고 **2.14**를 더해 복용량을 구합니다.

그리고 **-11.6**을 소프트플러스 활성화 함수에 대입해 이에 해당하는 y축 값인 **0.01**을 얻습니다.

(**복용량** × -34.4) + 2.14
(**0.4** × -34.4) + 2.14 = -11.6

SoftPlus(-11.6) = **log**(1 + $e^{-11.6}$)
= 0에 가까움

약물 효과

복용량 (입력)

0.4

× -34.4   + 2.14

약물 복용량

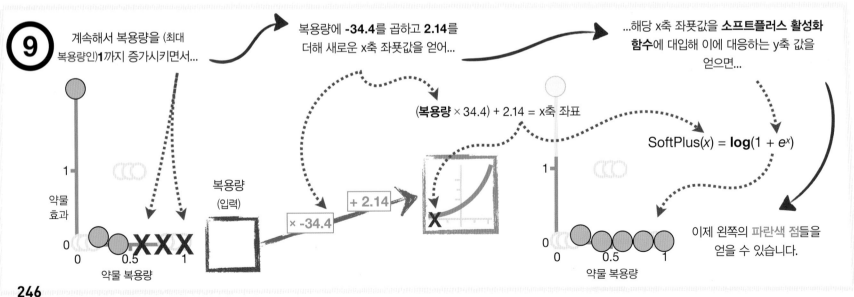

⑨ 계속해서 복용량을 (최대 복용량인)**1**까지 증가시키면서...

복용량에 **-34.4**를 곱하고 **2.14**를 더해 새로운 x축 좌푯값을 얻어...

...해당 x축 좌푯값을 **소프트플러스 활성화 함수**에 대입해 이에 대응하는 y축 값을 얻으면...

(**복용량** × 34.4) + 2.14 = x축 좌표

SoftPlus(x) = **log**(1 + e^x)

약물 효과

복용량 (입력)

× -34.4   + 2.14

약물 복용량

이제 왼쪽의 파란색 점들을 얻을 수 있습니다.

약물 복용량

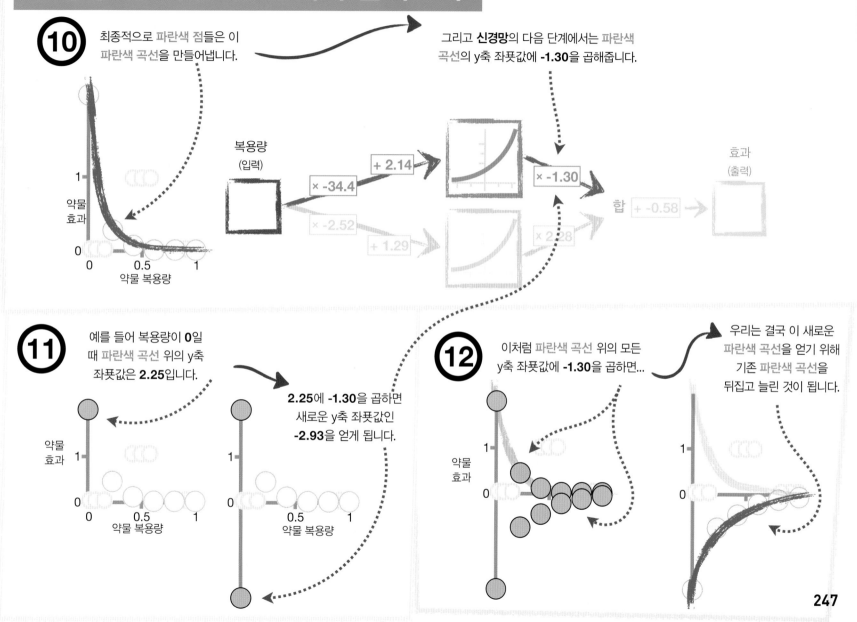

⑩ 최종적으로 파란색 점들은 이 파란색 곡선을 만들어냅니다.

그리고 **신경망**의 다음 단계에서는 파란색 곡선의 y축 좌푯값에 **-1.30**을 곱해줍니다.

약물 효과

0   0.5   1
약물 복용량

복용량 (입력)

× -34.4   + 2.14

× -2.52   + 1.29

× -1.30

× 2.28

합   + -0.58

효과 (출력)

⑪ 예를 들어 복용량이 **0**일 때 파란색 곡선 위의 y축 좌푯값은 **2.25**입니다.

2.25에 **-1.30**을 곱하면 새로운 y축 좌푯값인 **-2.93**을 얻게 됩니다.

약물 효과

0   0.5   1
약물 복용량

0.5   1
약물 복용량

⑫ 이처럼 파란색 곡선 위의 모든 y축 좌푯값에 **-1.30**을 곱하면...

우리는 결국 이 새로운 파란색 곡선을 얻기 위해 기존 파란색 곡선을 뒤집고 늘린 것이 됩니다.

약물 효과

⑬ 좋습니다. 우리는 방금 가장 중요한 단계를 마쳤으니 지금까지 살펴본 내용을 정리해보는 것이 좋겠네요.

먼저 **0**과 **1** 사이에 분포해 있는 복용량 데이터를 입력으로 대입합니다.

그리고 복용량 데이터에 **-34.4**를 곱하고 **2.14**를 더해 변환transform시킵니다.

그다음 **소프트플러스 활성화 함수**가 변환된 복용량 데이터를 y축 좌표로 전환convert합니다.

마지막으로 y축 좌푯값에 **-1.30**을 곱한 후 변환해주면 끝납니다.

BAM!!!

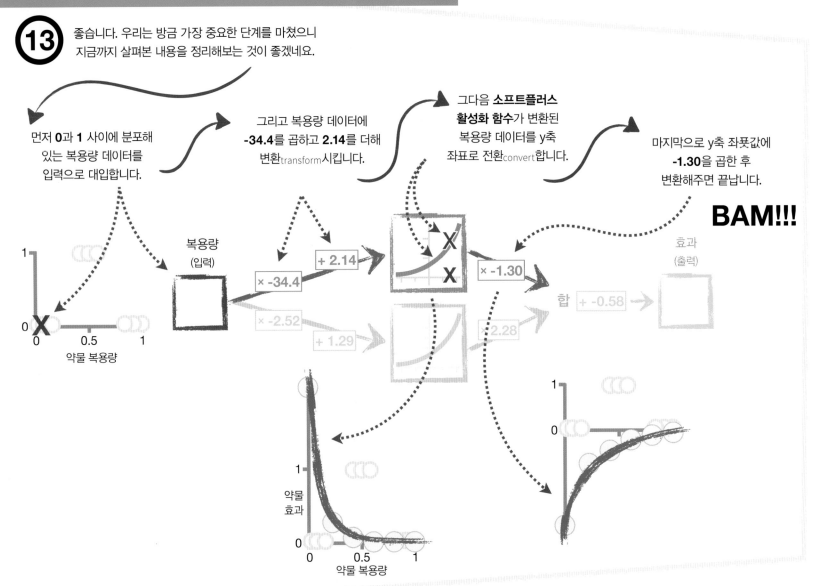

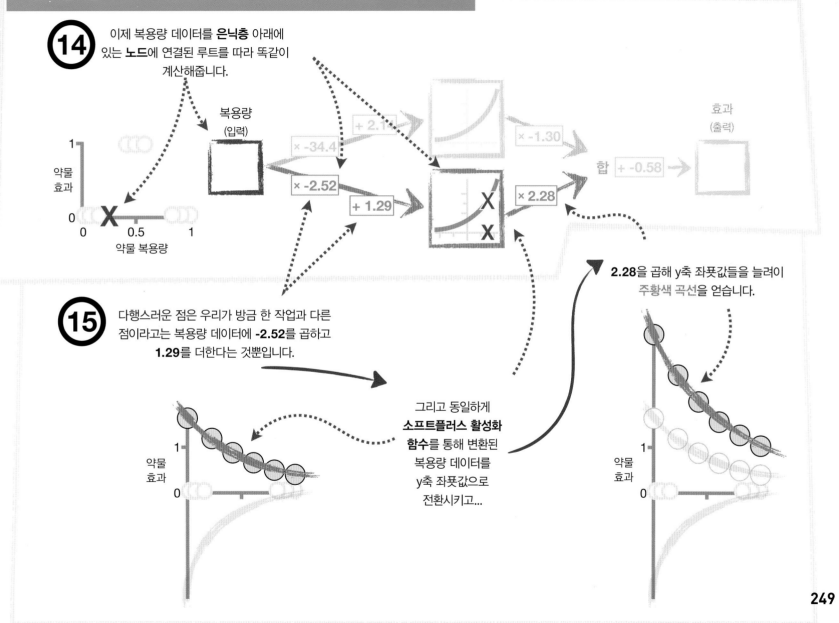

14 이제 복용량 데이터를 **은닉층** 아래에 있는 **노드**에 연결된 루트를 따라 똑같이 계산해줍니다.

복용량
(입력)

효과
(출력)

약물
효과

약물 복용량

× -34.4

+ 2.14

× -1.30

× -2.52

+ 1.29

X

X

× 2.28

합 + -0.58

15 다행스러운 점은 우리가 방금 한 작업과 다른 점이라고는 복용량 데이터에 **-2.52**를 곱하고 **1.29**를 더한다는 것뿐입니다.

그리고 동일하게 **소프트플러스 활성화 함수**를 통해 변환된 복용량 데이터를 y축 좌푯값으로 전환시키고...

2.28을 곱해 y축 좌푯값들을 늘려이 주황색 곡선을 얻습니다.

약물
효과

약물
효과

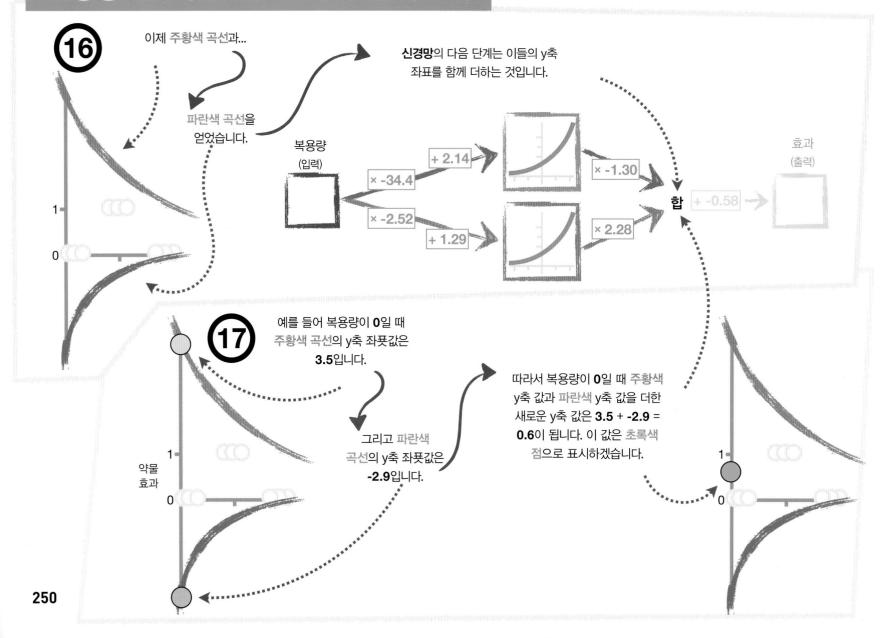

⑯

이제 주황색 곡선과...

파란색 곡선을
얻었습니다.

신경망의 다음 단계는 이들의 y축
좌표를 함께 더하는 것입니다.

복용량
(입력)

× -34.4

+ 2.14

× -1.30

× -2.52

+ 1.29

× 2.28

합

+ -0.58

효과
(출력)

1

0

⑰

예를 들어 복용량이 **0**일 때
주황색 곡선의 y축 좌푯값은
3.5입니다.

그리고 파란색
곡선의 y축 좌푯값은
-2.9입니다.

따라서 복용량이 **0**일 때 주황색
y축 값과 파란색 y축 값을 더한
새로운 y축 값은 **3.5** + **-2.9** =
0.6이 됩니다. 이 값은 초록색
점으로 표시하겠습니다.

약물
효과

1

0

1

0

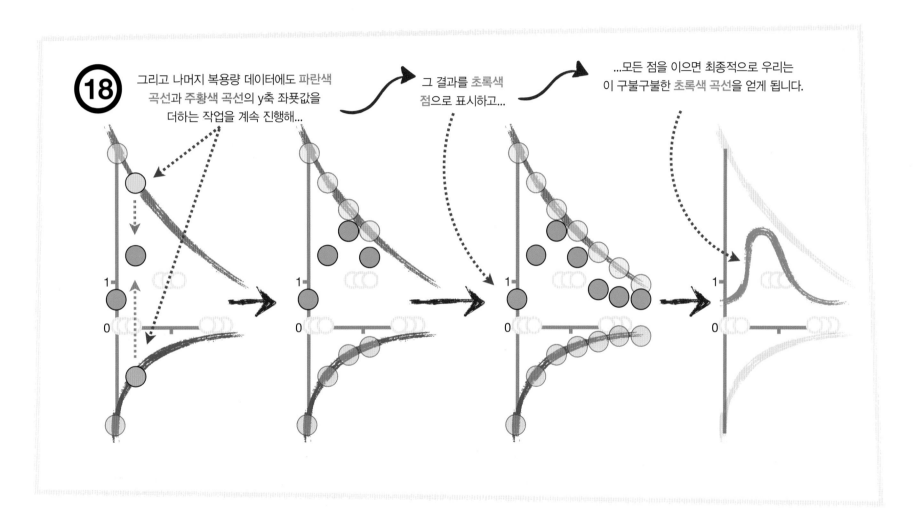

⑱ 그리고 나머지 복용량 데이터에도 파란색 곡선과 주황색 곡선의 y축 좌푯값을 더하는 작업을 계속 진행해...

그 결과를 초록색 점으로 표시하고...

...모든 점을 이으면 최종적으로 우리는 이 구불구불한 초록색 곡선을 얻게 됩니다.

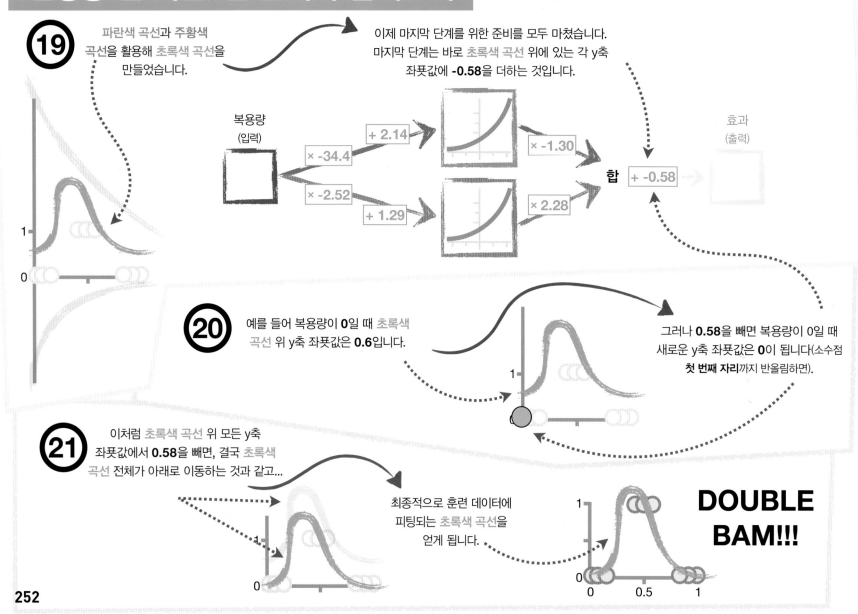

⑲ 파란색 곡선과 주황색 곡선을 활용해 초록색 곡선을 만들었습니다.

이제 마지막 단계를 위한 준비를 모두 마쳤습니다. 마지막 단계는 바로 초록색 곡선 위에 있는 각 y축 좌푯값에 **-0.58**을 더하는 것입니다.

복용량
(입력)

× -34.4

+ 2.14

× -1.30

× -2.52

+ 1.29

× 2.28

합

+ -0.58

효과
(출력)

⑳ 예를 들어 복용량이 0일 때 초록색 곡선 위 y축 좌푯값은 **0.6**입니다.

그러나 **0.58**을 빼면 복용량이 0일 때 새로운 y축 좌푯값은 **0**이 됩니다(소수점 **첫 번째 자리**까지 반올림하면).

㉑ 이처럼 초록색 곡선 위 모든 y축 좌푯값에서 **0.58**을 빼면, 결국 초록색 곡선 전체가 아래로 이동하는 것과 같고...

최종적으로 훈련 데이터에 피팅되는 초록색 곡선을 얻게 됩니다.

DOUBLE BAM!!!

㉒ 만세!!! 결국 이 초록색 곡선을 얻었군요.

이 곡선은 **신경망**이 복용량 데이터를 기반으로 **효과**를 예측할 때 사용됩니다.

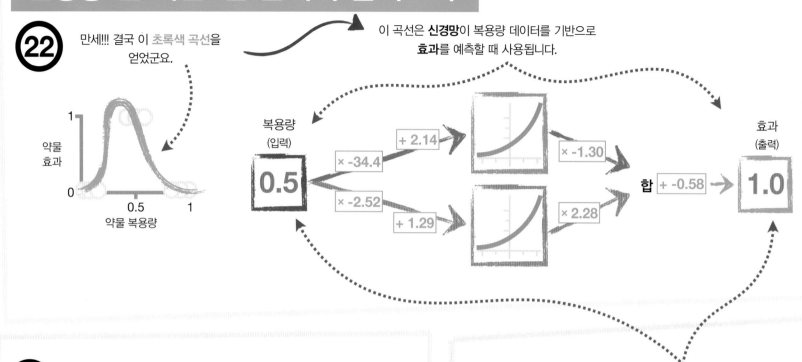

㉓ 만약 복용량이 **0.5**일 때 약의 효과가 궁금하다면 이 초록색 곡선을 살펴보면 됩니다. 복용량이 **0.5**일 때 **신경망**의 출력은 1입니다. 따라서 효과적이라고 예측할 수 있습니다.

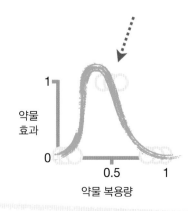

㉔ 혹은 복용량 데이터 **0.5**를 **신경망**에 대입해 수학 계산을 거치면 1을 얻게 되므로, 복용량이 **0.5**일 때 약물 효과가 있다고 예측할 수 있습니다.

TRIPLE BAM!!!

이제 **신경망**을 데이터에 피팅하는 방법을 배워봐요!

신경망
두 번째 파트:

역전파를 사용해 신경망을 데이터에 피팅하기

역전파: 핵심 개념

① **문제: 선형회귀**처럼 **신경망**에도 데이터에 구불구불한 곡선이나 구부러진 모양의 선을 피팅하기 위해 최적화해야 하는 파라미터가 존재합니다. 이 파라미터들의 최적값을 찾으려면 어떻게 해야 할까요?

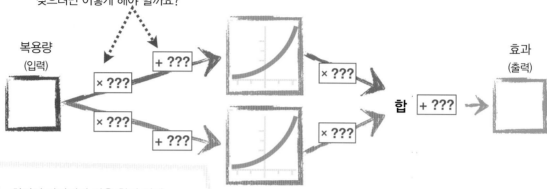

② **해답: 선형회귀**처럼 우리는 최적의 파라미터 값을 찾기 위해 **경사 하강법** 혹은 **확률적 경사 하강법**을 사용할 수 있습니다.

하지만 우리는 **경사 하강법**이라 부르지 않겠습니다. 그러면 너무 쉬울 겁니다. 우리는 이를 **신경망**에서 각 파라미터들의 미분값을 찾는 (뒤에서 앞으로 가는) 방법에서 유래한 **역전파**라 부르겠습니다.

BAM!!!

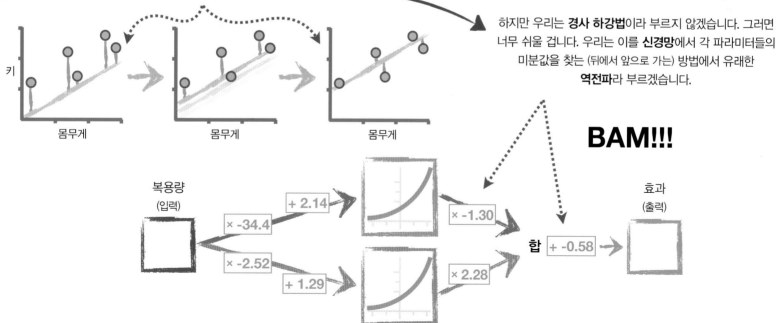

255

오, 이런! 무서운 전문용어다!!!

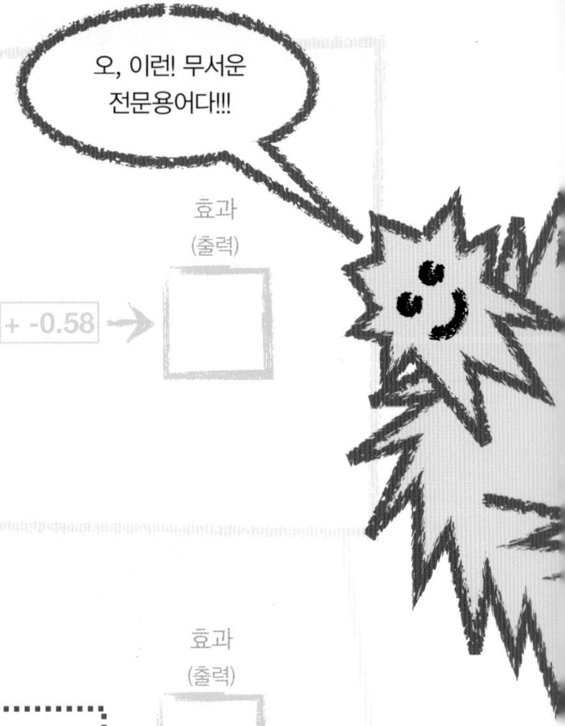

① **신경망**에서 우리가 곱하는 파라미터들은 **가중값**weight라고 부릅니다.

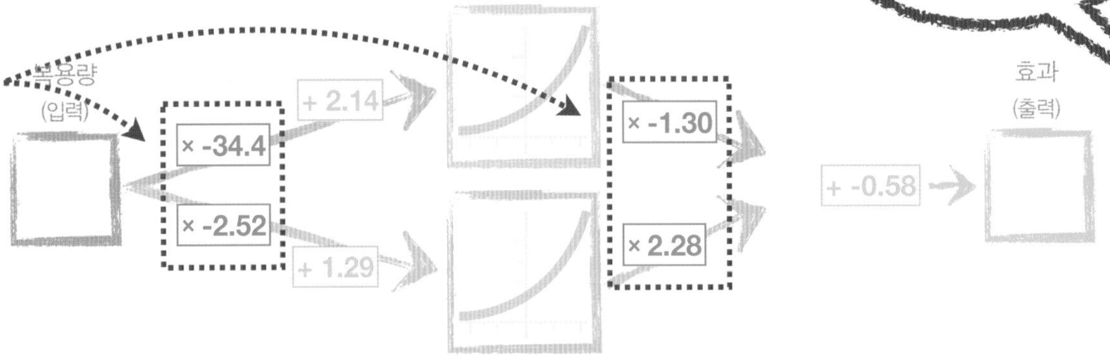

복용량 (입력)

× -34.4
× -2.52

+ 2.14
+ 1.29

× -1.30
× 2.28

+ -0.58

효과 (출력)

② 그리고 더하는 파라미터들은 **편향**이라 부릅니다.

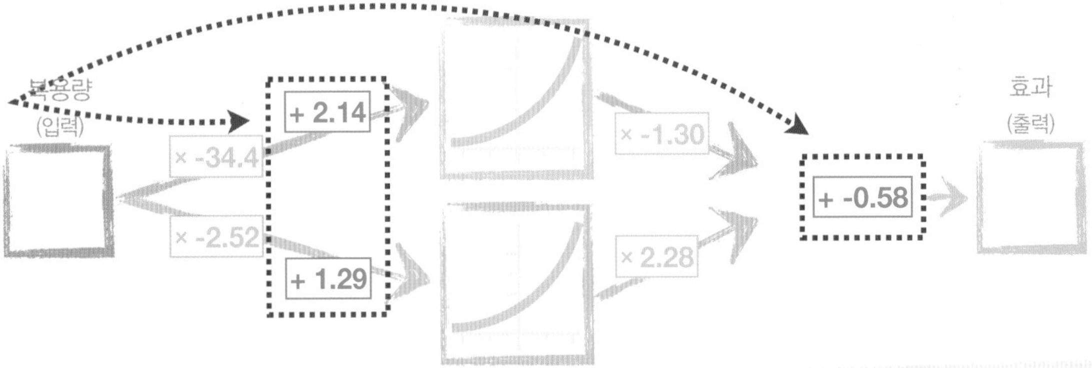

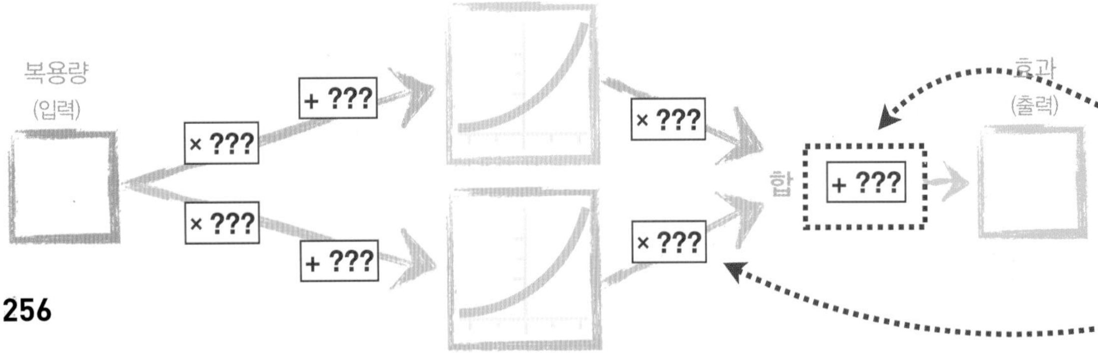

복용량 (입력)

× -34.4
× -2.52

+ 2.14
+ 1.29

× -1.30
× 2.28

+ -0.58

효과 (출력)

복용량 (입력)

× ???
× ???

+ ???
+ ???

× ???
× ???

합

+ ???

효과 (출력)

③ 뒤에서 살펴볼 예제에서 우리는 **역전파**를 사용해 **마지막 편향**final bias을 최적화할 것입니다. 이 동일한 프로세스와 아이디어는 모든 파라미터에 적용됩니다.

① 이번 예제에서는 모든 **가중값**과 **편향**에 대해 이미 최적의 값을 찾았다고 가정해보겠습니다.

마지막 **편향**만 제외하고 말이죠. 따라서 우리의 목표는 **역전파**를 사용해 **마지막 편향**을 최적화하는 것입니다.

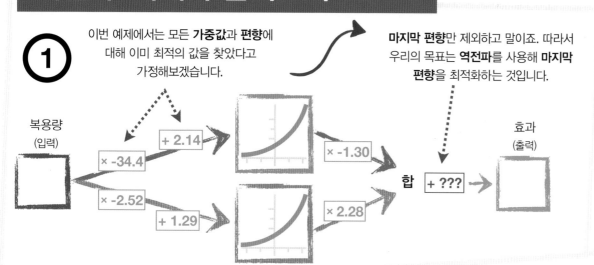

복용량 (입력)

× -34.4 → + 2.14 → × -1.30 →

× -2.52 → + 1.29 → × 2.28 →

합 + ??? → 효과 (출력)

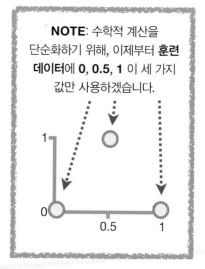

NOTE: 수학적 계산을 단순화하기 위해, 이제부터 훈련 데이터에 **0, 0.5, 1** 이 세 가지 값만 사용하겠습니다.

② 복용량 데이터를 입력으로 주었을 때 **은닉층 상단**의 노드를 통해 파란색 곡선을 얻었고...

은닉층 **아래**의 노드를 통해서는 주황색 곡선을 얻었습니다.

그리고 파란색 곡선과 주황색 곡선의 y축 좌푯값을 더함으로써 이 초록색 곡선을 얻었습니다.

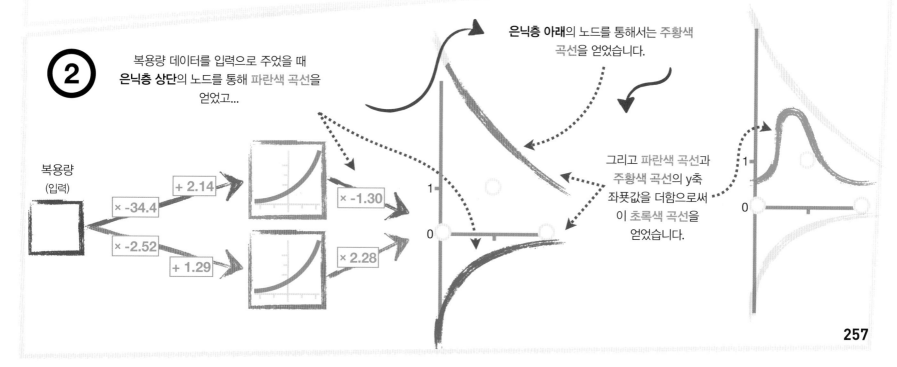

복용량 (입력)

× -34.4 → + 2.14 → × -1.30 →

× -2.52 → + 1.29 → × 2.28 →

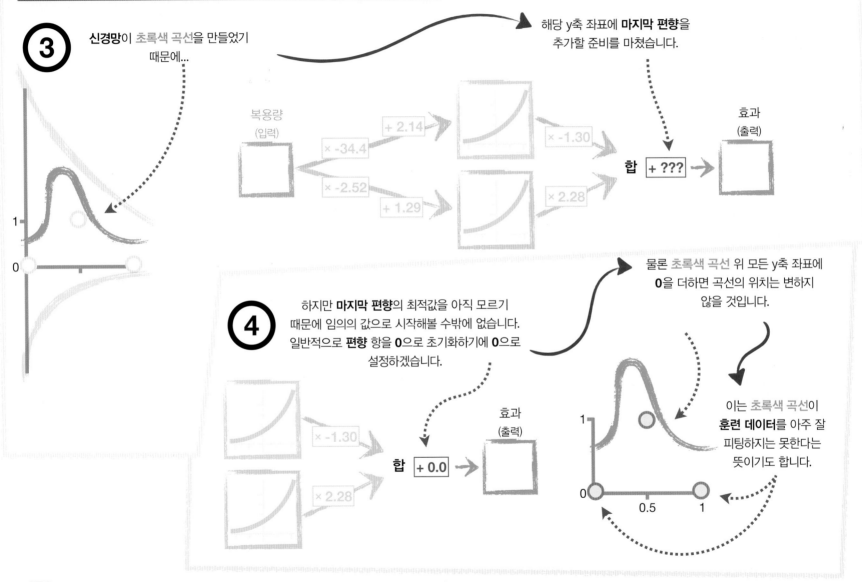

③ **신경망**이 초록색 곡선을 만들었기 때문에...

해당 y축 좌표에 **마지막 편향**을 추가할 준비를 마쳤습니다.

복용량
(입력)

× -34.4

+ 2.14

× -2.52

+ 1.29

× -1.30

× 2.28

합 + ???

효과
(출력)

④ 하지만 **마지막 편향**의 최적값을 아직 모르기 때문에 임의의 값으로 시작해볼 수밖에 없습니다. 일반적으로 **편향** 항을 **0**으로 초기화하기에 **0**으로 설정하겠습니다.

물론 초록색 곡선 위 모든 y축 좌표에 **0**을 더하면 곡선의 위치는 변하지 않을 것입니다.

× -1.30

× 2.28

합 + 0.0

효과
(출력)

이는 초록색 곡선이 **훈련 데이터**를 아주 잘 피팅하지는 못한다는 뜻이기도 합니다.

1

0

0.5   1

⑤ 선형회귀와 **회귀 트리**에서 R^2를 계산했던 것처럼 **잔차제곱합**을 계산하면 이 **초록색 곡선**이 **훈련 데이터**를 얼마나 잘 피팅하는지 정량화할 수 있습니다.

$$\text{잔차제곱합(SSR)} = \sum_{i=1}^{n} (\text{관측값}_i - \text{예측값}_i)^2$$

⑥ 예를 들어 첫 번째 복용량인 **0**에 대해 측정된 효과는 **0**이지만 신경망의 **초록색 곡선**이 예측하는 효과는 **0.57**입니다. 따라서 **잔차제곱합** 공식 관측값과 예측값에 각각 **0**과 **0.57**을 대입하면 됩니다.

⑦ 그다음 복용량이 **0.5**일 때의 **잔차**를 추가합니다. 이 경우 관측된 효과는 **1**이지만 **초록색 곡선**이 내놓은 예측값은 **1.61**입니다.

$$\text{SSR} = (0 - 0.57)^2$$

⑧ 그리고 복용량이 **1**일 때 **잔차**를 추가합니다. 이 경우 관측값은 **0**이고 예측값은 **0.58**입니다.

$$+ (1 - 1.61)^2$$

$$+ (0 - 0.58)^2 = 1.0$$

⑨ 마지막으로 수학 계산을 하면 마지막 **편향**이 **0**일 때 **잔차제곱합 1**을 얻을 수 있습니다.

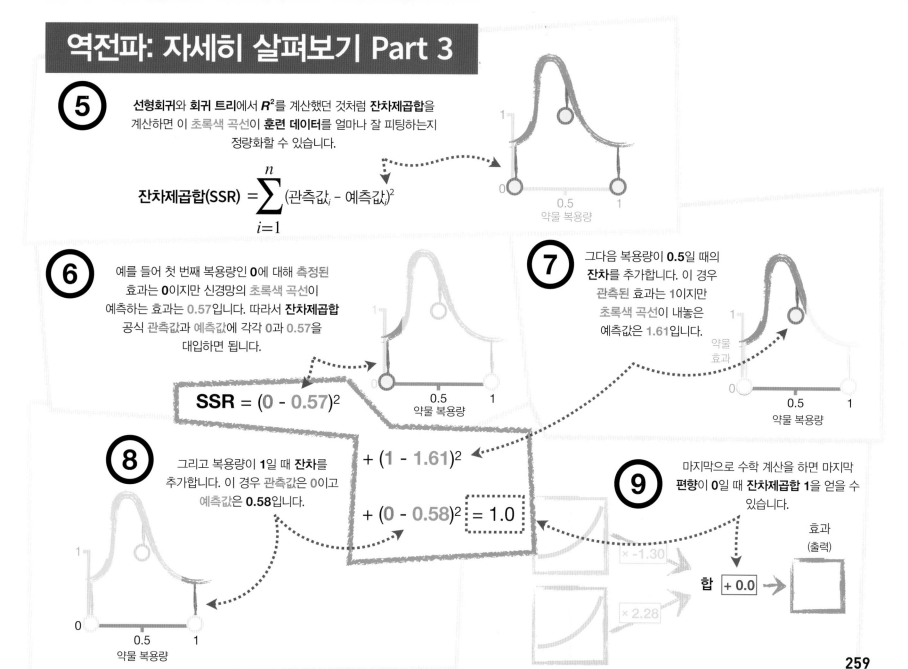

259

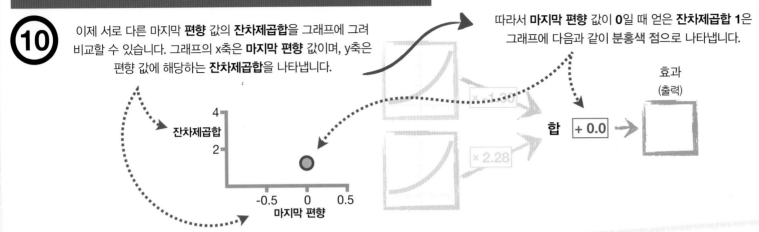

⑩ 이제 서로 다른 마지막 **편향** 값의 **잔차제곱합**을 그래프에 그려 비교할 수 있습니다. 그래프의 x축은 **마지막 편향** 값이며, y축은 편향 값에 해당하는 **잔차제곱합**을 나타냅니다.

따라서 **마지막 편향** 값이 **0**일 때 얻은 **잔차제곱합 1**은 그래프에 다음과 같이 분홍색 점으로 나타냅니다.

⑪ 만약 **마지막 편향**을 **-0.25**로 설정하면...

기존 초록색 곡선을 아래로 조금 내리는 효과가 있습니다.

그리고 **잔차제곱합**을 계산해 해당 값을 그래프에 그릴 수 있습니다.

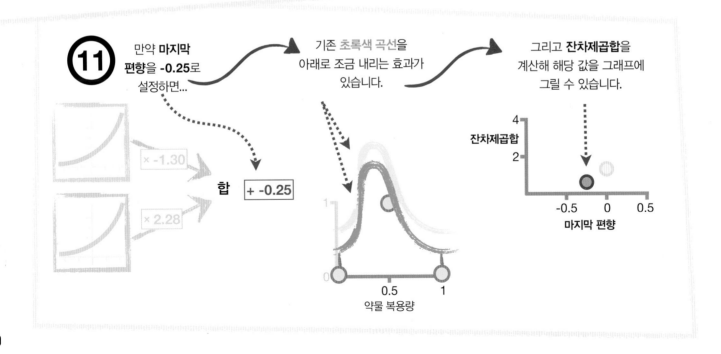

⑫ 마지막 편향을 **-0.5**로 설정하면...

초록색 곡선은 아래로 더 내려가게 되고...

결과적으로 더 낮은 **잔차제곱합**을 얻습니다.

× -1.30

× 2.28

합 | + -0.5

약물 효과

약물 복용량

잔차제곱합

마지막 편향

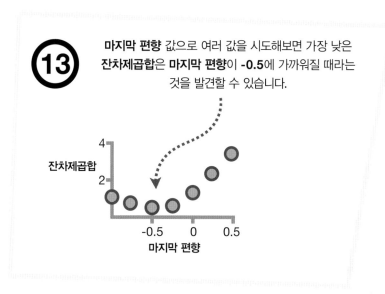

⑬ **마지막 편향** 값으로 여러 값을 시도해보면 가장 낮은 **잔차제곱합**은 **마지막 편향**이 **-0.5**에 가까워질 때라는 것을 발견할 수 있습니다.

잔차제곱합

마지막 편향

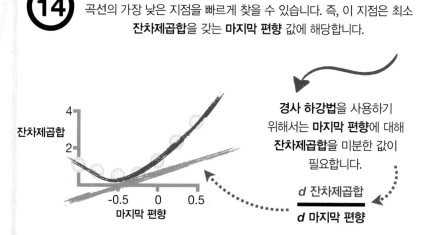

⑭ 하지만 임의의 숫자를 대입하는 대신 **경사 하강법**을 사용하면 분홍색 곡선의 가장 낮은 지점을 빠르게 찾을 수 있습니다. 즉, 이 지점은 최소 **잔차제곱합**을 갖는 **마지막 편향** 값에 해당합니다.

경사 하강법을 사용하기 위해서는 **마지막 편향**에 대해 **잔차제곱합**을 미분한 값이 필요합니다.

$$\frac{d \; 잔차제곱합}{d \; 마지막 편향}$$

잔차제곱합

마지막 편향

⑮ 각 **예측값**은 이 초록색 곡선에서 나온다는 것과...

$$\text{잔차제곱합(SSR)} = \sum_{i=1}^{n} (\text{관측값}_i - \text{예측값}_i)^2$$

약물 효과

약물 복용량

예측값 = 초록색 곡선 = 파란색 곡선 + 주황색 곡선 + **마지막 편향**

⑯ 이 초록색 곡선은 **신경망** 마지막 부분, 즉 파란색 곡선과 주황색 곡선의 y축 값을 **마지막 편향**에 더해 만들어진다는 것을 기억하세요.

$\times -1.30$

$\times 2.28$

합 $+ -0.25$

따라서 **연쇄법칙**을 활용해 **마지막 편향**에 대한 **잔차제곱합**의 미분값을 구할 수 있습니다.

⑰ 여기서 **예측값**은 잔차제곱합과 **마지막 편향**을 연결하고 있습니다.

마지막 편향은 이곳으로 가게 되며...

$$\frac{d \ \text{잔차제곱합}}{d \ \text{마지막 편향}}$$

$$\text{잔차제곱합(SSR)} = \sum_{i=1}^{n} (\text{관측값}_i - \text{예측값}_i)^2$$

잔차제곱합

마지막 편향

예측값 = 초록색 곡선 = 파란색 곡선 + 주황색 곡선 + **마지막 편향**

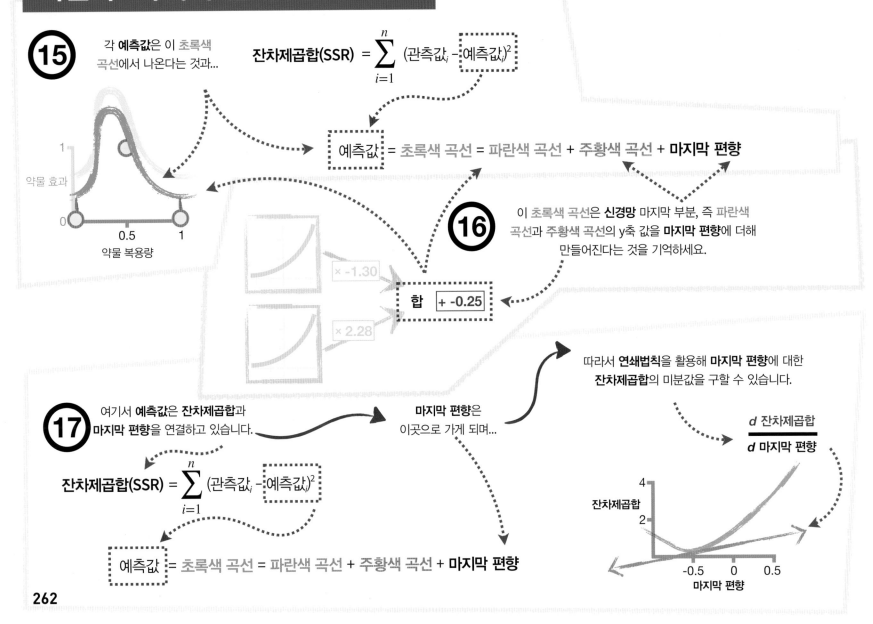

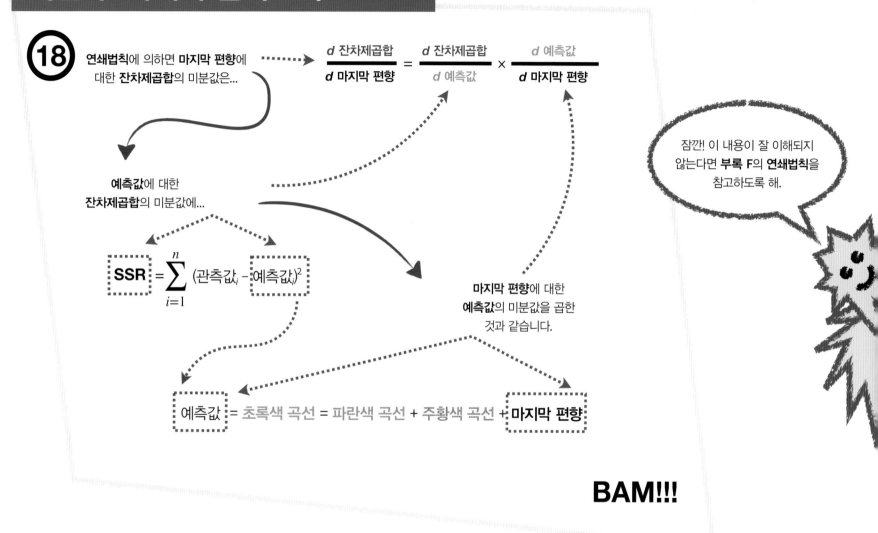

⑱ 연쇄법칙에 의하면 **마지막 편향**에 대한 **잔차제곱합**의 미분값은...

$$\frac{d\ \text{잔차제곱합}}{d\ \text{마지막 편향}} = \frac{d\ \text{잔차제곱합}}{d\ \text{예측값}} \times \frac{d\ \text{예측값}}{d\ \text{마지막 편향}}$$

예측값에 대한
잔차제곱합의 미분값에...

$$\boxed{\text{SSR}} = \sum_{i=1}^{n} (\text{관측값}_i - \boxed{\text{예측값}_i})^2$$

마지막 편향에 대한
예측값의 미분값을 곱한
것과 같습니다.

$$\boxed{\text{예측값}} = \text{초록색 곡선} = \text{파란색 곡선} + \text{주황색 곡선} + \boxed{\textbf{마지막 편향}}$$

잠깐! 이 내용이 잘 이해되지
않는다면 **부록 F**의 **연쇄법칙**을
참고하도록 해.

BAM!!!

⑲ 마지막 편향에 대한 **잔차제곱합**의 미분값은...

예측값에 대한 **잔차제곱합**의 미분값에...

마지막 편향에 대한 **예측값**의 미분값을 곱한 것과 같다는 것을 알았으니...

$$\frac{d \text{ 잔차제곱합}}{d \text{ 마지막 편향}} = \frac{d \text{ 잔차제곱합}}{d \text{ 예측값}} \times \frac{d \text{ 예측값}}{d \text{ 마지막 편향}}$$

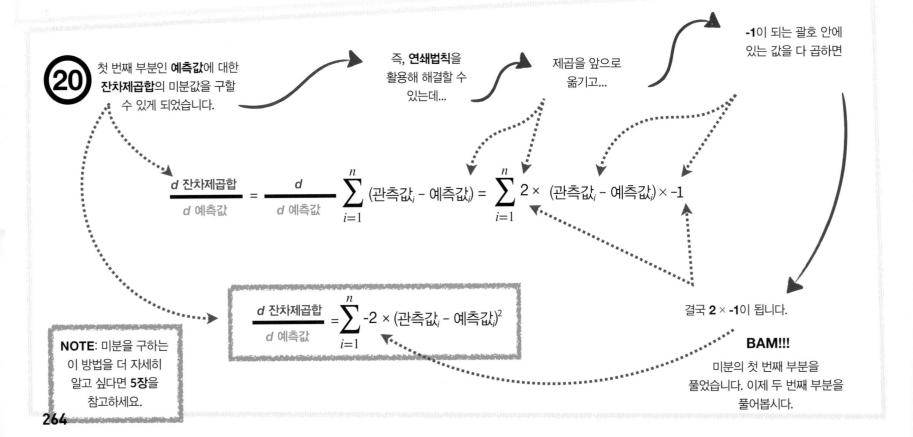

⑳ 첫 번째 부분인 **예측값**에 대한 **잔차제곱합**의 미분값을 구할 수 있게 되었습니다.

즉, **연쇄법칙**을 활용해 해결할 수 있는데...

제곱을 앞으로 옮기고...

-1이 되는 괄호 안에 있는 값을 다 곱하면

$$\frac{d \text{ 잔차제곱합}}{d \text{ 예측값}} = \frac{d}{d \text{ 예측값}} \sum_{i=1}^{n} (\text{관측값}_i - \text{예측값}_i) = \sum_{i=1}^{n} 2 \times (\text{관측값}_i - \text{예측값}_i) \times -1$$

결국 **2 × -1**이 됩니다.

$$\frac{d \text{ 잔차제곱합}}{d \text{ 예측값}} = \sum_{i=1}^{n} -2 \times (\text{관측값}_i - \text{예측값}_i)^2$$

NOTE: 미분을 구하는 이 방법을 더 자세히 알고 싶다면 **5장**을 참고하세요.

BAM!!!

미분의 첫 번째 부분을 풀었습니다. 이제 두 번째 부분을 풀어봅시다.

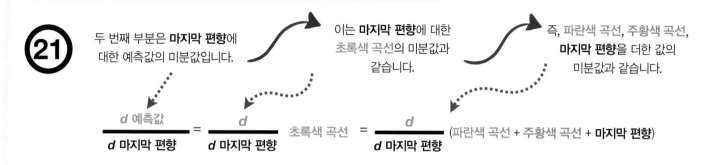

㉑ 두 번째 부분은 **마지막 편향**에 대한 예측값의 미분값입니다.

이는 **마지막 편향**에 대한 초록색 곡선의 미분값과 같습니다.

즉, 파란색 곡선, 주황색 곡선, **마지막 편향**을 더한 값의 미분값과 같습니다.

$$\frac{d\ \text{예측값}}{d\ \text{마지막 편향}} = \frac{d}{d\ \text{마지막 편향}}\ \text{초록색 곡선} = \frac{d}{d\ \text{마지막 편향}}\ (\text{파란색 곡선} + \text{주황색 곡선} + \text{마지막 편향})$$

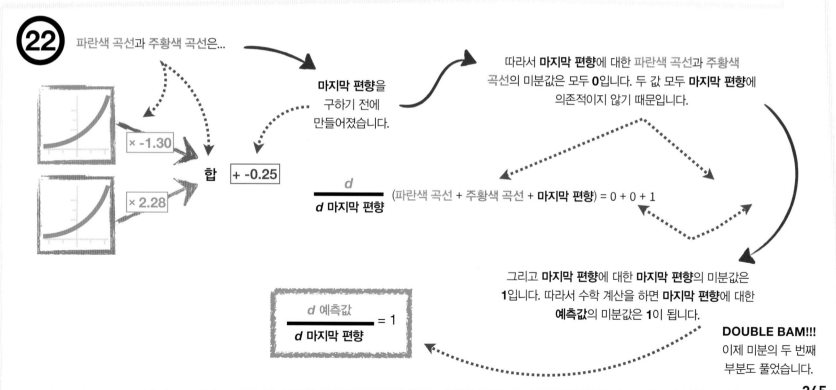

㉒ 파란색 곡선과 주황색 곡선은...

마지막 편향을 구하기 전에 만들어졌습니다.

따라서 **마지막 편향**에 대한 파란색 곡선과 주황색 곡선의 미분값은 모두 **0**입니다. 두 값 모두 **마지막 편향**에 의존적이지 않기 때문입니다.

× -1.30

× 2.28

합   + -0.25

$$\frac{d}{d\ \text{마지막 편향}}\ (\text{파란색 곡선} + \text{주황색 곡선} + \text{마지막 편향}) = 0 + 0 + 1$$

그리고 **마지막 편향**에 대한 **마지막 편향**의 미분값은 **1**입니다. 따라서 수학 계산을 하면 **마지막 편향**에 대한 **예측값**의 미분값은 **1**이 됩니다.

$$\frac{d\ \text{예측값}}{d\ \text{마지막 편향}} = 1$$

DOUBLE BAM!!!
이제 미분의 두 번째 부분도 풀었습니다.

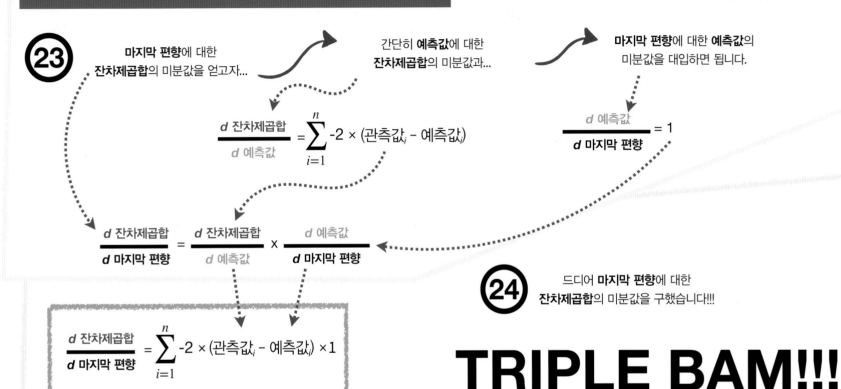

㉓ 마지막 편향에 대한 잔차제곱합의 미분값을 얻고자...

간단히 예측값에 대한 잔차제곱합의 미분값과...

마지막 편향에 대한 예측값의 미분값을 대입하면 됩니다.

$$\frac{d \text{ 잔차제곱합}}{d \text{ 예측값}} = \sum_{i=1}^{n} -2 \times (\text{관측값}_i - \text{예측값}_i)$$

$$\frac{d \text{ 예측값}}{d \text{ 마지막 편향}} = 1$$

$$\frac{d \text{ 잔차제곱합}}{d \text{ 마지막 편향}} = \frac{d \text{ 잔차제곱합}}{d \text{ 예측값}} \times \frac{d \text{ 예측값}}{d \text{ 마지막 편향}}$$

$$\frac{d \text{ 잔차제곱합}}{d \text{ 마지막 편향}} = \sum_{i=1}^{n} -2 \times (\text{관측값}_i - \text{예측값}_i) \times 1$$

㉔ 드디어 마지막 편향에 대한 잔차제곱합의 미분값을 구했습니다!!!

TRIPLE BAM!!!

㉕ 다음 절에서는 경사 하강법에 미분값을 대입해 마지막 편향의 최적값을 구하는 방법을 살펴보겠습니다.

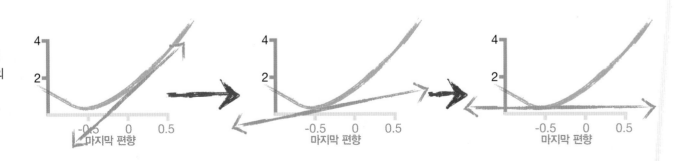

① 이제 **마지막 편향**에 대한 **잔차제곱합**의 미분값을 구했습니다.

이 값은 **마지막 편향**이 변할 때마다 **잔차제곱합**이 어떻게 바뀌는지 알려주며...

경사 하강법을 사용해 **마지막 편향**을 최적화할 수 있도록 해줍니다.

$$\frac{d\ \text{잔차제곱합}}{d\ \text{마지막 편향}} = \sum_{i=1}^{n} -2 \times (\text{관측값}_i - \text{예측값}_i)^2 \times 1$$

NOTE: 미분식에서 "**× 1**"항을 남긴 것은 **연쇄법칙**을 활용했음을 알려주기 위함입니다. 사실 1을 곱해도 결과가 변하지는 않으므로 생략해도 됩니다.

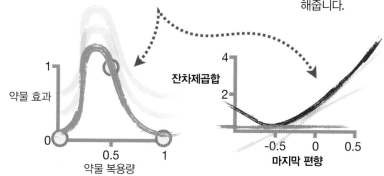

② 먼저 **훈련 데이터**의 관측값을 **마지막 편향**에 대한 **잔차제곱합**의 미분식(도함수)에 대입합니다.

$$\frac{d\ \text{잔차제곱합}}{d\ \text{마지막 편향}} = \sum_{i=1}^{n} -2 \times (\text{관측값}_i - \text{예측값}_i)^2 \times 1$$

$$= -2 \times (\text{관측값}_1 - \text{예측값}_1)^2 \times 1$$

$$+ -2 \times (\text{관측값}_2 - \text{예측값}_2)^2 \times 1$$

$$+ -2 \times (\text{관측값}_3 - \text{예측값}_3)^2 \times 1$$

$$\frac{d\ \text{잔차제곱합}}{d\ \text{마지막 편향}} = -2 \times (\ 0\ - \text{예측값}_1\ ) \times 1$$

$$+ -2 \times (\ 1\ - \text{예측값}_2\ ) \times 1$$

$$+ -2 \times (\ 0\ - \text{예측값}_3\ ) \times 1$$

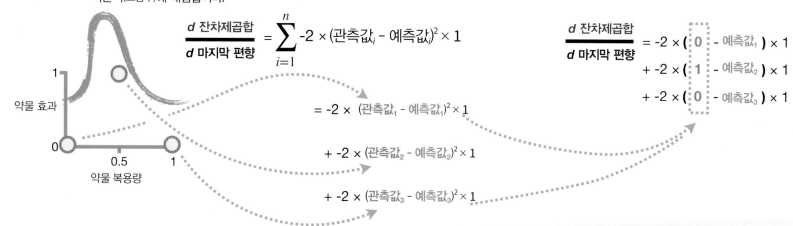

267

③ 그다음 **마지막 편향**을 임의의 값으로 초기화합니다. 여기서는 **마지막 편향** 값을 **0.0**으로 설정하겠습니다.

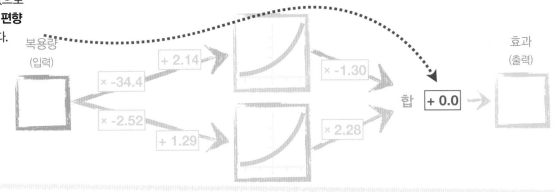

복용량
(입력)

× -34.4   + 2.14   × -1.30

× -2.52   + 1.29   × 2.28

합   + 0.0

효과
(출력)

④ 훈련 데이터의 **복용량** 데이터인 **0**, **0.5**, **1**을 **신경망**에 주입해 예측값을 얻습니다.

그리고 예측값을 미분식에 대입합니다.

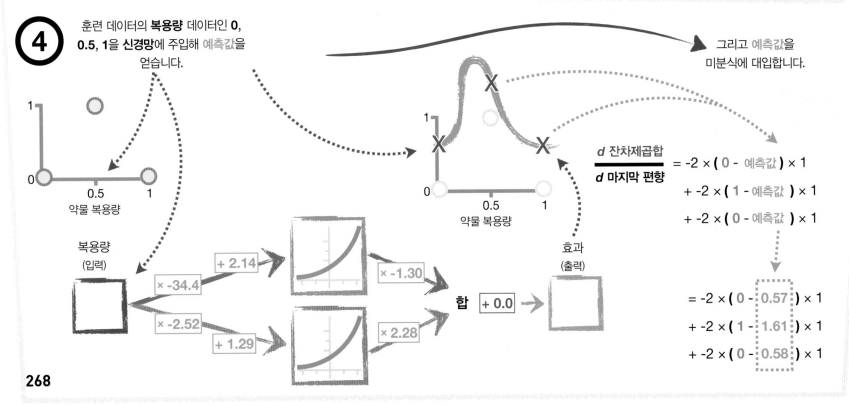

1

0

0.5   1

약물 복용량

1

0

0.5   1

약물 복용량

복용량
(입력)

× -34.4   + 2.14   × -1.30

× -2.52   + 1.29   × 2.28

합   + 0.0

효과
(출력)

$$\frac{d\ \text{잔차제곱합}}{d\ \text{마지막 편향}} = -2 \times (\,0 - \text{예측값}\,) \times 1$$

$$+ -2 \times (\,1 - \text{예측값}\,) \times 1$$

$$+ -2 \times (\,0 - \text{예측값}\,) \times 1$$

$$= -2 \times (\,0 - 0.57\,) \times 1$$

$$+ -2 \times (\,1 - 1.61\,) \times 1$$

$$+ -2 \times (\,0 - 0.58\,) \times 1$$

역전파: 한 단계씩 살펴보기

⑤ 마지막 편향의 현재 값에 대한 미분값을 평가합니다. 현재 마지막 편향 값은 **0.0**입니다.

그리고 수학 계산을 하면 **3.5**를 얻습니다.

따라서 **마지막 편향** 값이 **0**일 때 접선의 기울기는 **3.5**가 됩니다.

효과 (출력)

$$\frac{d \text{ 잔차제곱합}}{d \text{ 마지막 편향}} = -2 \times (0 - 0.57) \times 1$$

$$+ -2 \times (1 - 1.61) \times 1$$

$$+ -2 \times (0 - 0.58) \times 1$$

$$= 3.5$$

× -1.30

× 2.28

합 **+ 0.0**

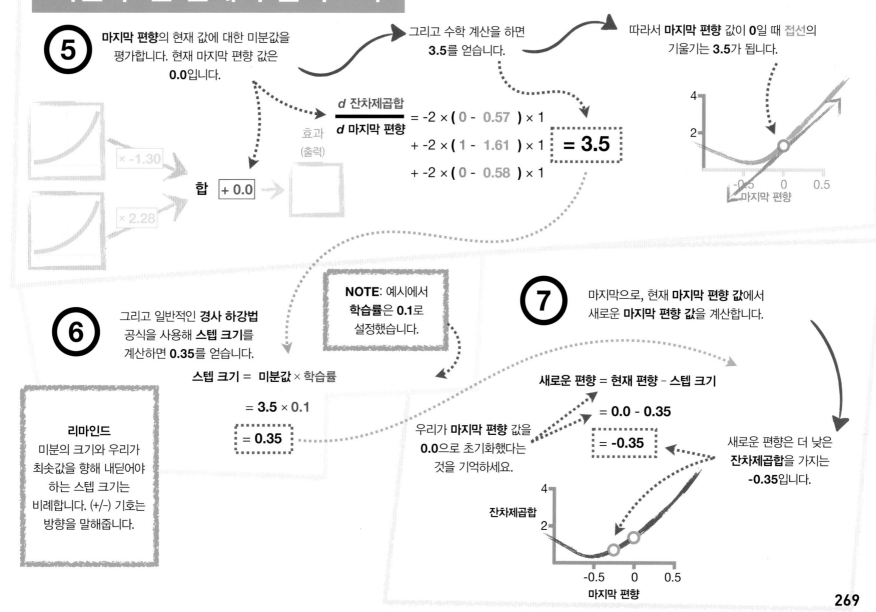

⑥ 그리고 일반적인 **경사 하강법** 공식을 사용해 **스텝 크기**를 계산하면 **0.35**를 얻습니다.

스텝 크기 = 미분값 × 학습률

$$= 3.5 \times 0.1$$

$$= 0.35$$

NOTE: 예시에서 **학습률**은 **0.1**로 설정했습니다.

⑦ 마지막으로, 현재 **마지막 편향 값**에서 새로운 **마지막 편향 값**을 계산합니다.

새로운 편향 = 현재 편향 - 스텝 크기

$$= 0.0 - 0.35$$

$$= -0.35$$

우리가 **마지막 편향** 값을 **0.0**으로 초기화했다는 것을 기억하세요.

새로운 편향은 더 낮은 **잔차제곱합**을 가지는 **-0.35**입니다.

리마인드
미분의 크기와 우리가 최솟값을 향해 내딛어야 하는 스텝 크기는 비례합니다. (+/-) 기호는 방향을 말해줍니다.

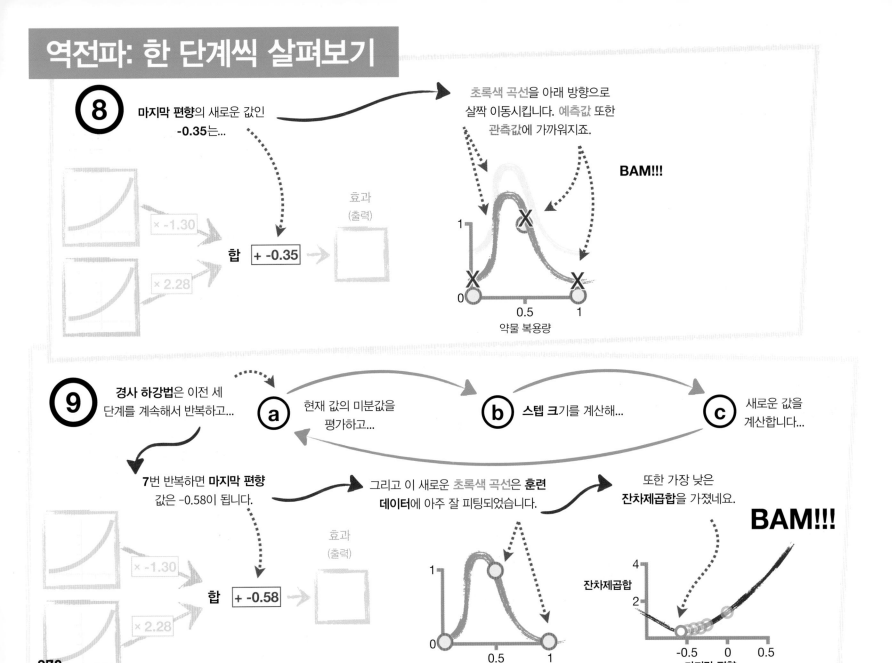

⑧ **마지막 편향**의 새로운 값인 **-0.35**는...

초록색 곡선을 아래 방향으로 살짝 이동시킵니다. 예측값 또한 관측값에 가까워지죠.

BAM!!!

합 $+ -0.35$ → 효과 (출력)

약물 복용량

⑨ **경사 하강법**은 이전 세 단계를 계속해서 반복하고...

a 현재 값의 미분값을 평가하고...

b 스텝 크기를 계산해...

c 새로운 값을 계산합니다...

7번 반복하면 **마지막 편향** 값은 -0.580이 됩니다.

그리고 이 새로운 초록색 곡선은 훈련 데이터에 아주 잘 피팅되었습니다.

또한 가장 낮은 **잔차제곱합**을 가졌네요.

합 $+ -0.58$ → 효과 (출력)

약물 복용량

잔차제곱합

마지막 편향

BAM!!!

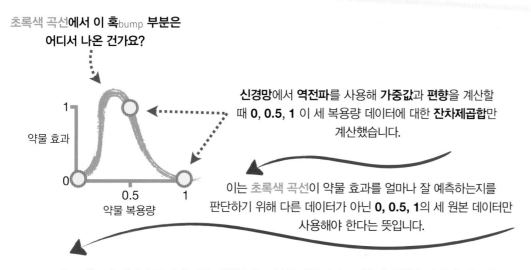

초록색 곡선에서 이 혹bump 부분은
어디서 나온 건가요?

약물 효과

0.5
약물 복용량
1

신경망에서 **역전파**를 사용해 **가중값**과 **편향**을 계산할 때 0, 0.5, 1 이 세 복용량 데이터에 대한 **잔차제곱합**만 계산했습니다.

이는 초록색 곡선이 약물 효과를 얼마나 잘 예측하는지를 판단하기 위해 다른 데이터가 아닌 **0, 0.5, 1**의 세 원본 데이터만 사용해야 한다는 뜻입니다.

그리고 이는 세 데이터 사이에 어떤 이상한 혹 모양을 만들더라도 예측에 영향을 미치지 않는다는 뜻입니다. 사실 이 문제는 사람들이 자율주행차에 **신경망**을 사용한다고 할 때 제가 떠올렸던 문제이기도 합니다. **신경망**은 훈련 데이터에 아주 잘 피팅될 수 있지만, 데이터 사이에 어떤 일이 일어나는지는 알 수 없습니다. 즉, 자율주행차가 새로운 상황에서 어떻게 행동할지 예측하기 힘들 수도 있다는 뜻입니다.

초록색 곡선 대신 종 모양 곡선을 훈련 데이터에
피팅했으면 더 좋지 않았을까요?

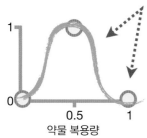

약물 복용량

그럴지도 모르죠. 하지만 **훈련 데이터**에 이 **세 가지** 샘플 말고는 다른 데이터가 없기에 어떤 것이 더 적합할지 알 수 없습니다.

이렇게 멋있고 유연한flexible 신경망이 있는데, 왜 우리는 신경망보다 훨씬 덜 유연한 로지스틱 회귀를 여전히 사용하는 걸까요?

신경망은 멋지죠. 하지만 사용할 **은닉층** 개수와, 그 안에 들어갈 노드 개수를 정한 후 최적의 **활성화 함수**까지 정하는 일은 예술의 영역에 가깝습니다. 이와 반대로 **로지스틱 회귀**로는 과학적으로 모델을 만들 수 있으며, 다른 추측성 작업물이 들어가지 않습니다. 이 차이는 올바른 작동을 위해 조정이 많이 필요한 **신경망**보다 **로지스틱 회귀**를 사용하는 편이 좋은 예측을 하는 데 더 용이하기도 하다는 뜻입니다.

추가적으로, 예측을 위해 많은 변수를 사용했을 때 **로지스틱 회귀**의 해석력이 **신경망**보다 뛰어날 수 있습니다. 다른 말로, **로지스틱 회귀**가 어떻게 예측을 했는지 비교적 쉽게 알 수 있다는 말입니다. 반대로 말하면, **신경망**이 내놓은 예측은 이해하기 훨씬 힘듭니다.

야호!!!

마침내 이 흥미로운 내용이
가득한 머신러닝 책을
마무리했어!!!

축하해!!!
TRIPLE BAM!!!

부록!!!

학교에서 배웠겠지만
아마도 지금은
잊어버렸을 내용

파이 확률pie probability

① 우리는 인구 중 70%가 호박 파이를 좋아하고, 30%가 블루베리 파이를 좋아하는 **통계나라**에 살고 있습니다.

호박 파이

블루베리 파이

즉, **통계나라** 사람 10명 중 7명, **7/10**의 사람들은 호박 파이를 좋아하고, 나머지 10명 중 3명, **3/10**의 사람들은 블루베리 파이를 좋아한다는 뜻입니다.

NOTE: 예제에서 임의로 만난 사람이 호박 파이를 좋아하는지 아니면 블루베리 파이를 좋아하는지 여부는 다음에 만나는 사람의 파이 선호도에 영향을 미치지 않습니다. 확률 용어로 이야기하면, 두 사람을 임의로 선택해 파이 선호도를 확인하는 이 두 사건event은 서로 **독립적**independent입니다. 만약 어떤 이상한 이유로 두 번째 사람의 파이 선호도가 첫 번째 사람의 영향을 받는다면 이러한 이벤트는 **종속적**dependent이라 표현합니다. 이 경우 계산 역시 예시와는 달라집니다.

② 만약 우리가 아무나 붙잡고 어떤 파이를 좋아하냐고 묻는다면 10명 중 7명**(7/10)**은 호박 파이를 좋아한다고 대답할 것이고,

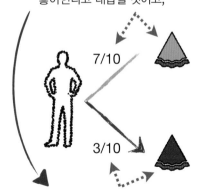

7/10

3/10

나머지 10명 중 3명**(3/10)**은 블루베리 파이를 좋아한다고 대답할 것입니다.

③ 호박 파이를 좋아한다고 대답한 10명 중 7명이...

오직 10명 중 7명만 다른 사람도 호박 파이를 좋아한다고 대답할 것입니다.

따라서 두 명이 연달아 호박 파이를 좋아할 확률은 **7/10 × 7/10 = 49/100**, 혹은 **49%**라고 말할 수 있습니다.

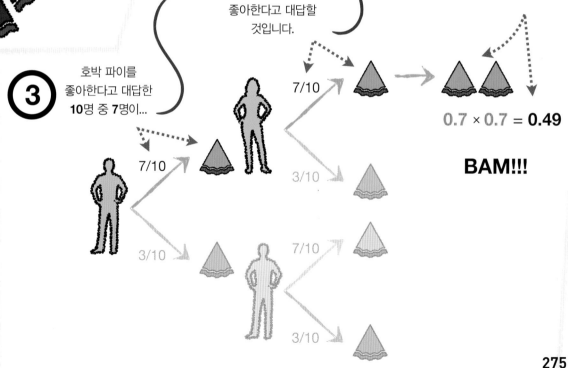

$0.7 \times 0.7 = 0.49$

BAM!!!

이제 세 번째 사람에게 파이 선호도를 물어보는 경우를 생각해봅시다.

구체적으로는, 처음 두 사람은 호박 파이를 선호하고 세 번째 사람은 블루베리 파이를 선호할 확률에 대해 이야기해봅시다.

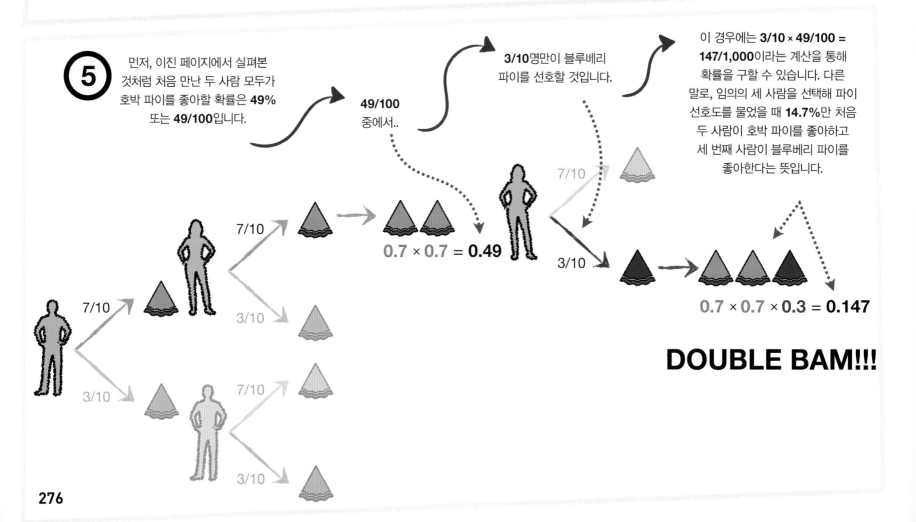

⑤ 먼저, 이진 페이지에서 실펴본 것처럼 처음 만난 두 사람 모두가 호박 파이를 좋아할 확률은 49% 또는 **49/100**입니다.

49/100 중에서..

3/10명만이 블루베리 파이를 선호할 것입니다.

이 경우에는 **3/10 × 49/100 = 147/1,000**이라는 계산을 통해 확률을 구할 수 있습니다. 다른 말로, 임의의 세 사람을 선택해 파이 선호도를 물었을 때 **14.7%**만 처음 두 사람이 호박 파이를 좋아하고 세 번째 사람이 블루베리 파이를 좋아한다는 뜻입니다.

7/10

7/10

3/10

7/10

3/10

7/10

3/10

$0.7 \times 0.7 = \mathbf{0.49}$

$0.7 \times 0.7 \times 0.3 = \mathbf{0.147}$

DOUBLE BAM!!!

⑥ 첫 번째 사람이 블루베리 파이를 선호하고, 그다음 두 사람이 모두 호박 파이를 선호할 확률 또한 **0.147**입니다.

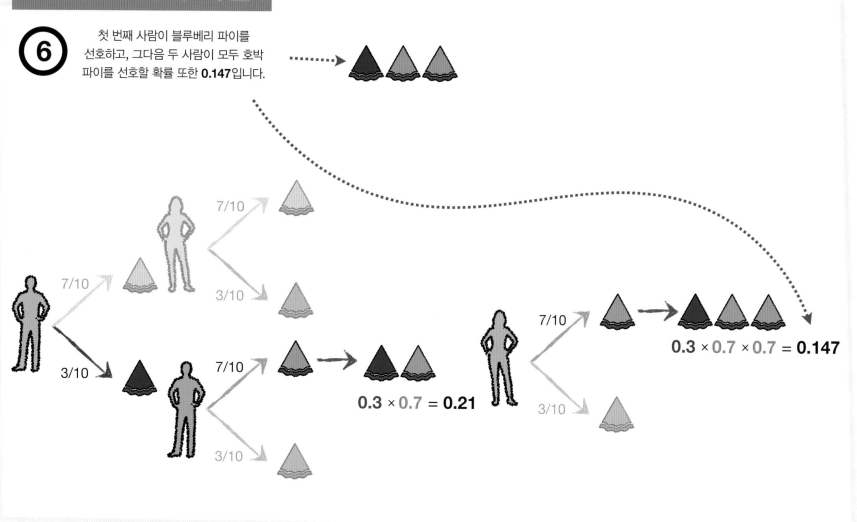

$0.3 \times 0.7 = 0.21$

$0.3 \times 0.7 \times 0.7 = 0.147$

⑦ 마지막으로 첫 번째 사람은 호박 파이를, 두 번째 사람은 블루베리 파이를, 세 번째 사람은 호박 파이를 선호할 확률 또한 **0.147**입니다.

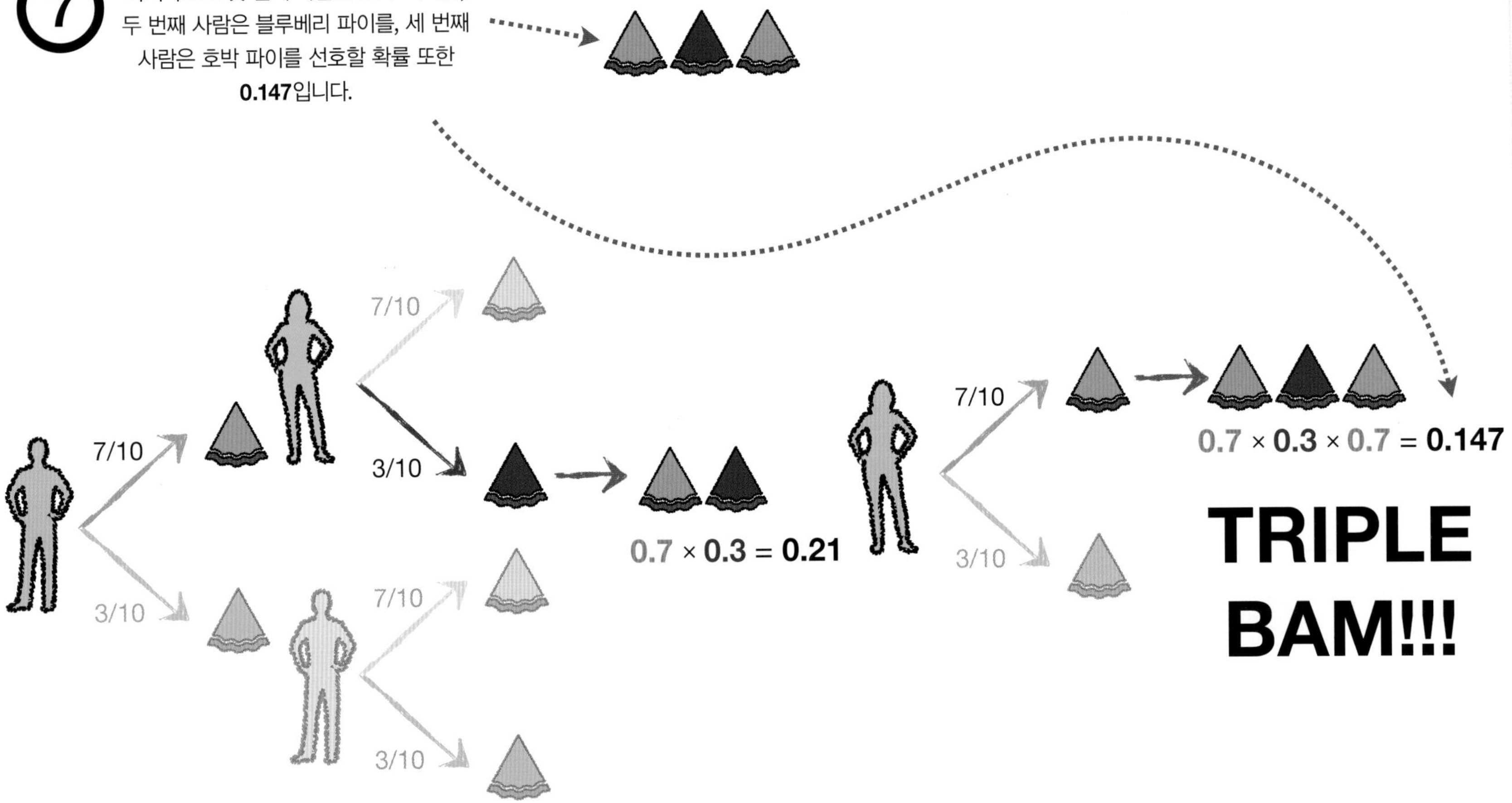

$0.7 \times 0.3 = 0.21$

$0.7 \times 0.3 \times 0.7 = 0.147$

7/10

3/10

7/10

3/10

7/10

3/10

7/10

3/10

TRIPLE BAM!!!

부록 B:

평균, 분산, 그리고 표준편차

① 우리가 **스펜드앤세이브**Spend-n-Save 식료품점 **5,132**곳을 모두 방문해 판매 중인 **풋사과**의 개수를 세어보았다고 가정해봅시다. 우리는 각 점포의 **풋사과** 개수를 이 수직선에 그릴 수 있습니다.

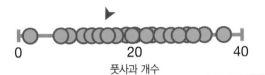

풋사과 개수

그러나 데이터에 중첩되는 값이 많을 테니 측정값의 **히스토그램**을 그려보겠습니다.

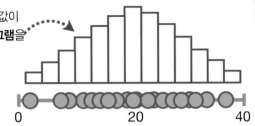

② 만약 이렇게 **정규곡선**을 데이터에 피팅하려면...

먼저 **모집단 평균**population mean을 계산해 곡선의 중앙을 어디에 둘지 파악해야 합니다.

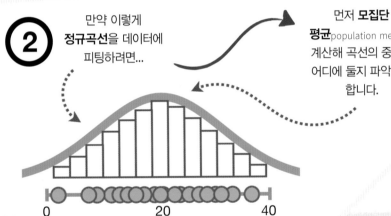

③ **5,132**개의 **스펜드앤세이브** 점포에 있는 모든 **풋사과** 수를 계산했습니다. 흔히 그리스 문자 **μ**(뮤)로 나타내는 **모집단 평균** 계산은 비교적 간단합니다. 단순히 모든 측정값의 평균을 계산하면 됩니다. 이 경우 **모집단 평균**은 **20**입니다.

$$\text{모집단 평균} = \mu = \frac{\text{측정값 개수}}{\text{측정값 총합}}$$

$$= \frac{2 + 8 + \ldots + 37}{5132} = 20$$

④ **모집단 평균(μ)**이 **20**이므로 **정규곡선**의 중심을 **20**에 위치시킵니다.

⑤ 이제 **모집단 분산**과 **표준편차**를 계산해 곡선의 너비를 결정해야 합니다.

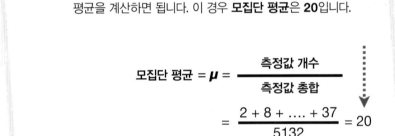

(6) 즉, 데이터가 **모집단 평균**(예제에서는 **20**) 주위에 어떻게 분포되어 있는지 계산하고자 합니다.

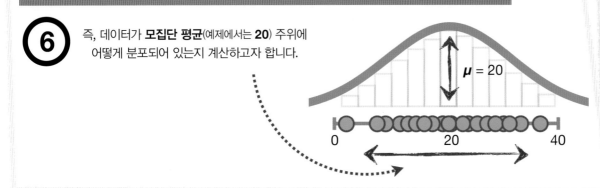

$\mu = 20$

0   20   40

(7) **모집단 분산**을 계산하는 공식은 다음과 같습니다…

$$모집단\ 분산 = \frac{\sum (x - \mu)^2}{n}$$

굉장히 멋져 보이는데요. 한번 자세히 살펴보겠습니다.

(8) 괄호 안 **x-μ**의 뜻은 각 데이터(혹은 측정값)인 **x**에서 **모집단 평균**인 **μ**를 뺀다는 뜻입니다.

$$모집단\ 분산 = \frac{\sum (x - \mu)}{n}$$

예를 들어 첫 번째 측정값이 **2**라면 **2**에서 **μ**인 **20**을 빼줍니다…

제곱은 이 항을 제곱해준다는 것을 뜻합니다.

$$모집단\ 분산 = \frac{\sum (x - \mu)^2}{n}$$

그리스 문자 **Σ**(시그마)는 이 항들을 모두 더하라는 뜻입니다.

$$모집단\ 분산 = \frac{\sum (x - \mu)^2}{n}$$

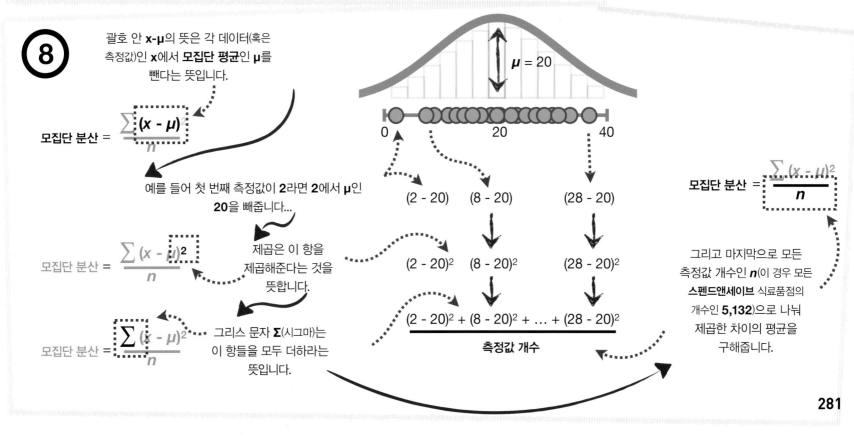

$\mu = 20$

0   20   40

$(2 - 20)$ $(8 - 20)$ $(28 - 20)$

$(2 - 20)^2$ $(8 - 20)^2$ $(28 - 20)^2$

$$\frac{(2 - 20)^2 + (8 - 20)^2 + \ldots + (28 - 20)^2}{측정값\ 개수}$$

$$모집단\ 분산 = \frac{\sum (x - \mu)^2}{n}$$

그리고 마지막으로 모든 측정값 개수인 **n**(이 경우 모든 **스펜드앤세이브** 식료품점의 개수인 **5,132**)으로 나눠 제곱한 차이의 평균을 구해줍니다.

281

(9) 이제 우리는 **모집단 분산** 계산 방법을 배웠습니다.

계산을 하면 **100**이라는 값을 얻습니다.

BAM?

아직 아닙니다.

$$모집단\ 분산 = \frac{\sum (x - \mu)^2}{n} = \frac{(2 - 20)^2 + (8 - 20)^2 + \ldots + (28 - 20)^2}{5132} = 100$$

$\mu = 20$

풋사과 개수

(10) **모집단 분산** 공식 각 항은 제곱되어 있기 때문에…

100이라는 결과는 **제곱된 풋사과의 개수**입니다.

이는 여기서 계산된 **모집단 분산**을 바로 그래프에 삽입할 수 없다는 뜻입니다. 왜냐하면 x축의 단위가 제곱이 아니기 때문이죠.

(11) 이 문제를 해결하기 위해 **모집단 분산**에 루트를 씌워줍니다. 그러면 **모집단 표준편차**를 구할 수 있습니다.

모집단 분산이 **100**이므로 **모집단 표준편차**는 **10**이 됩니다.

그리고 이 숫자를 그래프에 그려줍니다.

$\mu = 20$

풋사과 개수

$$모집단\ 표준편차 = \sqrt{\frac{\sum (x - \mu)^2}{n}} = \sqrt{모집단\ 분산} = \sqrt{100} = 10$$

(12) 이제 우리는 **모집단 평균 20**과 **모집단 표준편차**인 **+/- 10**을 사용해 **정규곡선**을 데이터에 피팅할 수 있게 되었습니다.

$\mu = 20$

풋사과 개수

(13) **NOTE**: 계속 설명하기 전에 한 가지 강조하자면, 바로 우리는 일반적으로 모집단 데이터를 알 수 없다는 것입니다. 따라서 **모집단 평균, 모집단 분산, 모집단 표준편차**를 계산할 수 없습니다.

BAM!!!

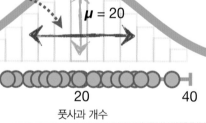

일반적으로는 **모집단 파라미터**를 계산할 수 없다니, 그럼 어떻게 해야 하지?

⑭ **모집단 파라미터**를 계산하는 대신 상대적으로 작은 개수의 측정값을 활용해 이를 **추정**할 수 있습니다.

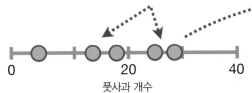

풋사과 개수

⑮ **모집단 평균**을 추정하는 일은 매우 간단합니다. 그냥 우리가 수집한 데이터(측정값)의 평균을 계산하면 됩니다.

간단한 수학 계산식을 통해 **17.6**을 얻습니다.

$$추정\ 평균 = \frac{측정치의\ 합}{측정\ 수} = \frac{3 + 13 + 19 + 24 + 29}{5} = 17.6$$

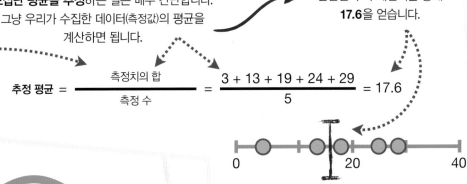

⑯ **NOTE**: **추정된 평균**estimated mean은 일반적으로 $\bar{x}$(x-bar)로 나타내며 **표본평균**sample mean이라 부릅니다.

비교적 적은 수의 데이터(측정값)가 **평균을 추정**하는 데 사용되기에 실제 **모집단 평균**과 다를 수 있습니다.

대다수 **통계**가 **평균**과 **분산** 같은 **모집단 파라미터**와 **추정된 모수** 간의 차이를 정량화하고 보정하는 데 사용됩니다.

$\mu = 20$

$\bar{x} = 17.6$

⑰ **추정된 평균**을 얻었으니 **분산**과 **표준편차도 추정**할 수 있습니다. 그러나 우리는 **모집단 평균**과 다를 확률이 높은 **추정된 평균**을 사용했다는 점을 항상 감안해야 합니다.

⑱ 따라서 **추정된 평균**을 사용해 분산과 **표준편차**를 추정할 때...

모집단 평균과 추정된 평균의 차이를 보정하기 위해 **n** 대신 측정값 수에서 **1**을 뺀(**n - 1**) 값으로 나누어줍니다.

$$추정된\ 분산 = \frac{\sum(x - \bar{x})^2}{n - 1}$$

$$추정된\ 표준편차 = \sqrt{\frac{\sum(x - \bar{x})^2}{n - 1}}$$

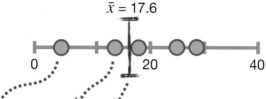

$\bar{x} = 17.6$

⑲ 이제 데이터를 **추정된 분산** 공식에 대입합니다.

NOTE: $n - 1$ 대신 n으로 나눈다면 **81.4**를 얻게 됩니다. 실제 **모집단 분산**인 **100**과 비교했을 때 너무 과소평가되었습니다.

$$추정된\ 분산 = \frac{\sum (x - \bar{x})^2}{n - 1} = \frac{(3 - 17.6)^2 + (13 - 17.6)^2 + (19 - 17.6)^2 + (24 - 17.6)^2 + (29 - 17.6)^2}{5 - 1} = 101.8$$

그러면 **101.8**이라는 값을 얻습니다. 앞에서 살펴본 **모집단 분산 100**과 비교했을 때 크게 차이 나지 않는 좋은 추정값입니다.

⑳ 마지막으로, **추정된 표준편차**는 단순히 **추정된 분산**에 루트를 씌워주면 얻을 수 있습니다.

즉, 예제에서 **추정된 표준편차**는 **10.1**입니다. 마찬가지로 앞에서 살펴봤던 **모집단 표준편차**에 매우 가까운 값입니다.

$$추정된\ 표준편차 = \sqrt{\frac{\sum (x - \bar{x})^2}{n - 1}} = \sqrt{추정된\ 분산} = \sqrt{101.8} = 10.1$$

㉑ **추정된 평균**인 **17.6**과 **표준편차 10.1**은 보라색 정규곡선에 해당합니다.

실제 **모집단 분포**인 **평균**이 **20**이고 **표준편차**가 **10**인 초록색 정규곡선과 비교했을 때 크게 차이가 나지 않는 것을 확인할 수 있습니다.

$\mu = 20$

$\bar{x} = 17.6$

TRIPLE BAM!!!

부록 C:

연속확률분포로
확률을 계산하기 위한
컴퓨터 명령어

부록 C: 연속확률분포로 확률을 계산하기 위한 컴퓨터 명령어

① 평균이 **155.7**이고 표준편차가 **6.6**인 정규분포가 주어졌을 때...

컴퓨터를 사용해 **142.5**와 **155.7** 사이의 곡선 아래 면적을 계산하는 방법들을 살펴보겠습니다.

구글 시트 Google Sheets, **마이크로소프트 엑셀**Microsoft Excel, **R**에서 사용할 수 있는 명령어를 살펴보기에 앞서 먼저 **누적분포함수**cumulative distribution function, CDF에 대해 이야기해보겠습니다.

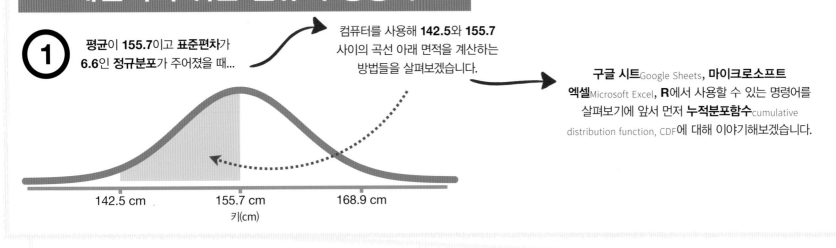

142.5 cm   155.7 cm   168.9 cm

키(cm)

② **누적분포함수**는 특정 포인트까지의 곡선 아래 면적을 말해줍니다.

예를 들어 **평균**이 **155.7**이고 **표준편차**가 **6.6**인 **정규분포 곡선**이 주어졌다면, **142.5**의 **누적분포함수**는 x축 왼쪽에서 **142.5**를 포함하는 모든 영역의 크기를 알려줍니다.

이 경우에는 **0.02**입니다.

Bam.

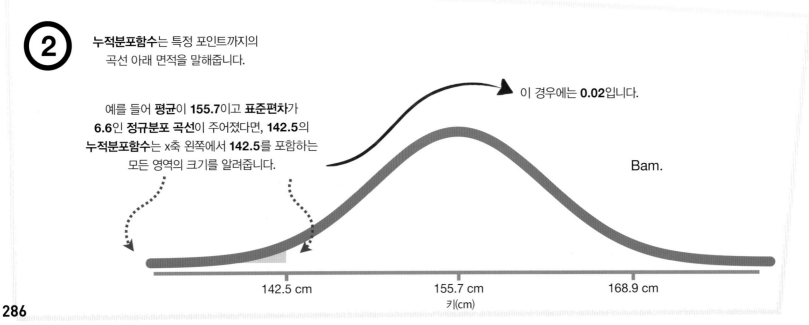

142.5 cm   155.7 cm   168.9 cm

키(cm)

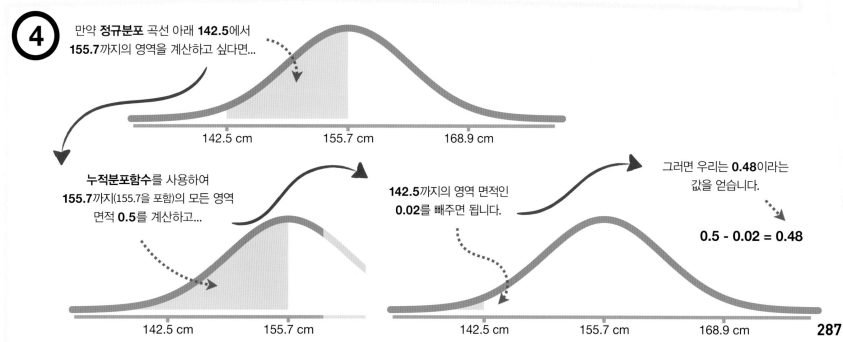

③ 곡선 아래 전체 면적 크기는 **1**이므로 왼쪽에서 중앙까지의 영역 크기가 절반인 **0.5**라면 합리적인 것 같습니다.

마찬가지로 아래 **누적분포함수**는 x축 왼쪽에서 평균값인 **155.7**을 포함하는 모든 영역의 크기인 **0.5**를 알려줍니다.

142.5 cm   155.7 cm   168.9 cm

④ 만약 **정규분포** 곡선 아래 **142.5**에서 **155.7**까지의 영역을 계산하고 싶다면...

142.5 cm   155.7 cm   168.9 cm

누적분포함수를 사용하여 **155.7**까지(155.7을 포함)의 모든 영역 면적 **0.5**를 계산하고...

142.5까지의 영역 면적인 **0.02**를 빼주면 됩니다.

그러면 우리는 **0.48**이라는 값을 얻습니다.

0.5 - 0.02 = 0.48

142.5 cm   155.7 cm

142.5 cm   155.7 cm   168.9 cm

287

⑤ 이제 **구글 시트** 혹은 **마이크로소프트 엑셀**의
NORMDIST() 함수를 활용해 계산을 진행해보겠습니다.

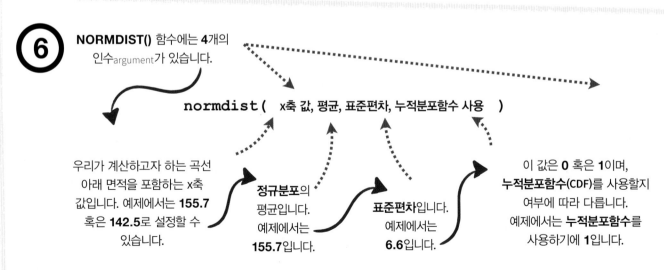

Untitled spreadsheet ☆

File   Edit   View   Insert   Format   Data   Tools   Extensions   Help   Last edit was

100%   ▼ $ %   .0   .00   123▼   Default (Ari...   ▼   10   ▼   B

A1   │ fx | =normdist(155.7, 155.7, 6.6, 1) - normdist(142.5, 155.7, 6.6, 1)

	A
1	0.4772498681
2	

⑥ **NORMDIST()** 함수에는 **4개**의
인수argument가 있습니다.

normdist(x축 값, 평균, 표준편차, 누적분포함수 사용   )

우리가 계산하고자 하는 곡선 아래 면적을 포함하는 x축 값입니다. 예제에서는 **155.7** 혹은 **142.5**로 설정할 수 있습니다.

정규분포의 평균입니다. 예제에서는 **155.7**입니다.

표준편차입니다. 예제에서는 **6.6**입니다.

이 값은 **0** 혹은 **1**이며, **누적분포함수(CDF)**를 사용할지 여부에 따라 다릅니다. 예제에서는 **누적분포함수**를 사용하기에 **1**입니다.

⑦ 모두 대입하면 **0.5 - 0.02 = 0.48**을 얻습니다.

> **NORMDIST()** 함수 인수에 관한 **리마인드**
> `normdist( x축 값, 평균, 표준편차, 누적분포함수 사용 여부 )`

`normdist( 155.7, 155.7, 6.6, 1) - normdist( 142.5, 155.7, 6.6, 1) = 0.48`

DOUBLE BAM!!

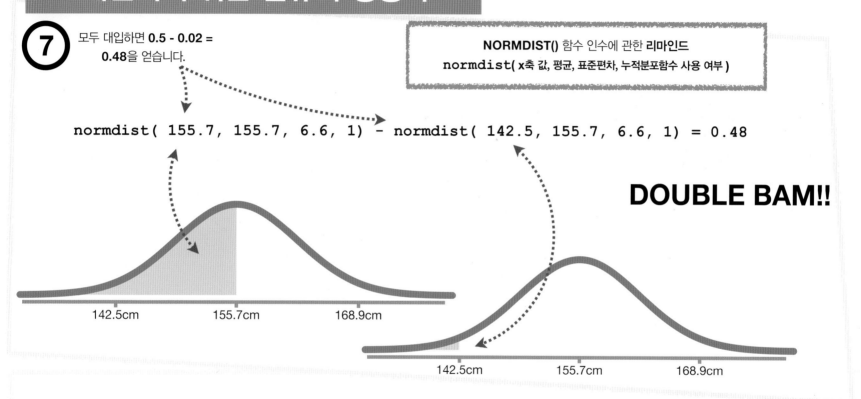

142.5cm   155.7cm   168.9cm

142.5cm   155.7cm   168.9cm

⑧ **R**이라는 프로그래밍 언어에서는 **pnorm()** 함수를 사용해 동일한 결과를 얻을 수 있습니다. **CDF** 사용 여부를 결정하는 부분을 제외하면 **NORMDIST()**와 동일합니다.

TRIPLE BAM!!!

`pnorm(155.7, mean=155.7, sd=6.6) - pnorm(142.5, mean=155.7, sd=6.6)`

`= 0.48`

미분의 주요 개념

① 3명의 시험 점수와 공부 시간 데이터를 수집했다고 가정해보겠습니다.

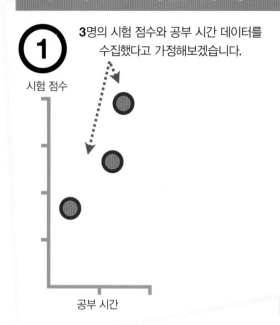

② 그리고 직선을 데이터에 피팅합니다.

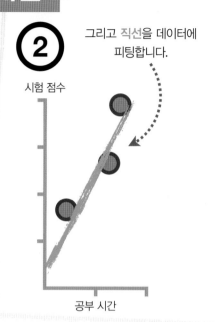

③ 시험 점수와 공부 시간 사이의 관계를 이해하는 한 가지 방법은 공부 시간 변화에 대한 시험 점수의 변화를 살펴보는 것입니다.

이 예제에서 우리는 공부 시간이 한 단위씩 늘어날수록 시험 점수가 두 단위씩 증가한다는 것을 확인할 수 있습니다.

즉, 한 단위가 상승할 때마다 두 단위가 상승합니다.

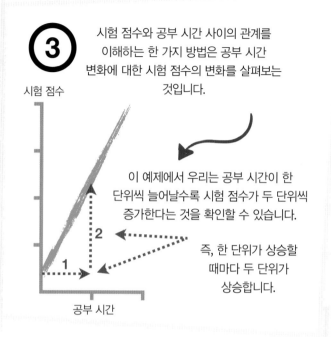

④ **NOTE**: 앞서 살펴본 이러한 관계는 **1/2** 단위일 때도 동일하게 적용됩니다.

예제에서는 반 시간 단위마다 **2 × 0.5 = 1** 단위의 시험 점수가 상승합니다.

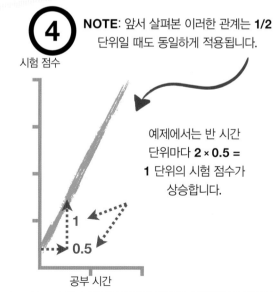

⑤ '1단위마다 2단위 증가' 관계는 공부 시간 단위에 상관없이 유지됩니다. 우리는 이 직선의 미분이...

시간(**d 시간**)의 변화에 따른 점수(**d 점수**) 변화, 즉 **2**라고 말할 수 있습니다.

$$\frac{d\ 점수}{d\ 시간} = 2$$

이제 **미분**이 이 직선과 어떻게 관련 있는지 살펴보겠습니다.

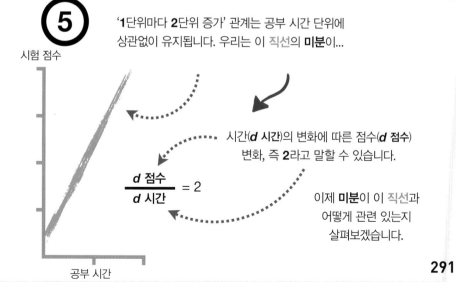

⑥ 여기 앞서 살펴본 **직선**의 방정식이 있습니다.

기울기는 **2**이고...

점수 = 1/2 + (2 × 시간)

y절편은 **1/2**입니다.

시험 점수

공부 시간

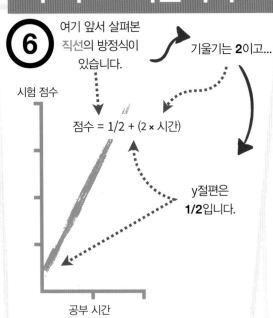

⑦ 여기서 기울기 **2**는 미분값 **2**와 동일함을 알 수 있습니다. 두 숫자 모두 '**1**단위가 증가할 때마다 **2**단위 증가'함을 나타냅니다.

점수 = 1/2 + (2 × 시간)

$$\frac{d\ \text{점수}}{d\ \text{시간}} = 2$$

시험 점수

공부 시간

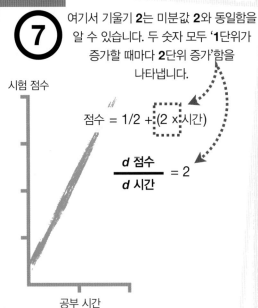

⑧ 이제 공부 이야기는 그만하고 먹는 이야기를 해봅시다. 이 선은 기울기가 **3**이고, 먹는 시간이 얼마나 적든 상관없이 우리의 포만감은 먹는 시간의 **3**배가 됩니다.

따라서 먹는 시간에 대한 포만감 변화, 즉 미분값은 **3**입니다.

$$\frac{d\ \text{포만감}}{d\ \text{시간}} = 3$$

포만감

먹는 시간

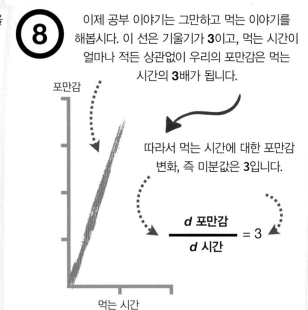

⑨ 기울기가 **0**이고 x축 값 변화에 따라 y축 값이 변하지 않을 때, x축 변화에 대한 y축 값 변화, 즉 미분값은 **0**입니다.

x축 값이 변할 때마다 변하는 y축 값인 **미분값**은 **0**이 됩니다.

엠파이어 스테이트 빌딩의 높이

$$\frac{d\ \text{높이}}{d\ \text{거주자 수}} = 0$$

거주자 수

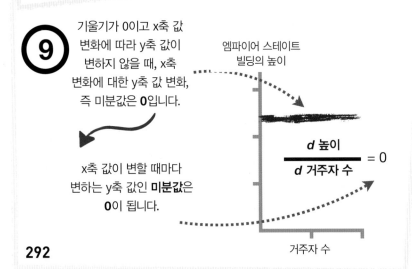

⑩ 만약 직선이 수직이고 x축 값이 변하지 않는다면 **미분값**은 정의될 수 없습니다. 이는 x축 값이 변하지 않을 때 x축 값 변화에 대한 y축 값의 상대적인 변화를 측정할 수 없기 때문입니다.

y축

x축

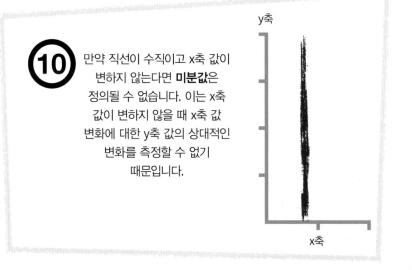

⑪ 마지막으로, 직선 대신 곡선이 있다면...

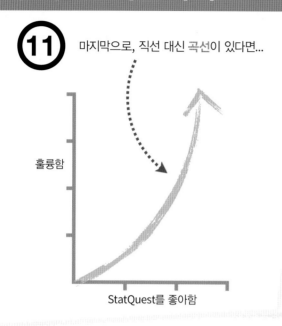

훌륭함

StatQuest를 좋아함

⑫ **미분**은 곡선의 단일 지점에 접하는 어떤 직선의 기울기가 됩니다.

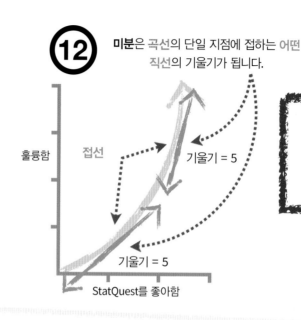

훌륭함

접선

기울기 = 5

기울기 = 5

StatQuest를 좋아함

전문용어 주의!!!

곡선의 단일 지점에 접하는 어떤 직선을 **접선**tangent line이라 부릅니다.

⑬ 안타깝게도 곡선의 **미분**은 직선의 미분처럼 쉽지는 않습니다.

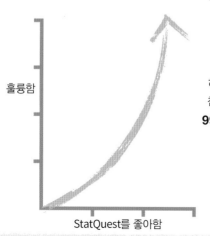

훌륭함

StatQuest를 좋아함

하지만 머신러닝에서는 **멱 규칙**(부록 E 참조)과 **연쇄법칙**(부록 F 참조)을 활용해 **99%**의 상황에서 곡선의 **미분값**을 찾을 수 있습니다.

BAM!!!

멱 규칙

NOTE: 이 부록에서는 여러분이 이미 미분(**부록 D**)의
개념을 잘 알고 있다고 가정합니다.

① 여기 '훌륭함'과 'StatQuest를 좋아함' 사이의 관계를 나타내는 포물선이 있습니다.

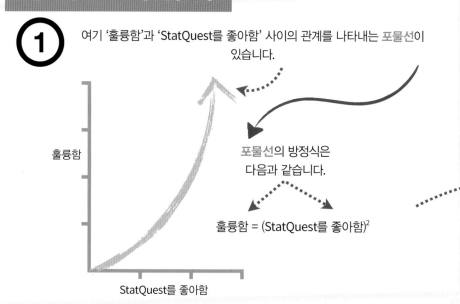

훌륭함

StatQuest를 좋아함

포물선의 방정식은 다음과 같습니다.

훌륭함 = (StatQuest를 좋아함)^2

② 우리는 StatQuest를 좋아하는 정도의 변화에 따른 훌륭한 정도 변화, 즉 미분을 계산할 수 있습니다.

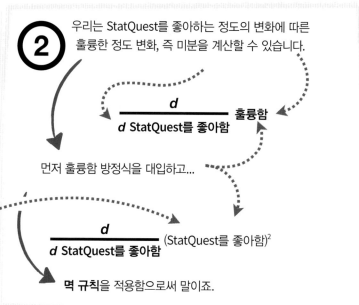

$$\frac{d}{d \text{ StatQuest를 좋아함}} \text{ 훌륭함}$$

먼저 훌륭함 방정식을 대입하고...

$$\frac{d}{d \text{ StatQuest를 좋아함}} (\text{StatQuest를 좋아함})^2$$

멱 규칙을 적용함으로써 말이죠.

③ **멱 규칙**에 의해 'StatQuest를 좋아함'을 거듭제곱(power, 혹은 멱)인 **2**와 곱하고...

원래 'StatQuest를 좋아함'의 거듭제곱인 2에 1을 빼주고...

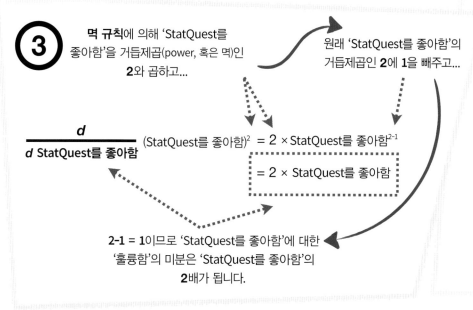

$$\frac{d}{d \text{ StatQuest를 좋아함}} (\text{StatQuest를 좋아함})^2 = 2 \times \text{StatQuest를 좋아함}^{2-1}$$

$$= 2 \times \text{StatQuest를 좋아함}$$

2-1 = 1이므로 'StatQuest를 좋아함'에 대한 '훌륭함'의 미분은 'StatQuest를 좋아함'의 **2배**가 됩니다.

④ 예를 들어 StatQuest를 좋아하는 정도가 **1**일 때 접선의 기울기, 즉 미분값은 **2**가 됩니다.

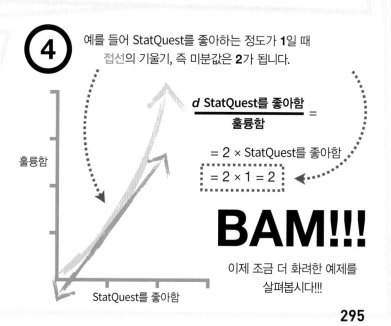

훌륭함

StatQuest를 좋아함

$$\frac{d \text{ StatQuest를 좋아함}}{\text{훌륭함}} =$$

$$= 2 \times \text{StatQuest를 좋아함}$$

$$= 2 \times 1 = 2$$

BAM!!!

이제 조금 더 화려한 예제를 살펴봅시다!!!

⑤ 음식이 얼마나 맛있는지에 따른 사람들의 행복도를 나타내는 그래프가 있습니다.

그리고 다음은 이 **구불구불한** 곡선의 방정식입니다.

행복 = 1 + 맛³

YUM!!!

신선하고 따뜻한 감자튀김! 맛있어!!!

행복 지수

맛 지수

하루 지나 차갑고 기름진 감자튀김. 우웩...

⑥ 우리는 맛의 변화에 대한 행복의 변화, 즉 미분을 계산할 수 있습니다.

$$\frac{d\ 행복}{d\ 맛} = \frac{d}{d\ 맛}\ 행복$$

행복의 방정식을 대입하고...

$$\frac{d}{d\ 맛}\ (1 + 맛^3)$$

방정식의 각 항에 미분을 해줍니다.

$$\frac{d}{d\ 맛}\ (1 + 맛) = \frac{d}{d\ 맛}\ 1 + \frac{d}{d\ 맛}\ 맛^3$$

멱 규칙에 따라 '맛'에 거듭제곱(혹은 멱)인 **3**을 곱하고...

$$\frac{d}{d\ 맛}\ 맛^3 = 3 \times 맛^{3-1}$$
$$= 3 \times 맛^2$$

원래 '맛'의 거듭제곱인 **3**에 **1**을 빼줍니다.

⑦ 맛의 값이 변해도 상수 1은 변하지 않기에 맛에 대한 해당 값의 미분은 **0**이 됩니다.

$$\frac{d}{d\ 맛}\ 1 = 0$$

⑧ 마지막으로 두 항을 합쳐 마지막 미분값을 얻습니다.

$$\frac{d}{d\ 맛}\ 행복 = 0 + 3 \times 맛^2$$
$$= 3 \times 맛^2$$

⑨ '맛'이 = **-1**일 때 접선의 기울기는 **3**이 됩니다.

행복 지수

맛 지수

$$\frac{d}{d\ 맛}\ 3 \times 맛^2$$
$$= 3 \times -1^2 = 3$$

Bam!

연쇄법칙!!!

NOTE: 이 부록에서는 여러분이 이미 미분(**부록 D**)과 멱 규칙(**부록 E**)의 개념을 잘 알고 있다고 가정합니다.

① **3**명의 키와 몸무게 데이터를 수집했습니다.

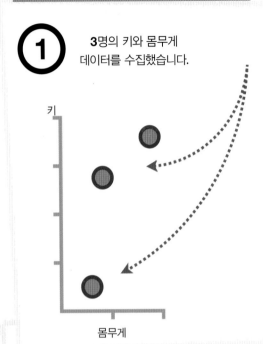

② 선을 데이터에 피팅합니다.

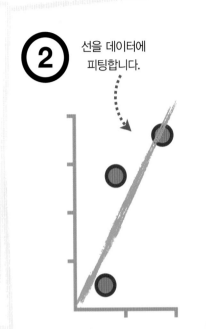

③ 만약 누군가의 몸무게가 이 정도라면...

우리는 초록색 피팅된 선을 활용해 키를 예측할 수 있습니다.

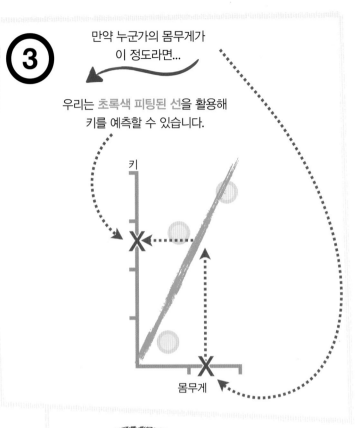

④ 그리고 여기 키와 신발 사이즈 측정값이 있습니다.

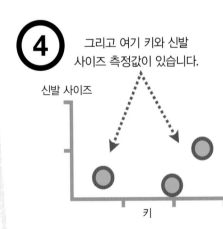

⑤ 주황색 선을 피팅해 신발 사이즈를 토대로 키를 예측할 수 있습니다.

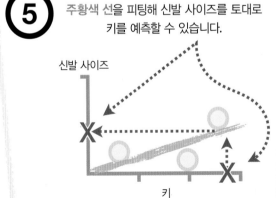

연쇄법칙은 멋있네!!!

맞아!!!

⑥ 만약 누군가의 몸무게가 이 정도라고 한다면...

우리는 신발 사이즈를 예측할 수 있습니다.

왜냐하면 몸무게와 신발 사이즈는 키와 관련 있기 때문입니다.

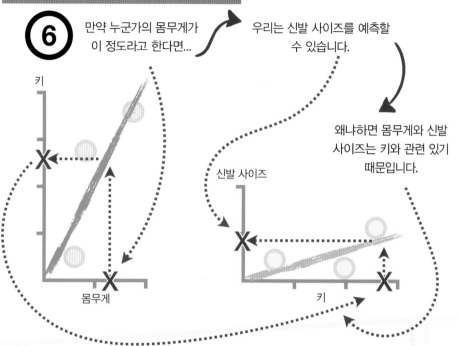

⑦ 만약 몸무게 값을 더 작게 바꾸면 신발 사이즈 또한 달라질 것입니다. 이 경우 신발 사이즈 역시 더 작아지네요.

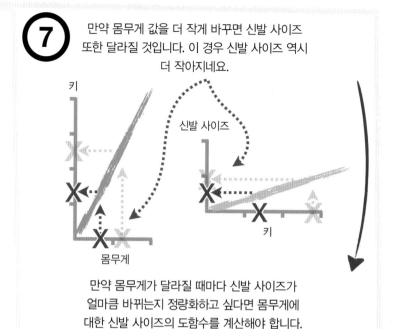

만약 몸무게가 달라질 때마다 신발 사이즈가 얼마큼 바뀌는지 정량화하고 싶다면 몸무게에 대한 신발 사이즈의 도함수를 계산해야 합니다.

⑧ 이 직선은 (몸무게) 1단위가 증가할 때마다 (키) 2단위가 증가하므로 기울기와 미분계수는 2입니다.

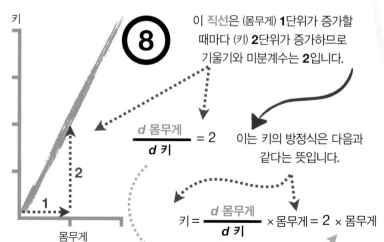

$$\frac{d\ 몸무게}{d\ 키} = 2$$

이는 키의 방정식은 다음과 같다는 뜻입니다.

$$키 = \frac{d\ 몸무게}{d\ 키} \times 몸무게 = 2 \times 몸무게$$

⑨ 이와 비슷하게, 이 직선은 (키) 2단위 증가마다 (신발 사이즈) 1/2단위씩 증가합니다. 따라서 기울기와 미분계수는 1/4입니다.

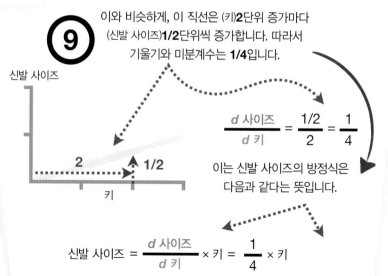

$$\frac{d\ 사이즈}{d\ 키} = \frac{1/2}{2} = \frac{1}{4}$$

이는 신발 사이즈의 방정식은 다음과 같다는 뜻입니다.

$$신발\ 사이즈 = \frac{d\ 사이즈}{d\ 키} \times 키 = \frac{1}{4} \times 키$$

부록 F: 연쇄법칙

⑩ 몸무게로 키를 예측할 수 있고...

키로 신발 사이즈를 예측할 수 있기 때문에...

우리는 키의 방정식을 신발 사이즈 방정식에 대입할 수 있습니다.

$$\text{신발 사이즈} = \frac{d\,\text{키}}{d\,\text{몸무게}} \times \text{몸무게}$$

$$\text{신발 사이즈} = \frac{d\,\text{사이즈}}{d\,\text{키}} \times \text{키}$$

$$\text{신발 사이즈} = \frac{d\,\text{사이즈}}{d\,\text{키}} \times \frac{d\,\text{키}}{d\,\text{몸무게}} \times \text{몸무게}$$

⑪ 만약 몸무게 변화에 따른 신발 사이즈의 변화를 알고 싶다면

몸무게에 대한 신발 사이즈의 도함수를 구하면 됩니다.

그리고 **역 규칙**을 활용하면, 키에 대한 신발 사이즈 도함수에 몸무게에 대한 키 도함수를 곱한 값을 얻습니다.

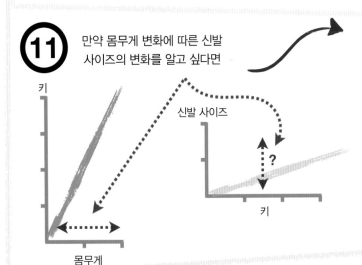

$$\frac{d\,\text{사이즈}}{d\,\text{몸무게}} = \frac{d\,\text{사이즈}}{d\,\text{키}} \times \frac{d\,\text{키}}{d\,\text{몸무게}}$$

즉, 예제의 경우 두 방정식을 공통 변수common variable인 키로 연결할 수 있기에, 합쳐진 두 함수의 도함수는 각 도함수의 곱이 되는 것입니다.

⑫ 마지막으로 미분식에 값을 대입하면...

몸무게가 **1**단위 증가할 때마다 신발 사이즈가 **1/2**씩 증가하는 것을 알 수 있습니다.

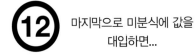

리마인드

$$\frac{d\,\text{키}}{d\,\text{몸무게}} = 2$$

$$\frac{d\,\text{사이즈}}{d\,\text{키}} = \frac{1}{4}$$

$$\frac{d\,\text{사이즈}}{d\,\text{몸무게}} = \frac{d\,\text{사이즈}}{d\,\text{키}} \times \frac{d\,\text{키}}{d\,\text{몸무게}}$$

$$= \frac{1}{4} \times 2 = \frac{1}{2}$$

BAM!!!

(1) 이번엔 배고픔과 마지막으로 간식을 먹은 시간 사이의 관계를 나타내기 위해 아래와 같은 데이터를 수집했다고 가정해봅시다.

마지막으로 간식을 먹은 시간이 길수록 사람들은 배고픔을 더 많이 느낍니다.

따라서 절편이 **0.5**인 이차곡선을 데이터에 피팅해 배고픔의 증가율을 나타내었습니다.

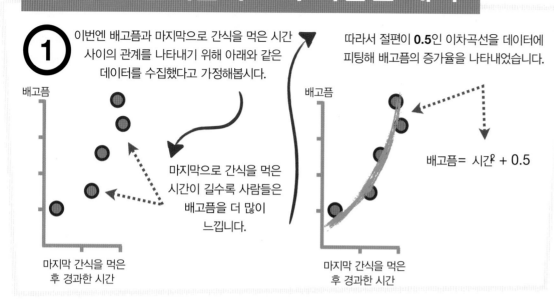

$$배고픔 = 시간^2 + 0.5$$

(2) 이와 마찬가지로, 제곱근 함수를 데이터에 피팅해 배고픔과 아이스크림을 향한 갈망 사이의 관계를 나타내었습니다.

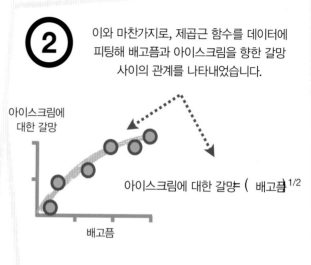

$$아이스크림에 대한 갈망 = (배고픔)^{1/2}$$

(3) 이제 우리는 마지막 간식을 먹은 후 경과한 시간과 아이스크림을 향한 갈망이 어떻게 관련 있는지 알고 싶습니다.

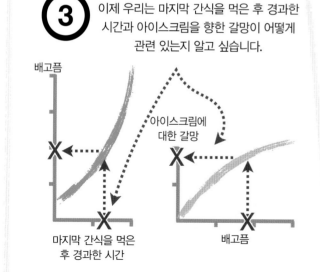

(4) 하지만 안타깝게도 배고픔의 방정식을 아이스크림을 향한 갈망의 방정식에 대입하면...

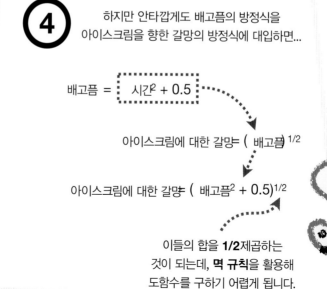

$$배고픔 = \boxed{시간^2 + 0.5}$$

$$아이스크림에 대한 갈망 = (배고픔)^{1/2}$$

$$아이스크림에 대한 갈망 = (배고픔^2 + 0.5)^{1/2}$$

이들의 합을 **1/2**제곱하는 것이 되는데, **멱 규칙**을 활용해 도함수를 구하기 어렵게 됩니다.

이런...

⑤ 그러나 배고픔은 마지막 간식을 먹은 후 경과한 시간과 아이스크림을 향한 갈망을 연결해주기 때문에 우리는 **연쇄법칙**을 사용해 미분식을 해결할 수 있습니다.

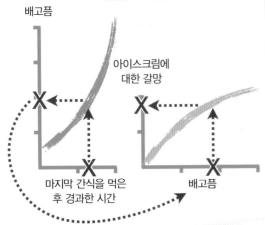

배고픔

아이스크림에 대한 갈망

마지막 간식을 먹은 후 경과한 시간

배고픔

⑥ **연쇄법칙**에 의하면 시간에 대한, 아이스크림에 대한 갈망의 도함수는...

$$\frac{d \text{ 갈망}}{d \text{ 시간}} = \frac{d \text{ 갈망}}{d \text{ 배고픔}} \times \frac{d \text{ 배고픔}}{d \text{ 시간}}$$

배고픔에 대한 아이스크림을 향한 갈망의 도함수를

시간에 대한 배고픔의 도함수와 곱한 값입니다.

⑦ 먼저 **멱 규칙**에 따르면 시간에 대한 배고픔의 도함수는 다음 식과 같습니다.

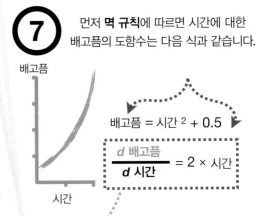

배고픔

시간

배고픔 = 시간^2 + 0.5

$$\frac{d \text{ 배고픔}}{d \text{ 시간}} = 2 \times \text{시간}$$

⑧ 마찬가지로, **멱 규칙**에 따르면 배고픔에 대한 아이스크림을 향한 갈망의 도함수는 다음 식과 같습니다.

아이스크림에 대한 갈망 = (배고픔)$^{1/2}$

갈망

배고픔

$$\frac{d \text{ 갈망}}{d \text{ 배고픔}} = 1/2 \times \text{배고픔}^{-1/2}$$

$$= \frac{1}{2 \times \text{배고픔}^{1/2}}$$

⑨ 이제 이 도함수들을 **연쇄법칙**에 대입하면...

$$\frac{d \text{ 갈망}}{d \text{ 시간}} = \frac{d \text{ 갈망}}{d \text{ 배고픔}} \times \frac{d \text{ 배고픔}}{d \text{ 시간}}$$

$$= \frac{1}{2 \times \text{배고픔}^{1/2}} \times (2 \times \text{시간})$$

$$= \frac{2 \times \text{시간}}{2 \times \text{배고픔}^{1/2}}$$

$$\frac{d \text{ 갈망}}{d \text{ 시간}} = \frac{\text{시간}}{\text{배고픔}^{1/2}}$$

마지막 간식을 먹은 후 경과한 시간에 변화가 있을 때, 아이스크림을 향한 갈망의 변화는 마지막 간식을 먹은 후 경과한 시간을 배고픔의 1/2 제곱으로 나눈 것과 같다는 사실을 알 수 있습니다.

⑩ **NOTE**: 예제에서 배고픔이 마지막으로 간식을 먹은 후 경과한 시간과 아이스크림을 향한 갈망을 연결해준다는 사실이 명확했기에 **연쇄법칙**을 쉽게 적용할 수 있었습니다.

하지만 일반적으로 우리는 다음과 같이 서로 얽혀 있는 방정식을 보게 되고...

아이스크림을 향한 갈망 = (시간^2 + 0.5)$^{1/2}$

따라서 **연쇄법칙**을 적용할 수 있을지 헷갈릴 수 있습니다. 다음 페이지에서는 이런 경우에 대한 해결책을 살펴봅니다!!!

BAM!!!

① 이전 장에서 이렇게 합을 **1/2**제곱하게 되면 **멱 규칙**을 공식에 적용하기 어려워진다고 언급했습니다.

아이스크림에 대한 갈망 = (배고픔^2 + 0.5)$^{1/2}$

하지만 배고픔이 시간과 갈망 사이를 확실히 링크하므로 우리는 **연쇄법칙**을 사용해 도함수를 구할 수 있었습니다.

하지만 어떤 명확한 링크가 존재하지 않더라도 **링크를 만들어 연쇄법칙**을 적용할 수 있습니다.

② 먼저 시간과 아이스크림을 향한 갈망 사이에 '**인사이드**inside'라는 링크를 만들어보겠습니다. 그냥 괄호 안에 있는 어떤 것과 동일하다고 생각하면 됩니다.

인사이드 = 시간^2 + 0.5

이는 아이스크림을 향한 갈망을 아래와 같이 인사이드의 제곱근으로 다시 쓸 수 있다는 뜻입니다.

아이스크림에 대한 갈망 = (인사이드)$^{1/2}$

③ 이제 시간과 갈망 사이의 링크인 **인사이드**를 만들었으니 **연쇄법칙**을 적용해 미분식을 풀어보겠습니다.

연쇄법칙에 따르면 시간에 대한 갈망의 도함수는...

$$\frac{d\ \text{갈망}}{d\ \text{시간}} = \frac{d\ \text{갈망}}{d\ \text{배고픔}} \times \frac{d\ \text{배고픔}}{d\ \text{시간}}$$

인사이드에 대한 갈망의 도함수에...

시간에 대한 **인사이드**의 도함수를 곱한 값입니다.

④ 이제 **멱 규칙**을 사용해 두 미분식을 구하고...

$$\frac{d\ \text{갈망}}{d\ \text{인사이드}} = \frac{d}{d\ \text{인사이드}} (\text{인사이드})^{1/2} = 1/2 \times \text{인사이드}^{-1/2}$$

$$= \frac{1}{2 \times \text{인사이드}^{1/2}}$$

$$\frac{d\ \text{인사이드}}{d\ \text{시간}} = \frac{d}{d\ \text{시간}} \text{시간}^2 + 0.5 = 2 \times \text{시간}$$

⑤ 값을 연쇄법칙에 대입하면...

$$\frac{d\ \text{갈망}}{d\ \text{시간}} = \frac{d\ \text{갈망}}{d\ \text{인사이드}} \times \frac{d\ \text{인사이드}}{d\ \text{시간}}$$

$$\frac{d\ \text{갈망}}{d\ \text{시간}} = \frac{1}{2 \times \text{인사이드}^{1/2}} \times (2 \times \text{시간})$$

$$= \frac{2 \times \text{시간}}{2 \times \text{배고픔}^{1/2}}$$

$$\boxed{\frac{d\ \text{갈망}}{d\ \text{시간}} = \frac{\text{시간}}{\text{배고픔}^{1/2}}}$$

이전에 배고픔이라는 확실한 링크가 있었던 것처럼 **인사이드**라는 링크를 만들어 같은 결과를 얻을 수 있습니다. **BAM!!!**

분명한 링크가 없을 때, 우리는 괄호 안에 있는 값(혹은 안에 들어갈 수 있는 값)으로 하나의 링크를 만들어 사용할 수 있어. **DOUBLE BAM!!!**

303

감사의 말

감사의 말

이 책에 대한 아이디어는 제 유튜브 채널에 달린 댓글에서 얻었습니다. 사람들이 **StatQuest** 책을 원했을 때 사실 저는 그림으로 설명해왔던 것들을 어떻게 글로 옮길 수 있을지 잘 몰랐다는 점을 고백합니다. 하지만 제가 **StatQuest** 학습 가이드를 만든 후에 책을 쓰기보단, 책을 그릴 수 있다는 것을 알게 되었기에 이 책을 쓰기 시작했습니다.

이 책은 많은 사람들의 도움이 없었다면 세상에 나오지 못했을 것입니다.

먼저, 패트리온Patreon과 유튜브의 모든 **Triple BAM** 서포터, U-A Castle, J. Le, A. Izaki, Gabriel Robet, A. Doss, J. Gaynes, Adila, A. Takeh, J. Butt, M. Scola, Q95, Aluminum, S. Pancham, A. Cabrera, N. Thomson에게 감사의 인사를 전합니다.

또한 **Wendy Spitzer** 편집자님께도 감사드리고 싶습니다. 원고의 상당수 오류를 수정하고, 가독성을 위한 귀중한 피드백을 주고, 각 개념을 명확하게 설명하게끔 하는 마법을 선물했습니다. 또, 구성부터 세부적인 수학 공식에 이르기까지 피드백을 준 기술 편집자 **Adila, Gabriel Robet, Mahmud Hasan, Ruizhe Ma 박사님, Samuel Judge**에게 감사의 말씀을 전합니다.

마지막으로, Grid.ai의 모든 팀과 Will Falcon에 감사드리며 이 책을 마칩니다.

찾아보기

찾아보기

AUC 160

p-값 70

R^2 65

ReLU(정류 선형 유닛) 활성화 함수 241

ROC 149

가설검정 73

가중값 256

거짓 양성 72

거짓 양성 비율 148

결정 트리 187

과적합 18

귀무가설 73

균일분포 56

내부 노드 187

노드 187, 239

다항식 커널 229

데이터 누수 25

독립 변수 20

루트 노드 187

리프 노드 187

마진 226

모델 58

미니 배치 확률적 경사 하강법 108

민감도 145

방사 커널 234

불순 192

비용함수 90

서포트 벡터 226

서포트 벡터 분류기 226

소프트 마진 226

소프트플러스 활성화 함수 241

손실함수 90

시그모이드 활성화 함수 241

언더플로 120, 133

역전파 254

연속분포 50

연속형 데이터 21

은닉층 240

이산형 데이터 21

이산확률분포 39

이항분포 40

잔차 60

잔차제곱합(SSR) 60

재현율 146

접선 293

정규분포(가우스 분포) 51

정밀도 146

정밀도 재현율 그래프 163

종속 변수 20

지니 불순도 193

지수분포 56

참 양성 비율 148

층(레이어) 240

테스트 데이터 15

특이도 145

특징 20

파라미터 94

편향 24, 256

편향-분산 트레이드오프 18, 223

평균제곱오차(MSE) 63

푸아송 분포 48

학습률 96

혼동 행렬 140

확률 vs. 우도 114

확률분포 38

확률적 경사 하강법 108

활성화 함수 239

훈련 데이터 15

히스토그램 34

박찬성 _ I♥A.I. 시리즈 디렉터. ETRI 연구원
제이펍에서 펴내는 인공지능 서적은 박찬성 디렉터와 공동 기획하에 출간됩니다.

진솔한 서평을 올려주세요!

이 책이나 이미 읽은 제이펍의 다른 책이 있다면, 책의 장단점을 잘 보여주는 솔직한 서평을 올려주세요.
매월 다섯 분을 선별하여 원하시는 제이펍 도서 1부씩을 선물해드리겠습니다.

■ **서평 이벤트 참여 방법**
 - 제이펍의 책을 읽고 자신의 블로그나 인터넷 서점에 서평을 올린다.
 - 서평이 작성된 URL을 적어 아래의 계정으로 메일을 보낸다.
  review.jpub@gmail.com

■ **서평 당선자 발표**
  매월 첫 주 제이펍 홈페이지(www.jpub.kr) 및 페이스북(www.facebook.com/jeipub)에 공지하고 당선된
  분에게는 개별 연락을 드리겠습니다.

독자 여러분의 응원과 질타를 통해 더 나은 책을 만들 수 있도록 최선을 다하겠습니다.